上海高校大学生

网络思想政治教育工作的实践与探索

——工作案例选编

彭东恺 张道兵 主编

上海浦江教育出版社

编委会

编写组

（排名不分先后）

祁　洁　王　慧　李厚锐　马　臻　张　勇
邹和建　张欣驰　何　珂　李　博　万喃喃
沈嘉斌　陶　莉　刘　健　邓　炜　洪　宸
陈重来　黄雨艳　闫　旭　周　星　张雪滢
卢毅聪　于　卓　徐仙君　李天成　王　亭
李　岚　董春亮　杨建豪　张　强　高艳杰
吕　悦　朱梦婕　丁晓丹　高　杉　杨　洋
于　晗

自序

党的二十大首次把教育、科技、人才一体部署，体现了对教育事业的高度重视和教育在中国式现代化中的重要地位。教育强国建设、文化强国建设和网络强国建设、数字中国建设坚持高质量发展。作为思想政治教育与互联网发展交织融合的产物，网络思想政治教育聚焦网络空间对大学生学习和生活的影响，在思想引领、价值塑造、文化培育、行为规范、道德建设等方面因时而变、因势而新，成为广大高校思想政治工作者深耕细作、润物无声的重要教育工作场域。

上海坚决落实党中央决策部署，围绕立德树人根本任务，全面布局、抓牢主线、聚焦重点，不断提高思想政治工作的针对性和有效性。近年来在大学生网络思想政治教育领域显现出一批具有创新性内容和形式的工作成果。然而，由于网络空间信息的即时性、发散性，网络思想政治工作实践往往周期长、任务细，从表面难以呈现出整体性的教育架构和系统性的思维体系，工作具象化有余而有形化不足、落实落地有余而总结归纳不足。基于此，我们组织开展了上海高校网络思想政治工作精品项目评选活动，并从中遴选出 36 个优秀案例，编撰了《上海高校大学生网络思想政治教育工作的实践与探索——工作案例选编》。

习近平总书记多次强调“推进实践基础上的理论创新”，网络思想政治教育领域也需要加强“道”与“术”的思考。这本案例集遵循学生成长规律、立足一线实践经验，不仅来源于互联网时代大学生思想政治教育工作实践，也是对工作理念和方法的科学总结提炼，内容涵盖党史学习教育、爱国主义教育、民族教育、职业教育、时政教育、志愿服务教育、科研教育等涉及大学生成长成才的多个方面。

引玉之砖，继往开来，希望本书能够为思政工作者进一步开展网络育人工作提供新的思路和启迪，不断提升思政工作的主动性、科学性和有效性。同时，本书通过展示这些优秀案例典型经验，也期待能够促进全社会关心、支持和培育德智体美劳全面发展的社会主义接班人，让大学生群体健康成长。

彭东恺

2024 年 4 月

前言

党的二十大为新时代新征程党和国家事业发展、实现第二个百年奋斗目标指明了前进方向、确立了行动指南，对教育工作作出重要部署。习近平总书记在党的二十大报告中强调，“加强全媒体传播体系建设，塑造主流舆论新格局。健全网络综合治理体系，推动形成良好网络生态。”在数字时代，通过创新的数字学习方式可以推动新时代教育事业发展，而网络是数字化应运而生的产物，也是现代社会生活的主阵地，因此发挥网络教育的优势特点，是高校发展教育工作的必然趋势。

在习近平新时代中国特色社会主义思想的指导下，上海各高校始终高度重视将网络融入思想政治教育工作，不断深入推进网络意识形态教育，使意识形态教育更贴近高等教育全面育人目标。特别是在2022年上海面临严峻的疫情形势，学生们通过网络学习线上课程，且校园处于封控情况下，上海各高校更是需要充分利用网络这一思想政治教育主阵地，以新思路、新平台、新技术开展网络思政工作。基于此，为深入学习贯彻习近平新时代中国特色社会主义思想，全面贯彻党的二十大精神，以实际行动祝贺党的二十大胜利召开，争做校园好网民，凝聚网络正能量，青春献礼二十大，我们开展了上海高校网络思想政治工作精品项目评选活动，经过评审，从征集到的114个案例中遴选出36个优秀案例，编辑形成《上海高校大学生网络思想政治教育工作的实践与探索——工作案例选编》。

这本案例集涵盖党史学习教育、爱国主义教育、民族教育、职业教育、时政教育、志愿服务教育、科研教育等多个方面，在教育方法上也有所创新：有运用新媒体扩大思政教育传播范围的案例；有通过艺术形式发动学生在创作中感悟的案例；有打造实践基地线上与线下相结合推动思政教育浸润的案例；有与信件、访谈、口述、文创等方式相结合的案例；有利用新技术以学生喜闻乐见的方式推动网络思政的案例；有聚焦固定群体的案例；等等。这些典型案例无不展现出新时代上海高校对网络思政教育的创新与发展，切实提升了网络育人的实效性。

当代大学生多为网络“原住民”，网络是其生活中不可或缺的一部分。网络的迅猛发展对高校意识形态教育提出了新的挑战，也为育人工作带来了值得探索的广阔空间和全新路径，高校要充分开启校园新媒体联动传播、融合发展的模式，主动抢占网络宣传思想工作平台，使高校成为弘扬主旋律、传播正能量的牢固阵地。

目录

打造有温度的融媒精品：高校大主题宣传的“微视角”传播

——上海交通大学《我的战“疫”日记》系列策划案例

一、案例概述

本文通过对上海交通大学《我的战“疫”日记》系列主题视频进行研究分析，总结出该类型视频在叙事题材、制作模式、传播渠道等方面的传播特征，探究高校在公共事件和重大主题宣传中视频内容生产赋能以及融媒体时代“微视角”传播的趋势和路径，拓宽高校网络文化育人新渠道。

二、工作目标与思路

工作目标：花开成海的2022年春天，上海新冠疫情趋紧，上海交通大学突遇疫情“遭遇战”。新冠疫情始终牵动着交大人的心，在校师生、志愿者、医护人员同心战疫，共克时艰。上海交通大学《我的战“疫”日记》系列视频，浓缩展现了疫情期间交大人奋战一线的生动画面和众志成城、勇于担当的精神。汇聚战“疫”资源，交大人直面困难、共战疫情的温暖力量，点亮了战胜疫情的曙光，打造出一堂生动的“云上思政课”。

工作思路：抗疫期间，上海交通大学与中央广播电视台·央视频策划打造《我的战“疫”日记》系列视频，在快手、腾讯微视官方短视频平台转载，得到新华网、学习强国、《青年报》、《解放日报》等媒体报道，总播放量300万+，全网关注量1 000万+。系列视频通过聚焦辅导员志愿者、退役大学生、宿管阿姨、一线专业教师等不同身份交大人的抗疫故事，记录感人瞬间，用视频生动形象地展现了交大人勇敢逆行的决心和众志成城战胜疫情的信心。这些主题视频通过“微视角”展示大题材，在提高内容传播力和感染力的同时，充分发挥了主流媒体的舆论影响力，助力探索公共事件中融媒体产品生产和重大主题宣传新路径，以视频影音方式构建出“云上思政”的新格局，不断传播交大正能量。

央视·央视频策划打造《我的战“疫”日记》系列视频

三、实施方法与过程

1. 榜样挖掘，让抗疫力量可亲、可近、可感

聚“交”正能量故事，围绕抗疫宣传、志愿服务等选题，上海交通大学积极策划、系列开发、特色聚焦，创作《我的战“疫”日记》原创视频专题，采访了辅导员、退役学生士兵、宿管阿姨、留校一线教师、留学生、学生楼长、学生党员、思政教师、少数民族学生、应届毕业生、图书馆党委书记、普通本科生、65岁社区志愿者、附属医院检验科医生、档案文博管理中心馆长等15位交大抗疫一线志愿者。他们立足自身，从不同角度讲述抗疫故事，每集视频干货满满、感动满满。正如系列视频“编者按”所说，温暖、团结、硬核、感动，这是每个交大人的战“疫”日记，这很交大。在这场战斗中，每个交大人的付出和奉献都值得被记录。

坚持融媒思路开发系列作品，《我的战“疫”日记》充分融合深刻内涵和生动表达。讲述者包括在校学生、一线教师、思政辅导员、医护工作者、后勤保障人员、管理服务者等不同身份；主题充分涵盖驻楼志愿、在线教学、毕业季、核酸检验、社区服务等多种类型，精选报道角度，力争通过故事化、微细节手法，立体化挖掘榜样力量，不断提高视频的丰富性。例如，第6集《学生楼长的“疫”线生活》，采访跟拍了交大宿舍楼长董睿璇同学帮助楼栋消杀、打扫卫生、组织核酸检测等抗疫期间“普通”的志愿故事，贴近人心的“疫”线情境在传播中有效实现共情，发布后获得70万+播放量，真正做到破圈层传播、传递正能量。第13集《社区里65岁的志愿者》，讲述上海交大生命科学学院乔中东教授居家办公期间志愿服务社区的故事，在第一视角的镜头独白中捕捉到他楼道消杀、物资搬运的场面，出发前神

清气爽的模样与志愿服务后大汗淋漓的模样形成鲜明的对比。这些战“疫”日记使大家沉浸式感受“抗疫志愿”故事，引起广泛共鸣。

学习强国平台转载《我的战“疫”日记》

2. 系列策划，让抗疫故事走心、定心、贴心

《我的战“疫”日记》谋篇布局，通过打造系列作品丰富抗疫素材，全方位、深层次展现抗疫群像故事。以战“疫”时期的日常志愿生活作为叙事的切入点，用视频刻画战“疫”中的普通面孔来呈现交大人守望互助、共渡难关的故事。片名中的“我”强调的是每一个身处疫情、奋战一线的交大人，聚焦于个体的叙事小角度，强化了大家对战“疫”群体的参与感、互动感和认同感。视频日记从个人叙事着手，以自述和采访的拍摄手法，通过系列 Vlog 从微观角度生成作品，以个体喻群像，以小切口反映大主题，记录一个个平凡交大人义无反顾的抗疫感人故事，这一个个感人故事共同绘就了交大抗击疫情的团结图景，让交大抗疫正能量声音传得更远。

《我的战“疫”日记》始终从小角度讲好走心故事，坚持走心诠释、真情传递的叙事策略，通过故事真实感向观众传递共情，小镜头呈现真善美，微视角传递正能量。例如，第3集《宿管阿姨的心里话》，镜头对准交大园区三位普通宿管阿姨，听她们讲述疫情下坚守校园的故事：“疫情速度太快，每天很累”“坚持在学校是怕其他阿姨忙不过来”“希望让学生开开心心度过每一天”……视频中朴实的语言、真切的画面，流露出最真实的情感。第12集《普通学生的宅校生活》以上海交通大学巴黎卓越工程师学院2020级本科生邹知颖的视角，将劳逸结合的宿舍生活点滴记录下来，上网课、看书、练琴、做八段锦……别样的生活体验亦是交大学子的真实写照。视频中她“感谢老师和楼栋阿姨辛勤付出”的深情告白，面对抗疫发出希望能够“学以致用，用广博的知识和能力去解决人类社会面临的难题”的思考，更彰显当代年轻人勇担使命的青春力量。

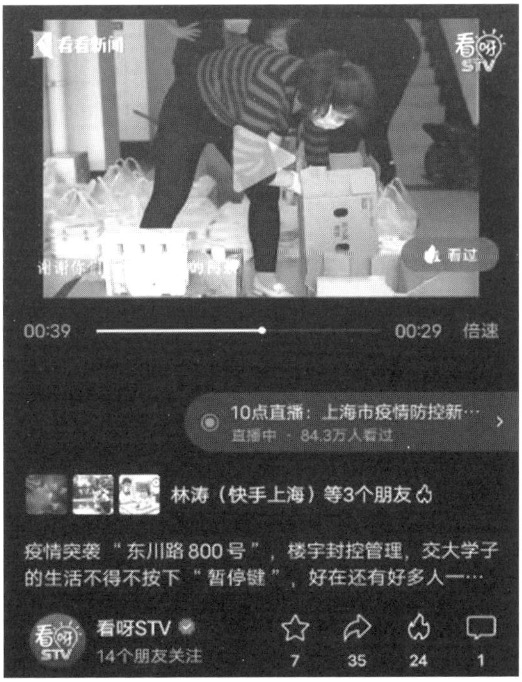

第3集《宿管阿姨的心里话》感动无数人，被上海广播电视台转载

3. 矩阵传播，让抗疫精神共屏、共情、共振

在疫情防控阻击战的特殊时期，上海交大紧抓主流媒体向融媒体转型的窗口期，积极布局融媒体政务平台矩阵，扩展传播渠道创新设计，多平台采编协同作战，不断强化品牌优势，让优秀作品发声更广、传播更远。

《我的战“疫”日记》在中央广播电视总台·央视频首发，积极利用好光明日报“光明号”、腾讯新闻“企鹅号”等融媒政务平台聚合呈现，继而被新华网、学习强国、《青年报》、《解放日报》等主流媒体报道，形成融媒政务端发端 + 校内平台端加持 + 主流媒体报道端迭代的矩阵传播。第 1 集《辅导员眼中的交大战“疫”》，通过辅导员李政新的视角，讲述了老师们极限守护学生、守护交大的感人故事，官方微信公众号发布后获得 50 万 + 阅读量，被新华网转发，全网关注超

《我的战“疫”日记》被新华网、青年报转载

百万。第4集《任课老师把抗疫素材画下带进课堂》，讲述设计学院王宏卫老师在志愿服务之余，用好课堂主渠道，在抗疫一线上好“大思政课”的故事。这些内容直击疫情下校园师生生活、学习现场，展现真实的交大和交大人的抗疫面貌，先后被学校主页、官方微信公众号转发，被学习强国、《中国青年报》等媒体报道。这样的宣传方式更有力、有序、有效把握了权威平台深度和高校新闻宣传时效，与媒体融合趋势相契合，形成具有交大特色的融媒体传播态势，让抗疫精神传播得更远。

除了在中央广播电视总台·央视频系列发布外，交大进一步探索短视频领域的重大主题碎片化传播方式，推出系列Vlog视频+短视频，更符合当下人们的阅读方式，同时也更容易受到青年群体的喜爱。《我的战“疫”日记》系列视频以短小精悍的关键词为核心，将精彩瞬间剪辑成30秒左右的短视频，在官方快手、微视等短视频平台推发，满足人们碎片化阅读的需求。例如，第2集《退役大学生士兵的选择》，通过为大家“划重点”的方式，聚焦谭棋仁同学选择驻楼的三点理由：“作为交大人照顾生病的家人，作为党员感受朋辈引领，作为军人退伍不褪色”，更留下了他眼眶湿润的动情瞬间，在短视频平台推发后获得100万+播放量，网友纷纷留言被深深打动和鼓舞。第14集《检验科医生的一天》，以“日记”为切口，记录宓嗣浩医生“我”的一天，用朴素的视听语言诠释了医者仁心的大爱精神。除此之外，还邀请宓医生讲述他的所见所感，用亲切温和的独白拉近了作品与受众的距离，潜移默化地提高了视频的传播力和感染力。原本宏观的抗疫主题报道变得更加接地气，交大人“守望相助、共克时艰”的抗疫精神也得到了广泛的传播。

《我的战“疫”日记》在官方快手平台获 300 万 + 播放量

四、工作成效与经验

上海交通大学《我的战“疫”日记》通过全新视觉体验的新媒体“微表达”表达优势发声，挖掘个体经历凝成群体画像，让抗疫力量可亲、可近、可感；用共情共鸣的“小角度”融媒策划，系列呈现增强受众黏度，探索视频育人新方式，让抗疫故事走心、定心、贴心；以开拓发挥平台优势的“新模式”助推联动运营，形成高效、广泛的迭代传播，让抗疫精神共屏、共情、共振。

1. 题材微表达

微表达呈现大情怀,《我的战“疫”日记》这样一系列“价值引领”的优秀作品，让交大抗疫力量可亲、可近、可感，形成共融共生、持续创新的内容供给模式，塑造独具风格的融媒品牌。

2. 叙事小角度

《我的战“疫”日记》提供有温度的内容，大家能够从视频故事中找寻到与自己相似的感受，从讲述的人物中加深情感的认同，让抗疫故事更贴心，引起广泛性的情感共鸣，同时也凸显勇担使命、大爱与共的价值引领。这些鲜活场景，成为思政育人的最佳养料，打造出一堂生动的“云上思政课”。

3. 渠道新模式

《我的战“疫”日记》在策划、表达、共鸣、传播等全过程形成融媒体视域下重大突发事件的视频生产和传播机制，是充分利用视听平台打造高校特色网络文化育人路径的可复制、可借鉴经验。在媒介样态日新月异的当下，我们需要坚定融合理念，在实践中进行新建构和再思考，不断探索创新新方式，拓宽网络文化育人新渠道。

专家点评

党的二十大报告中指出，要加强全媒体传播体系建设，塑造主流舆论新格局，巩固壮大奋进新时代的主流思想舆论。高校肩负着培养时代新人的重要使命，做好大学生思想政治工作，是高校落实立德树人根本任务的关键环节。互联网快速发展的背景既给高校开展思想政治工作提供了有力平台，同时也对学校做好网络思想政治工作提出了新的挑战。

高校要主动抢占网络宣传思想工作平台，使高校成为弘扬主旋律、传播正能量的牢固阵地。

上海交通大学在抗疫期间创作《我的战“疫”日记》，聚焦校园正能量，挖掘校园榜样人物的抗疫小故事，彰显出师生默默无闻、勇于担当的抗疫精神，引发学生广泛情感认同。学校采取多样化的叙事角度，以小切口反映大主题，用微视角传递正能量。同时学校善用融媒体优势，打造融媒体平台矩阵，拓宽传播渠道，使抗疫精神更入脑入心，彰显了“互联网 +”的教育优势，丰富了高校网络育人新渠道。

（点评人：彭东恺）

发挥高校健康科普教育网络文化示范作用 打响突发公共卫生事件融媒体应急科普抗疫攻坚战

——上海交通大学突发公共卫生事件融媒体应急科普案例

一、案例概述

随着国家应急管理体系日益完善，应急科普工作也日益受到重视。2017 年科技部、中央宣传部联合制定的《“十三五”国家科普和创新文化建设规划》中就专门强调了应急科普能力建设问题，要求各级政府针对环境污染、重大灾害、气候变化、食品安全、传染病、重大公众安全等群众关注的社会热点问题和突发事件，及时解读，释疑解惑，做好舆论引导工作。与此同时，要结合重大热点科技事件，组织传媒与科学家共同解读相关领域科学知识，引导公众正确理解和科学认识社会热点事件。

在此背景下，自新冠疫情暴发以来，上海交通大学医学院公共卫生学院反应迅速，发挥科技工作者专业优势，以应急科普工作为重点，增强疫情防控的科学性和有效性，积极主动配合有关部门和地方加强疫情防控，调动社会力量，应用新媒体与传统媒体合力，在疫情最关键的时候，全方位多角度向公众提供权威科普知识，解读疫情防控措施，在紧急状况、重大考验面前切实履责、坚决担当。

上海交通大学医学院公共卫生学院突发公共卫生事件应急科普工作平台自2020年1月12日启动，截至目前已经持续运行超过2年时间，并在新冠疫情流行中依然发挥引领性作用。该工作平台以应急科普工作为重点，关注突发公共卫生事件应急科普核心内涵，通过开展教育讲座、科普展览、互联网+科普宣传，借助网络平台的传播力和影响力，形成应急科普网络文化常态化运行平台与机制，全面提升公众应急科普能力，助力我国应急科普机制建立。

二、工作目标与思路

工作目标：上海交通大学医学院公共卫生学院突发公共卫生事件应急科普工作平台以应急科普工作为重点，围绕“还原传染病的真相”主题，关注突发公共卫生事件应急科普核心内涵，发挥新媒体与传统媒体合力，全方位向公众科普权威知识、解读防疫政策、破除网络疫情谣言，全面提升公众健康防控意识和应急科普能力。

工作思路：上海交通大学医学院公共卫生学院突发公共卫生事件应急科普工作平台集合通识教育讲座、传染病科普展览、科普体验、书籍出版、互联网+科普宣传、可视化平台于一体，依托学校及学院官微、官网，外部媒体与政府网站等具有公信力的网络平台，形成应急科普网络文化常态化运行平台与机制，培育了一批应急科普教师与学生骨干队伍。针对新冠疫情中出现的热点、难点、重点，广大应急科普教师与学生骨干利用网络进行释疑解惑和深度辅导，在抗疫应急科普工作中切实履责、坚决担当，师生网络素养不断提升，网络文明教育持续推进。同时工作平台以高校为原点，在社会层面引导、培育、提升全民网络文化素养。

三、实施方法与过程

1.针对疫情特点，迅速启动“疫情热点·公卫应急科普速递”系列，精准聚焦民生关切，发挥高校智慧先锋引领作用

在2022年上海新冠疫情防控中，学院迅速反应，动员全院教师发挥专业优势，针对疫情特点，迅速建立起一支由50位师生组成的应急科普先锋队伍，自3月15日起，在“上海交通大学公共卫生学院”官微快速首发“疫情热点·公卫应急科普速递”系列内容。系列内容围绕本轮疫情最受关注的核酸检测、抗原检测、无症状感染者、流行病学调查、闭环管理、环境物品消毒、个人防护、心理危机应对、疫苗加强针、患者营养指导、运动免疫力、居家亲子关系等动态热点问题予以深度解读，形成《疫情热点·公卫应急科普速递01| 揭开“新冠”流行病学调查的神秘面纱》《疫情热点·公卫应急科普速递02| 深度揭秘抗原检测！抗原自测阳性是否代表被感染？》《疫情热点·公卫应急科普速递03| 叮！请查收一份闭环管理居家隔离小贴士》《疫情热点·公卫应急科普谏递04| “大白”，你要保护好自己：医务人员在新冠防控中如何进行个人防护？》《疫情热点·公卫应急科普速递05| “特殊时期”的心理危机应对》《疫情热点·公卫应急科普速递06| “新冠”疫苗加强针的背后真相》《疫情热点·公卫应急科普速递07| “奥密克戎毒株”对青少年更危险吗？“居家线上教学期间”防控全攻略》《疫情热点·公卫应急科普速递08| 闭环管理如何保持主动健康？先从饮食模式改变开始》《疫情热点·公卫应急科普速递09| 中国青年报：五问新冠抗原检测》《疫情热点·公卫应急科普速递10| 如何强健免疫力？您有一份“运动处方”待领取！》《疫情热点·公卫应急科普速递11| 隔离不隔爱：给无症状和轻症新冠感染者来份特殊

营养配餐吧！》《疫情热点·公卫应急科普速递 12| 无症状感染者与时空伴随者：疫情下的别样相逢》《疫情热点·公卫应急科普速递 13| 超市菜场采购如何降低感染风险？您需要知道的 7 条购物锦囊》《疫情热点·公卫应急科普速递 14| 灵魂画手细说新冠筛查之 Ct 值！》《疫情热点·公卫应急科普速递 15| 身边有人“抗原阳性”了怎么办？抢抓“早期黄金防护时间”成关键》《疫情热点·公卫应急科普速递 16| 如何降低感染风险？“社区采购安心买菜”之三大锦囊妙计》《疫情热点·公卫应急科普速递 17| 社区志愿者如何加强自我保护》《疫情热点·公卫应急科普速递 18| 居家隔离，冰箱储物“新鲜”指南》《疫情热点·公卫应急科普速递 19|“手”护健康：哪种洗手液最“消毒”？》《疫情热点·公卫应急科普速递 20| 个人防护与环境消杀怎么做？疫情防控你问我答（校园版）》《疫情热点·公卫应急科普速递 21| 您有“新冠失眠症”吗？改善睡眠的 5 种“硬核疗法”》《疫情热点·公卫应急科普速递 22| 防疫期间家庭食品安全注意事项温馨提示》22 篇原创科普内容。此外，为配合闭环宅家网课及一线流调工作，“上海交通大学公共卫生学院”官网发布《一线流调干货 | 上海交通大学公共卫生学院疫情应急工作组原创发布〈新冠肺炎流行病学调查实用手册〉》《科普教育网课进行时 | 慧科学（03）：如何运动才能真正减肥？》《科普教育网课进行时 | 慧科学（04）：如何减轻久坐带来的健康风险？实用小技巧分享》等文章，其中《公共卫生通识教育网课 | 李立明：一场新冠让公卫走到台前》系北京大学公众健康与重大疫情防控战略研究中心、上海交通大学公共卫生学院与《生命时报》、人民日报社主管、环球时报社主办联合开设“世界公卫人”栏目首发的作品，试从更深的角度引发学界、政府与民众对新冠疫情的思考。上海交通大学公共卫生学院应急科普工作时长总计达 4 000 小时，系列内容围绕硬核科普、文化育人、抗疫思政等展开，得到权威媒体与政府官网官微集体推荐，充分发挥了高校智慧先锋引领作用。

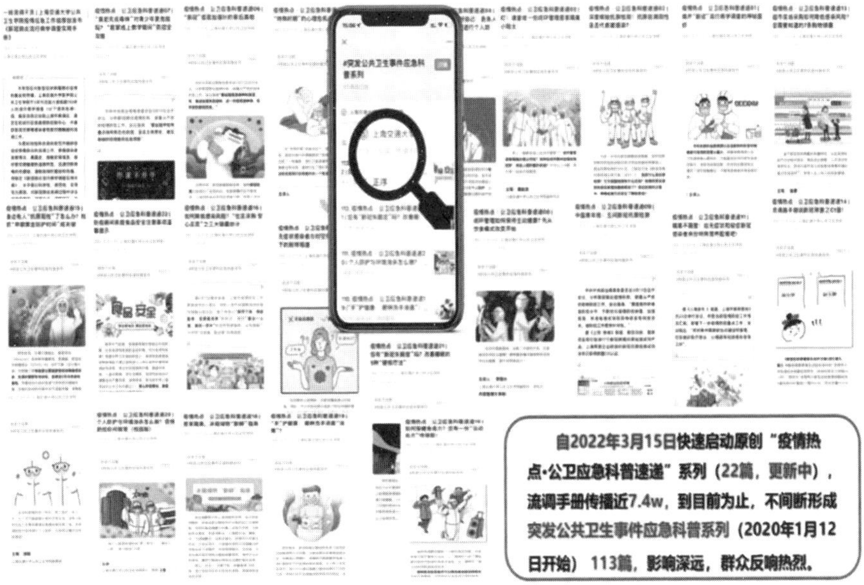

“疫情热点·公卫应急科普速递”系列

2. 依托学院率先形成突发公共卫生事件应急科普平台，分阶段全方位孕育常态化运行机制，在全国高校发挥高校健康科普教育堡垒标杆作用

自 2020 年 1 月 12 日开始，世界卫生组织（WHO）首次对新型冠状病毒命名，上海交通大学医学院公共卫生学院立即于当日将病毒可能的传染源、传播途径和防范措施等内容于学院官方微信公众号上发布，切实回应公众关切，为公众提供权威预警科学信息，充分展现公共卫生学院的责任与担当。随着疫情的进一步发展，公卫学院迅速动员全院形成协同力量，发挥高校教师及科研工作者的专业优势，持续推进应急科普系列，精准发力，围绕当前社会公众普遍关心的疫病防护、疫情防控法律、居家隔离、心理疏导、学生防控、疫情营养指导、运动免疫力、健康城市规划、传染源分析、母婴传播、恢复期血浆治疗、病毒感染流行趋势等动态热点问题予以解读。在 2 年多的时间里，

上海交通大学医学院公共卫生学院持续推进应急科普系列，截至目前，突发公共卫生事件应急科普系列已连载 113 期原创内容，形成系列原创应急科普内容，图文音视频并茂，充分满足疫情防控期间公众对于新型冠状病毒新知的强大需求，影响广泛，群众反响热烈。

习近平总书记在“科技三会”上指出，科技创新、科学普及是实现创新发展的两翼，要把科学普及放在与科技创新同等重要的位置。在众多领域的科普工作中，医学与健康科普受到公众的广泛关注，举足轻重，而公共卫生与预防医学作为全民健康和疾病防控的重要学科，事关国计民生和社会发展。新型冠状病毒严重威胁人身健康和社会安定，在本次疫情发生发展过程中，构建与之匹配的突发公共卫生事件应急科普机制迫在眉睫。利用常态化应急平台在疫情预警阶段、扩散处理阶段、缓和平息阶段，分阶段、分专题向公众传播疫情相关科学普及信息，助力抗疫阻击战，就显得尤为重要。从本质上来看，科学普及其实是一种全民教育，高校应利用自身双一流人才高地与科研优势，发挥健康科普教育堡垒作用，主动向公众输送权威科普信息，第一时间预警疫情信息，破除网络上的疫情谣言，在政府引导下，团结

突发公共卫生事件应急科普

社会科学力量，为这场疫情攻坚战贡献精神食粮。

3. 团结社会科学力量构建融媒体应急科普网络文化模式，集通识教育讲座、传染病科普展览、科普体验、书籍出版、“互联网 +”科普宣传、可视化平台于一体，加强公共卫生通识教育，提升应急科普能力，强化公众健康防控意识

为构建新媒体应急科普模式，学院团结社会科学力量打响科普抗疫战。在形式上，利用官方微信公众号、网站、直播号等新兴媒体，构建“互联网 + 科普”模式，用科学精神、专业素养和创新力量为坚决打赢疫情防控阻击战作出最大努力和积极贡献。在构建融媒体应急科普模式的同时，学院与主流媒体形成合力，充分发挥立体化传播优势，持续开展科学防疫宣传活动；在内容上，所有科普内容均为学院各研究领域专家教授策划撰写，保障了抗疫内容的专业性与权威性。在此基础上，应急科普平台还同时发布了其他高校、科研院所、学会协会等社会团体以及国外专家学者的最新权威抗疫原创内容，传播了更多优质科普内容。

上海交通大学医学院公共卫生学院正式出版了《还原传染病的真相》一书与小纪录片。该书和纪录片立足“传染病与人类社会”宏观视角，采用原创文字、全彩漫画和小纪录片融媒体出版的方式，内容包含历史上的传染病流行实例、传染病流行病学、打造公共卫生安全体系三个部分，并凭借公共卫生领域权威专家集群，通过案例讲述和趣味视频，为公众梳理重大传染病知识，还原传染病的科学真相。

配合图书出版的公共卫生科普展分为突发公共卫生事件历史光影轴、食源性突发公共卫生事件、公共卫生防控科普三个展示区，融合图文、影像、漫画、3D 病毒裸眼模型等载体，结合疫苗相关讲座，为公众生动还原传染病的真相。展览区域成为疫苗接种点等候区，居民可以在观展的独特体验下度过疫苗接种的等候时间。公共卫生科普展

日均单日观众访问量达 3 000 人次。该系列科普展览活动受到“学习强国”、搜狐、澎湃新闻、《文汇报》、《上海科技报》、上观新闻等多家媒体的报道。

科普成果创新推广与落地

在本轮疫情中，应急科普队伍受邀参加上海新闻广播《FM 十万个为什么》科学战疫 · 万问万答节目，作《无症状除了无症状，还有哪些你不知道的？》《社区志愿者如何加强自我保护》《“抗原检测”的原理是什么？》主题讲座；应急科普队伍联合淮海中路街道党建中心，在小红书 App 举办题为《“特殊时期”疫情防控及家庭关系处理攻略》的科普直播讲座，讲座围绕奥密克戎变异株的基本特征以及当前疫情传播现状展开。

此外，上海交通大学医学院公共卫生学院邀请公共卫生交叉学科领域专家深度解读疫情对政治、经济等纵深领域的影响，打造系列品牌直播，陆续在新华社现场云平台上线。集结全院优秀师资，聚焦传染病、突发公共卫生事件防控等八大重点领域，向非医学专业本科生推出通识教育系列课程《公共卫生与预防医学导论》，推动医学教育交叉学科融合发展。针对初高中学生推出“科学训练营－应急科普体验活动”；针对街道居民进行“新冠疫苗接种常见问题”等热点主题系列科普讲座；线上构建公共卫生与预防医学科普教育平台，利用可视化、三维建模等手段，打造传染病历史轴、病毒三维建模等模块，搭建公共卫生与预防医学可视化科普共享教育平台，精准发布抗疫应急科普内容，加强公共卫生领域基础教育科普化内涵建设，提升全民应对突发公共卫生事件应急科普能力。

公共卫生与预防医学科普教育平台

四、工作成效与经验

1. 本轮疫情期间发挥良好网络先锋引领作用，助力疫情防控

自 2020 年 3 月 15 日快速启动的“疫情热点·公卫应急科普速递”系列，受到上海市委宣传部、上海市科学技术委员会、上海市科学技术协会、学习强国、中国新闻网、人民日报“人民号”首页推荐、光明日报“光明号”、新华社“新华号”、上观新闻、《东方教育时报》、上海教育新闻网、《中国青年报》、上海人民广播电台、《新民晚报》、

上海交通大学官网、中国信通院上海工创中心等广泛宣传和应用。

系列受到多家媒体、报纸、电台等关注和报道

其中《新冠肺炎流行病学调查实用手册》发布推文阅读量 7.4 万，1 500+ 全文索取需求，这些需求来自全国 600 多个地区、覆盖 33 个省的疾控中心、医院和高校等单位，获得了公卫医师、临床医生、公卫专业学生、疾控领导干部的一致好评。

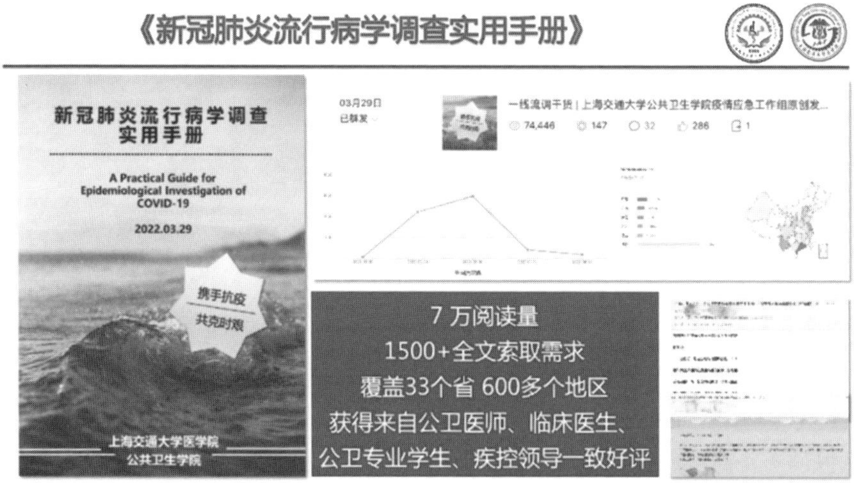

新冠肺炎流行病学调查实用手册

2. 突发公共卫生事件应急科普借力主流媒体与政府宣传平台实现传播合力，累计传播量上亿

突发公共卫生事件应急科普工作案例集科学性、专业性、趣味性、思政性于一体，受到政府、学界、业界、知名媒体、医院、街道、中小学等组织机构的传播与应用推广。科普成果经沪上知名媒体（新华社上海分社、《文汇报》、上海人民广播电台、东方卫视、第一财经、上海市科学技术委员会旗下全科普平台、澎湃新闻、《上海市科技报》），全国性政府官网、媒体与学习平台（中华人民共和国政府官网、学习强国、中华人民共和国教育部官网、《科普时报》、中国科普网、今日头条、果壳网），澳门电视台以及上海交通大学内部官方宣传和科普平台传播，相关资讯浏览量上亿，在上海市乃至全国都获得极强的普及效果与社会声誉。上海交通大学第一课核心内容《疫情防控从我做起》硬核科普视频登上热搜，观看量超 600 万，相关资讯浏览量达 1.3 亿。专报《发挥高校科普堡垒作用打响疫情科普攻坚战》在新华社客户端登载，点击量超过 200 万，受到教育部与科技部关注。

借力主流媒体与政府宣传平台实现传播合力

3.“还原传染病的真相”系列活动成果引发政府与媒体广泛关注并应用

应急科普相关内容结集成书《还原传染病的真相》，由上海交通大学公共卫生学院、上海市毒理学会、上海市科普志愿者协会协同出版。该套书采用原创全彩手绘医学漫画和史实、原创动画视频融媒体出版的方式，结合应急科普系列内容，收获众多好评。该书借传统媒体与网络新媒体，实现全媒体成系列传播、线上线下联合发布，《解放日报》、《文汇报》、《上海科技报》、东方网等媒体对发布会内容进行后续关注与报道。该书线上推广反响热烈，与上海人民广播电台联合开展新书空中发布会，听众覆盖约 16.5 万人次。相关科普内容已在教育部官网、《人民日报》和新华社客户端、央视频微博热搜、哔哩哔哩等推荐展播，相关资讯浏览量上亿，在上海市乃至全国获得极强的普及效果与社会声誉。《还原传染病的真相》一书入选市科委 2021 年度上海市优秀科普图书。相关公共卫生科普展览，日均访问 3 000 人次，累计覆盖超过 100 多万受众。

4. 成果应用于示范街道，建设体验式创新科普教育基地，全面还原传染病的科学真相，补全生命教育必修课

自组织实施以来，依托上海交通大学医学院公共卫生学院团结社会力量，成体系开展“还原传染病的真相”应急科普活动，包括成果科普报告（讲座）、科普宣传展示、科普体验互动、科普竞赛、科学训练营、第三届进博会志愿者专题培训、科普进社区、新书线上线下发布等，在相关街道与中小学广受好评。本系列获批上海市科委、上海市卫健委多项项目资助，在全国公共卫生院校中树立系统化科普教育标杆。

线上线下混合"科学训练营"

5.建言献策，为国家公共卫生安全和疫情防控贡献智慧

领衔组织全球顶尖公共卫生专家，在权威医学杂志《柳叶刀——数字健康》发表了以公共卫生突发事件沟通为主题的评论，积极探讨新冠疫情发展趋势和公共卫生应急管理措施；在《中国科学院院刊》《中华预防医学杂志》《上海教育》《上海预防医学》发表文章，反思疫情之下我国公共卫生事业的发展、重大传染病疫情下对基层医疗卫生机构职能的思考；牵头完成多篇科普文章及时应对疫情，如《微生态调节剂与肺炎防控》《奶制品中的"益生菌"和"益生元"是如何增强机体免疫力的？》《知识是最好的免疫力，合作是最强的战斗力》《疫情防控新阶段科普18问》等，被多家媒体转载；牵头完成多篇疫情相关公共卫生政策建议报告，如《新冠疫苗紧急启用需处理好几方面问题》《野生动物疫源疫病的传播风险和防控对策》《我国公共卫生人才培养的问题及建议对策》《关于加快推进病毒溯源，抢占防疫抗疫国际话语权和道义制高点的政策建议》《新冠肺炎"无症状感染者"的基本

情况及应对措施》《中国应对新冠肺炎的防控措施及其效果》等，被相关部门录用；获市教委疫情政策咨询防控处置策略研究项目；成立数据分析研判小组服务疾控，完成4份区域数据分析报告和5份咨政建言报告。

6. 构建融媒体应急科普模式，汇集强大外部与传媒支撑，团结社会科学力量打响科普抗疫战

在构建融媒体应急科普模式的同时，上海交通大学医学院公共卫生学院充分发挥融媒体立体化传播优势，持续开展科学防疫宣传活动。成果联合超过13家三甲医院、10家上海市重点实验室、国家自然科学基金会委员会科学传播中心、上海市中国工程院院士咨询与学术活动中心、科普时报全媒体平台、新华社上海分社、上海广播电台、沪上知名中小学、示范街道、上海大学、社区卫生服务中心，以及上海市科普志愿者协会、中科院上海分院、上海市毒理学会等组织。

专家点评

突发公共卫生事件会对公众身体健康与生命安全、正常社会秩序造成非常大的影响，必须采取果断措施有效预防、及时控制和坚决消除。2020年春节前暴发的新冠疫情，“是新中国成立以来在我国发生的传播速度最快、感染范围最广、防控难度最大的一次重大突发公共卫生事件”。在这场坚决打赢疫情防控的人民战争、总体战、阻击战中，积极加强舆论引导，有效激发正能量，传播科学防控知识，提升公众科学素养，坚决维护社会大局稳定，是主流媒体特别是科技媒体的使命与责任担当。

在新冠疫情防控中，上海交通大学医学院公共卫生学院突发公共卫生事件应急科普工作平台发挥引领作用，致力

提供应急科学教育和促进公众健康意识形成。平台通过发挥科技工作者的专业优势，重点开展应急科普工作，关注突发公共卫生事件应急科普的核心内容，通过教育讲座、科普展览、“互联网 +”科普宣传等方式积极主动协助有关部门和地方加强疫情防控，调动社会力量，应用新媒体和传统媒体合力，提高疫情防控的科学性和有效性。在疫情防控最关键的时候，平台积极向公众提供权威的科普知识，解读疫情防控措施，形成了应急科普网络文化常态化运行平台与机制，全面提升公众应急科普能力，助力我国应急科普机制建立，充分彰显了高校的责任与担当。

（点评人：彭东恺）

冬奥会宏大叙事下高校“黑科技”的海外精准传播

——上海交通大学“冬奥会机器人”宣传策划案例

一、案例概述

“让更多人参与到冰雪运动中来，这也是奥林匹克运动的题中之义。”在2022年新年贺词中，习近平主席如是说。北京是第一座举办过夏奥会和冬奥会的城市。北京冬奥会的举办时间正逢中国的阴历新年，除了赛事报道之外，冬奥会成为一次展示中国文化和形象、带动大众参与冰雪运动的绝佳机会。

上海交大创新研发的六足滑雪机器人、六足冰壶机器人、中餐烹饪机器人作为“科技冬奥”的重要组成部分，为北京冬奥会提供了良好的服务。通过做好交大“冬奥会机器人”的海外精准传播，以“小切口”切入冬奥会宏大叙事，以跨文化传播的语言视角讲述好中国故事，为学校科研成果海外传播效能提升和冬奥会期间中国形象塑造提供了助力。

二、工作目标与思路

工作目标：在冬奥会、冬残奥会筹办期间，习近平总书记明确指出，“要突出科技、智慧、绿色、节俭特色，注重运用先进科技手段，严格落实节能环保要求，保护生态环境和文物古迹，展示中国风格”，同时强调“要坚持绿色办奥、共享办奥、开放办奥、廉洁办奥的理念，突出科技、智慧、绿色、节俭特色。”

“科技冬奥”是 2022 年北京冬奥会的主要特色之一。“科技冬奥”不仅仅局限在展示一批应用在冬奥会上的新技术和新成果，更多希望把握冬奥会契机推动科技创新，并致力于将科技成果推广应用于未来城市发展、产业升级，从而改变人们的生活方式。交大“冬奥机器人”以小切口讲述中国故事，助力“科技冬奥”，有利于塑造中国大国形象。

工作思路：围绕“科技冬奥”，项目主要聚焦于上海交大机械与动力工程学院高峰教授团队研发的六足滑雪机器人和六足冰壶机器人，机械与动力工程学院闫维新副研究员研发的中餐烹饪机器人。滑雪机器人和冰壶机器人获得科技部国家重点研发计划“科技冬奥”重点专项支持；中餐烹饪机器人在北京冬奥会、冬残奥会主媒体中心的智慧餐厅服务。交大加强“冬奥机器人”相关宣传，通过做好冬奥宏大叙事下的高校科技成果精准传播布局，从“共情视角”讲述中国高科技故事，“多主体协同”强化立体叙事，引发了国内外媒体的争相报道传播。

三、实施方法与过程

1. 多线程布局，绘制宣传“设计图”

据介绍，为了服务好冬奥会，上海交大机械与动力工程学院先后测试了 200 多项技术，涉及 60 多个细分应用场景，其中 4 项技术在全球首次推出，33 项技术在冬奥会首次使用。如何使上海交通大学“黑科技”在冬奥中“突围”，是本次策划的难点和重点。本策划通过多线程布局，做好交大“黑科技”的传播发声，使相关新闻报道从冬奥前夕贯穿至冬奥开幕之后，形成宣传声势。

前置主流媒体专访，采集一手素材。在冬奥会前，将央视、新华社、CGTN 等主流媒体专访前置，提前采集一手素材。在项目策划之初，组织采拍滑雪机器人雪场测试、冰壶机器人徐汇区训练、临港实验室场景等一手素材。邀请央视、新华社、CGTN 等主流媒体记者参与策划，前置专家访谈及机器人画面拍摄，为冬奥会开幕宣传做好准备。准确把握发布时间与宣传节奏。充分利用冬奥会开幕前媒体报道的“空窗期”，分别推出滑雪机器人和中餐烹饪机器人，引发大量关注。主动跟进冰壶机器人冬奥会亮相时间，与央视、CGTN、新华社等能够进入北京冰立方场馆的媒体实时联动，并及时回传现场表演视频供其他媒体使用，冰壶机器人亮相后半小时内掀起媒体报道热潮。

前置主流媒体专访

2. 跨文化共情，增强国际传播话语认同感

福柯（Michel Foucault）的话语理论提出：话语是语言、经济、医学等人类科学的知识体系（knowledge systems），一切知识都是通过话语而获得的；话语不仅仅是符号，真正的权力也是通过话语来实现的。北京冬奥会是宣传中国大国形象的重要契机，怎样才能获得语言、文化背景差异很大的世界公民的话语认同？ 需要通过去中心化的“跨文化共情”来实现。

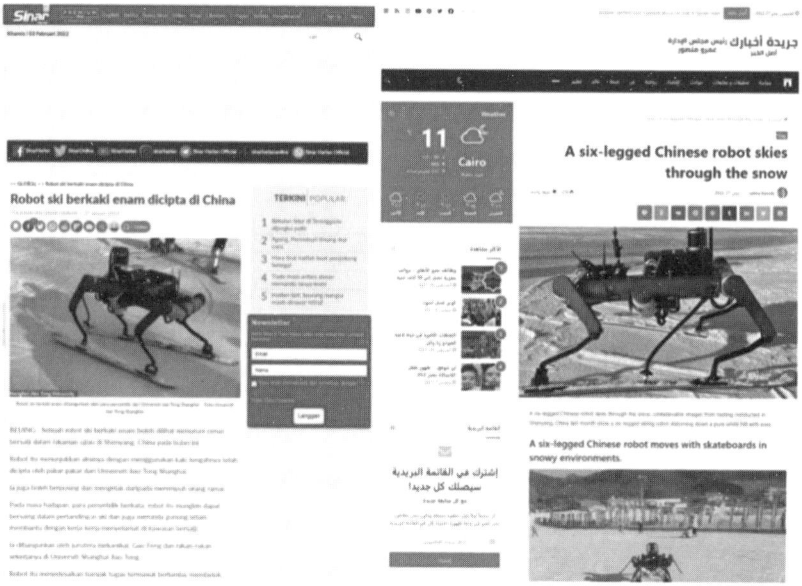

交大冬奥机器人故事得到多家海外媒体关注、报道

有趣的交大冬奥机器人故事，得到美国《新闻周刊》(News Week)、英国《每日邮报》(Daily Mail) 等 60 余家海外主流媒体的关注和报道，涉及英语、法语、俄语、阿拉伯语等多种语言。

共情 (empathy) 是一个心理学概念，指的是个体准确地理解他人的情感，并在特定情景下作出准确情感反应的一种能力。滑雪机器人自由自在地在人群中穿行，冰壶机器人憨态可掬地打冰壶表演赛，中餐烹饪机器人服务用餐人群——这些都是在策划中着力凸显的内容，熟悉而又有趣的场景，有利于激发跨文化传播的“认知共情”。与此同时，看似“接地气”机器人背后也蕴藏着中国科技的力量：滑雪机器人可在真实雪场环境中自由穿行人群，这在国际上并不多见，它有着参与冰雪救援和极地科考的强大潜力；冰壶机器人是自主研发的世界首款模仿人投掷冰壶行为方式的机器人，有望在未来冰壶运动员训练中发挥陪练作用，优化竞赛训练模式；中餐烹饪机器人在后疫情时代为颠覆传统用餐形式提供了更多可能性。也许在不远的将来，中国自主研发的机器人能够改变人类的生活——将中国的大国责任和担当植入宣传策划中，激发不同文化间的“命运共情”，进一步增强跨文化传播的话语认同感。

3. 多主体协同，强化多面性立体叙事

媒介融合为新闻传播提供了更加广阔的空间，为“多主体协同”传播提供了可能。从媒介主体上看，主流媒体与自媒体形成了互补的宣传合力；从媒介形式上看，电视台、电台、报、网、手机端、（短）视频平台、社交平台等媒体矩阵涵盖多样化受众需求，让叙事更加立体化。

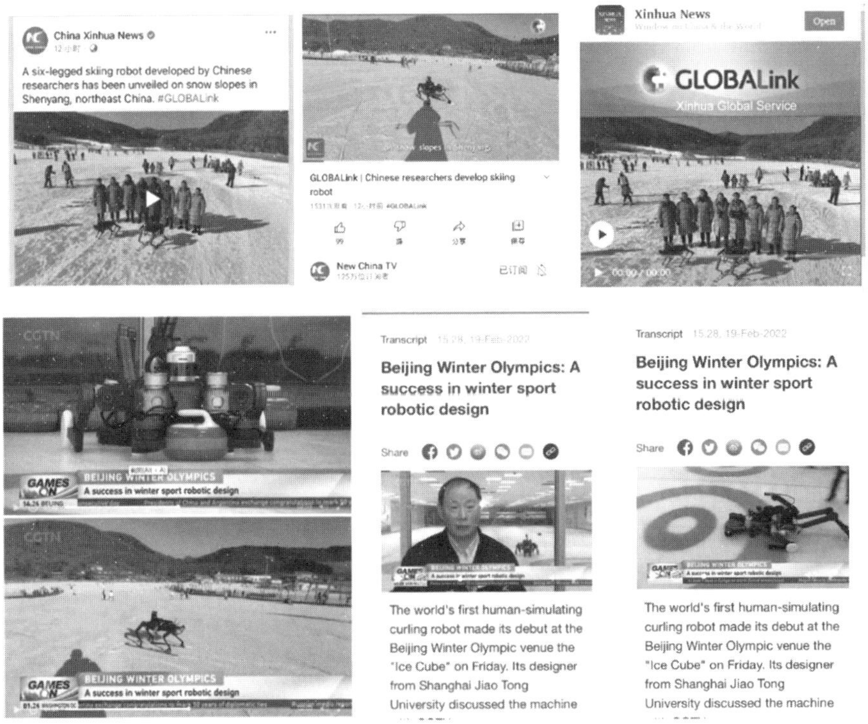

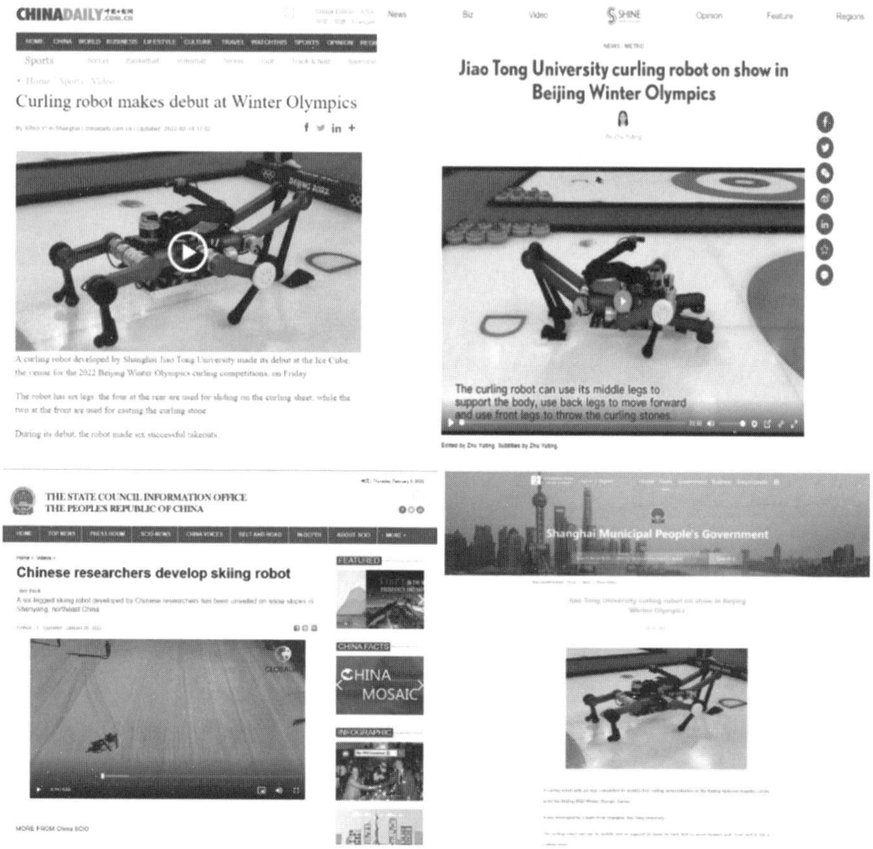

借助国内外主流媒体进行多渠道、多平台推送

新华社、CGTN、《中国日报》(*China Daily*)、《上海日报》(*Shanghai Daily*)等主流媒体的电视大屏端、手机端、网页端，Twitter、Facebook等多平台、多渠道海外报道，实现主流媒体海外融媒体平台协同集群发声；同时联动了国务院新闻办及上海市政府官方海外网站等平台迭代传播，达到了“多主体协同”的报道效果。

该项目注重借助媒介融合趋势，以“多主体协同”的宣传策略强化立体叙事。在策划之初，考虑不同媒介主体、平台形式与受众需求，对冬奥机器人的视频、图片、文字等原始素材进行多元化挖掘、个性化推送：从国内主流媒体多渠道、多平台推送到微博、微信、短视频等新媒体平台互动传播；再经过新华社英文客户端（Xinhua News）、《中国日报》（China Daily）、中国国际电视台（CGTN）等平台的海外“放大效应”，从而引发海外其他国家主流媒体及社交互动平台的大量关注。在这个过程中，国内媒体与海外媒体、主流媒体与自媒体多主体协同，共同塑造了交大冬奥机器人多面性立体化的叙事形象。

四、工作成效与经验

1. 小切口撬动大主题，用生动有趣的高校“黑科技”讲述中国冬奥故事

习近平总书记在党的十九大报告中指出：“讲好中国故事，展现真实、立体、全面的中国，提高国家文化软实力”。上海交大冬奥会机器人宣传策划着力从北京冬奥会宏大叙事主题中找寻细小突破口，进行精准布局与国际传播。从媒体报道中，国内外网友看到了机器人背后的大国力量，也为可亲可爱的中国形象塑造提供了助力。

该项目抓住冬奥会期间展示中国文化和形象的良好契机，利用图文、视频融合报道，展示了高校机器人的研发技术。在策划过程中，无论是文字语言、图片语言还是视频语言，都采用跨文化视角进行布局和叙事，通过图文视频立体化传播，向国内外讲述了生动有趣的中国冬奥故事。

2. “我”视角化为“他”视角，主流国际传播融合平台推动海外媒体迭代传播

该项目从 2021 年 12 月 20 日启动到 2022 年 2 月 20 日冬奥会闭幕结束。冬奥会期间交大机器人得到央视各大平台报道，并登上央视新闻频道《新闻直播间》；在新华社国际传播融合平台总浏览量超过

450 万；登上中国国际电视台 CGTN、《中国日报》China Daily、新华社英文客户端 Xinhua News 等海外宣传平台及 Facebook，Twitter 等国外社交媒体，热搜话题 24 小时浏览量破 5 600 万。央视新媒体专题策划、东方卫视《未来邀请函》、湖南卫视《新闻大求真》等深度专题栏目持续关注，得到国内 150 余家主流媒体及平台报道。

借助 Xinhua News、China Daily、CGTN 等“国家队”国际传播融合平台的海外传播效能，该项目得到美国《新闻周刊》(News Week)、英国《每日邮报》(Daily Mail) 等 60 余家海外主流媒体迭代报道，报道语种涉及英语、法语、俄语、阿拉伯语等多种语言，有效地推动了海外媒体“他者”视角的叙事和传播。

专家点评

习近平总书记强调，举办北京冬奥会、冬残奥会“要突出科技、智慧、绿色、节俭特色”。科技创新，是冬奥筹办鲜明的底色，科技冬奥映射着时代发展的风采。北京冬奥会是中国向世界展示良好形象的窗口，是促进国家发展、振奋民族精神的重要契机，是中国建设体育强国路上的关键事件，也是中华民族伟大复兴征程中的新篇章之一，要以冬奥会为契机讲好中国故事，为中华民族伟大复兴提供凝心聚气的强大精神力量。作为重要的战略科技力量，“冬奥会机器人”是上海交通大学坚持价值引领、聚焦重大需求和科技问题、组织关键技术攻关，提升自主创新能力的体现。学校从小切口解读冬奥会宏大叙事，向国内外展现“冬奥会机器人”的研发技术，更为学校科研能力的国际传播、中国精神风貌和新时代中国形象的生动真实展现提供了助力。

（点评人：彭东恺）

研究生导师通过网络发文等形式践行“三全育人”

——复旦大学研究生导师马臻以网络发文践行“三全育人”案例

一、案例概述

马臻是复旦大学环境科学与工程系教授、博士生导师，分管本科和研究生教学的副系主任，复旦大学研究生教育督导、工程技术组副组长。马臻的科学网博客（http://blog.sciencenet.cn/u/zhenma）开设至今，吸引了大量读者，主要以研究生、高校教师、科研工作者为主要读者对象。他的博文以教育和科研为主题，践行“三全育人”模式，对研究生求学、读研、做科研的方法和注意事项、研究生教育以及教师的职业发展起到积极的指导作用。

二、工作目标与思路

工作目标：在研究生招生规模扩大的背景下，很多研究生缺乏角色认知、科研能力和科研激情，同时研究生也面临着学业、职业发展和个人情感等方面的困惑；青年教师面临着发表论文、申请科学基金、晋升职称、指导研究生等方面的压力和困惑，因此在网络提供交流、指导成为时代需求。马臻精准定位，在他的科学网博客上，记录了他读博士、做博士后、申请教职、成为复旦大学副研究员、成为复旦大学教授的心路历程，既有经历也有感悟，还有经验和教训分享，为当前师生缓解科教压力提供了帮助。

工作思路：马臻在实践中探索出写博客和从事本职工作（指导研究生、讲授“学术规范和科研技能”研究生课、从事教学管理工作）的联系，形成了独特的“产业链”以及研究生导师践行“三全育人”、课程思政、网络文化建设的工作模式。

三、实施方法与过程

1. 针对科教界需求，合理定位，聚焦师生关注的科教话题

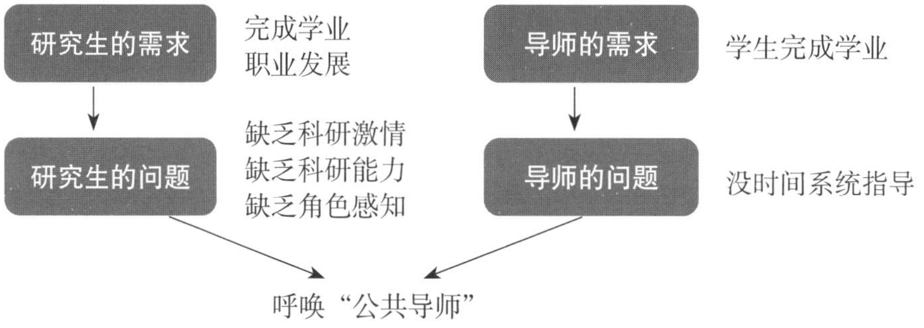

师生需求

目前研究生招生规模扩大，很多研究生缺乏角色认知、科研能力和科研激情，导师无暇系统地指导研究生读研、做科研的方方面面，或者说，导师更加关注研究生从事具体的课题研究，而没有太多时间给研究生指导如何为人处世、职业发展。此外，青年教师还面临着发表论文、申请科学基金、晋升职称、指导研究生等方面的压力和困惑。

基于此，马臻聚焦师生关注的科教话题。马臻的科学网博客，除了反映了他的求学和发展历程，也展现相应的总结反思。2016 年以来，他与时俱进学习习近平新时代中国特色社会主义思想和新闻写作，写作内容超越了自己原本的“一亩田三分地”，视野更加宽广，多篇文章被人民网、光明网、求是网、“学习强国”转载。

2. 写博客和从事本职工作相结合，形成独特的“产业链”

博文源于生活和工作。当它仅仅是闲暇饭后的随意制作，写博客就会被说成是“不务正业”。如何把写博客和从事本职工作相结合呢？马臻探索出一条新路。

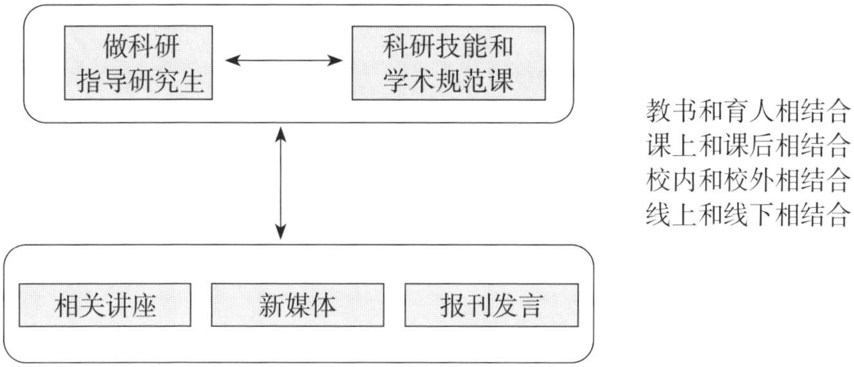

“四结合”产业链

马臻在课题组指导研究生，他于 2016 年开设“学术规范和科研技能”研究生课程，把自己给课题组研究生传授的内容分享给其他课题组以及其他院系的学生；他把讲话、授课内容整理成文字放在科学网博客，部分博文转化为“铅字”，在报刊发表，这些报刊文章形成教学资料，再发给选课的研究生们；当这些报刊文章和博文形成一定数量规模后，便集结成书稿《研究生手册——科研与学习方法指南》，他再和化学工业出版社签约出版。

“学术规范和科研技能”这门研究生课程与马臻的系列博文密切

联系，并非单纯讲学术规范，也并非单纯讲论文写作，而是以“读研（科研）”为主线，通过讲授、案例讨论、课后阅读、视频学习、学生分享、总结撰写等方式，提高研究生的科研技能和写作能力，并进一步加强学术伦理教育，端正学风，提高学生科研素养，促进学生职业发展。

“学术规范和科研技能”这门课程获批复旦大学 2015—2016 年度研究生课程建设项目、2017 年复旦大学研究生科学道德与学术规范课程建设项目、2020 年复旦大学 FIST 课程项目、2021 年复旦大学 FIST 课程项目、2021 年复旦大学研究生课程思政项目、2021 年复旦大学研究生课程配套教材建设项目以及 2022 年复旦大学 FIST 课程项目。此课程也开出了研究生专业选修课、全校研究生公共选修课、暑期 FIST 课程，2016 年至今已有近 1 000 人修读。

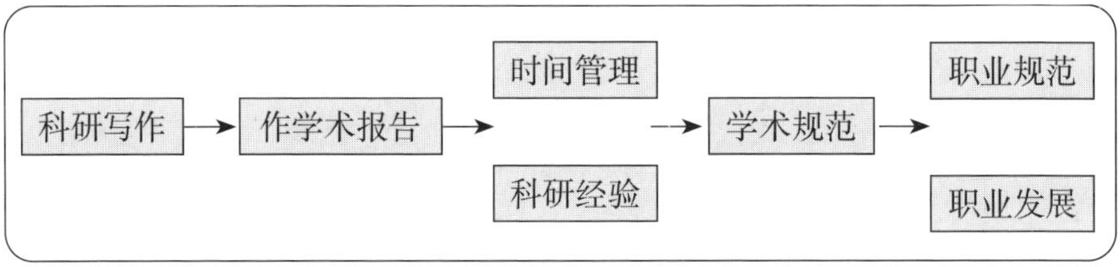

“学术规范和科研技能”研究生课

四、工作成效与经验

1. 博客发文、获奖情况以及对读者的影响

马臻的科学网博客开设于 2008 年 8 月，现存博文 400 多篇，绝大多数都被科学网编辑部标记为精选博文，其中有百余篇博文还被科学网编辑部选为当天“头条”。他的博客吸引大量读者，博客总访问量 1 000 多万，目前在科学网数十万博客当中排第 33 名，平均点击量排

前10名。

学术界有很多教授自称是“读研究生时就读马老师的博客”，还有的青年教师看了马老师的博客后，坚定了回国任教的信念。更多的研究生在马臻的博客受到启发，得到了学习方法、职业发展和心态调适等方面的指导。马臻自己指导的研究生也多次荣获国家奖学金、高廷耀奖学金、光华自立奖、“复旦大学优秀学生”称号、“复旦大学优秀毕业生”称号和“上海市优秀毕业生”称号等奖项和荣誉，其中有多位研究生毕业后进高校任教。

马臻的博客获得：第二届全国科学博客大赛教育求学组优秀博客大奖、第二届全国科学博客大赛海外观察组优秀博文大奖、第二届全国科学博客大赛入围博文纪念奖、复旦大学2018年度校园网络文化作品网文类三等奖、复旦大学2019年度校园网络文化作品网文类一等奖以及复旦大学2019年度最受欢迎教师运营新媒体奖。

第二届全国科技博客大赛荣誉证书

2.“博文转化为铅字”以及“铅字转化为博文”，实现“报网联动”

马臻实现写博客和在报刊发文的“报网联动”，至今在《人民日报》《中国青年报》《文汇报》《南方周末》《科学时报》《中国科学报》《科学》《科学新闻》《科技导报》《大学生》《中国研究生》等报刊和文集发表通俗文章200多篇，包括《人民日报》2篇、《中国青年报》

1篇、《文汇报》10篇。他还担任由教育部主管、由教育部学位与研究生教育发展中心主办的《中国研究生》专栏作者和特邀撰稿人，获评2020年《中国研究生》杂志优秀特邀撰稿人、2021年《中国研究生》杂志优秀特邀撰稿人。十多篇博文和报刊文章被人民网、光明网、求是网、“学习强国”转载。大量博文被各种网站和微信公众号转发。相关的指导文章为推动研究生教育、提升研究生的科研技能和职业发展能力起到积极的作用。

3. 以网络发文等形式，构建研究生导师“三全育人”模式

依托“学术规范和科研技能”课程、课外讲座和网络发文，实现第一课堂、第二课堂和第三课堂有机结合，形成“内圈－中圈－外圈”圈层效应。

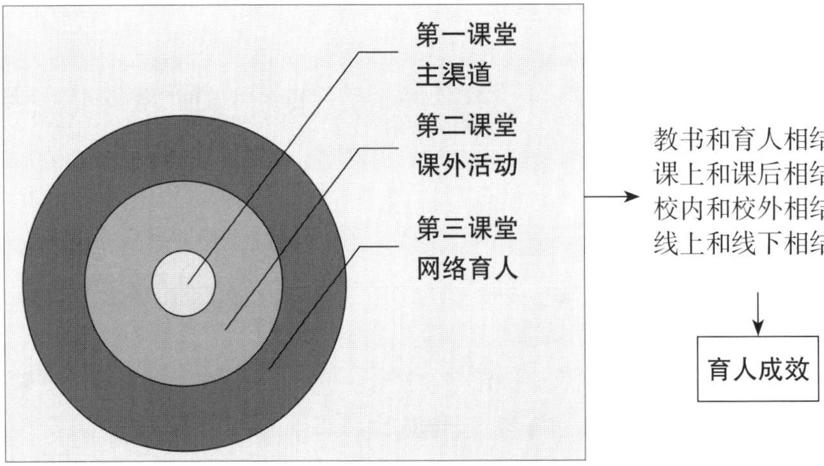

“三全育人”模式

在以这门课为核心的“内圈”，加强内容供给，将讲课内容整理成文，在报刊发文百余篇，形成教学资料。在第二课堂（课外活动）“中圈”，将讲课内容在校内外传播，围绕研究生科研方法、时间管理、职业发展、为人处世、师生矛盾化解等主题，在校内外作报告几十场

（含线上），受众1万多人。在第三课堂（网络育人）“外圈”，依托科学网博客传播课程相关内容，并多次参加科学网研究生师生访谈。

上述“内圈－中圈－外圈”联动，体现了“开展基础工作和形成亮点相结合”的理念，形成了教书－育人的联动模式，可复制可推广。案例获得复旦大学2016届本（专）科生“我心目中的好老师”提名奖、复旦大学第九届“研究生心目中的好导师”提名奖、2021年长三角科学道德和学风建设论坛“特色工作法案例”类征文二等奖，并在第十届全国工科研究生教育工作研讨会上作口头报告。相关育人经验整理成《听从自己内心的召唤》一文，发表在《中国研究生》杂志上（2022年第5期）。

2021年长三角科学道德和学风建设论坛“特色工作法案例”类征文二等奖

听从自己内心的召唤

文 | 马臻（复旦大学教授、博士生导师，本刊特邀撰稿人）

习近平总书记在中国人民大学考察调研时发表重要讲话指出，培养社会主义建设者和接班人，迫切需要我们的教师既精通专业知识、做好"经师"，又涵养德行、成为"人师"，努力做精于"传道授业解惑"的"经师"和"人师"的统一者。

现在大学各个院系都有计算年度"工分"的方法。授课、带研究生、申请到科研项目、发表科研论文都可以折算成工分。工分和教师的岗位津贴、年终奖相关，也代表着教师对院系的贡献大小。然而，很多东西是很难用工分去衡量的。比如，院系计算导师指导研究生的工分时只考虑导师名下有几名研究生，而不管导师究竟付出了多大的精力指导研究生。再比如，教师借助报刊和新媒体给广大研究生提供学习和科研方法、为人处世方面的指导，是不能计入工分的，甚至会被认为是"不务正业"。

然而，我们国家有很多不为"挣工分"所限的大学教师。他们有的热心于给中学生开科普讲座，有的忙于指导本科生到实验室体验科研，还有的醉心于在报刊和新媒体给研究生提供方方面面的指导。

从20多年前读研究生开始，我就喜欢写关于读研、做科研和人生哲理方面的文章。成为研究生导师后，我把自己给课题组学生讲的做研究的方法和为人处世的道理拿到我的"学术规范和科研技能"研究生课上去说，并把讲课内容整理成文在报刊发表；或者先撰文在报刊发表，再把发表的文章作为教学资料发给学生。我还热衷于给研究生开设相关的讲座，并在科学网博客发文。至今，我已经在《人民日报》《中国青年报》《文汇报》等报刊发表关于研究生教育的文章100多篇。

在这个时代，人要找到"要我做""我想做""我能做"这三个圆的交集。只是一厢情愿地"我想做"还不行，还要"我能做"，并且所作所为要符合时代需求（"要我做"）。借助各种方式给研究生"传道授业解惑"，正是我内心的召唤。

《听从自己内心的召唤》一文发表

专家点评

习近平总书记在中国人民大学考察时强调，"教育是一门'仁而爱人'的事业，有爱才有责任。"唯有爱的教育，才是真教育、好教育、最有力量的教育，才能充分、有效地发挥其育人功能，更好地承担起传播知识、传播思想、传播真理，塑造灵魂、塑造生命、塑造新人的时代重任，使学生在亲师信道的过程中成长为具有大爱大德大情怀的时代新人。如今研究生招生规模扩大，很多研究生缺乏角色认知、科研能力和科研激情，青年教师也面临多重压力，因此在网络提供交流、指导，成为时代需求。

复旦大学研究生导师马臻开设科学网博客，他的博文以教育和科研为主题，对研究生读研发展和做科研的方法和注意事项、研究生教育以及教师的职业发展起到积极的指导作用，吸引了大批量师生关注，是践行“三全育人”理念的创新发展模式。网络育人方式遵循教书育人规律和学生成长规律，做到因事而化、因时而进、因势而新，力求时、度、效的有机统一，实现稳、准、深的无缝衔接，满足学生的发展需要，找准“育人”与“成才”的心理契合点、情感共鸣点、价值结合点，使育人的理念、育人的内容、育人的方式更容易为学生所感知所认同所接受，也更加符合学生在知识、能力、情感、品格、审美等方面实现全面发展的个性化需求，实现了网络思政育人的良好效果。

（点评人：彭东恺）

“同心研学营”之“云游前洋　山野学堂”

——复旦大学“同心研学营”云端学习案例

一、案例概述

“同心研学营”之“云游前洋 山野课堂”于2022年应运而生，是复旦大学统战工作的一次大胆创新实践，充分利用网络平台，为广大统一战线教职工提供亲子教育支持，帮助小朋友们健康成长，是对学校统战工作创新服务提出的新要求，为更多的统一战线成员提供了沟通交往的平台。“同心研学营”之“云游前洋 山野课堂”是复旦大学党委统战部、医学统战部、本科生院、艺术教育中心与基础教育集团等部门共同策划的云端参观学习系列活动，利用网络直播平台，面向全校师生、统一战线成员，以及复旦附中、复旦二附校学生等群体开展。此次活动是以前洋村为展示点，由学校统战人士张勇老师及其团队通过云端直播的形式，把团队在前洋村古村落修复实践的经历和研究成果对外分享，致力于弘扬优秀传统文化，是一次以“四史”教育提升统战工作实效的成功尝试。该活动得到了福建省屏南县双溪镇人民政府和屏南县绿色前洋文化艺术中心的大力支持，也是校地合作的一次创新实践。

二、工作目标与思路

工作目标：“同心研学营”的酝酿实施是对复旦大学统战工作创新服务提出的新要求，切实为统一战线成员搭建了一个沟通交友、激荡思想的服务平台。活动的策划与开展旨在进一步增强学校统一战线的凝聚力，不断完善“大统战”工作格局，推动学校统战工作提质增效。

工作思路：“云游前洋 山野课堂”是“同心研学营”活动的第六期，邀请到艺术教育中心高级讲师、无党派人士、校民族联成员、古村落修复专家张勇介绍他在前洋村开展的古村落修复实践。基于前期的课堂式讲解，同年 7 月复旦大学党委统战部、艺术教育中心再次合作，把活动从传统的课堂讲解延伸到山野课堂教学，于前洋村举行“仲夏夜星空：复旦人在前洋田野音乐会”，并邀请张勇老师担任活动总策划。前洋村位于福建省屏南县双溪镇，系列活动选取前洋村为切入点，以复旦与前洋校地合作的丰硕成果，展现出党的十八大以来乡村振兴的伟大成就。系列活动作为“四史”教育的创新实践范例，以乡村振兴的改革开放史为切入点，以“大统战”的视野，进一步加强对党外知识分子的思想引领，增强统一战线凝聚力；同时，借由云端课堂、田野音乐会等形式，引导广大青年学子走出课堂，走到乡间，用脚步丈量祖国的大好山河，用初心去赓续中华优秀传统文化，立志成为社会主义事业的建设者和接班人。

三、实施方法与过程

主讲人酝酿：张勇老师自 2016 年开始，在福建省屏南县前洋古村着手实践他关于中国传统村落文化复兴的理念。经过多年的努力，前洋在 2018 年成为复旦大学本科生的书院教育基地，在 2019 年被农业农村部等五部门列入“第五批中国传统村落名录”。张勇老师在前洋古村生态环境和古建筑等保护方面做了大量工作，他领衔主讲的“古村落的保护与开发”课程于2020年获评为复旦大学首批国家级一流本科课程（实践类）。至2021年，通过将传统民居融入现代审美元素的改造方式，前洋近40座自宋代至民国的传统建筑被修复保护。

传统课堂教学：复旦大学党委统战部、复旦大学上海医学院统战部邀请张勇老师担任“同心研学营”第六期的主讲人在线授课，通过腾讯会议、微信视频号、抖音等三大平台同步直播。活动由复旦大学上海医学院统战部部长周鹏主持，校党委常委、党委统战部部长赵东元在活动开始前致辞。张勇带领屏南华侨中学学生代表向直播观众展示并介绍前洋村的村落村道、古陶瓷博物馆、金石篆刻馆、张氏宗祠和书院等景点，还在游览参观中穿插民俗介绍、茶道表演、文物讲解和村落修复故事等。参观结束后进入互动交流环节，张勇与华侨中学学生就前洋的历史和民俗、古村落修复等进行了回答与探讨。

山野课堂教学：同年7月，同心研学营第八期活动再次在前洋村举行，这也是山野课堂的延续。“仲夏夜星空：复旦人在前洋夏季田野音乐会”以听古典、拾旧忆、寻青瓦、向青春为主题，张勇老师担任总策划，邀请到复旦大学统一战线成员代表、学生弦乐团等师生，带来弦乐室内乐、小合唱、舞蹈等节目，将东西方古典艺术引入前洋古村，演绎东西方经典音乐作品。活动展现出当代大学生的精神风貌，以及古村落在新时代的生机与活力，为学校广大统一战线成员、师生带来一次特别的暑期思想文化盛宴。

四、工作成效与经验

“云游前洋 山野课堂”活动观看直播人数总计超过15 000人次，来自复旦大学统一战线、五大书院、复旦附中和两所分校、复旦二附校及兰生复旦的众多师生相聚云端，透过直播镜头感受古村落在新时代的生机与活力、学习中华优秀传统文化。

1. 以优秀传统文化为内核，凝聚统一战线力量

中华优秀传统文化是中华民族在五千多年的社会实践中形成的思想理念、传统美德和人文精神的集合，是中华民族的根和魂。“同心研学营”系列活动以优秀传统文化为核心，开展文化体验系列活动，如云游古村落、参观历史博物馆、民俗项目体验等，受到统一战线成员的一致好评。在参与过程中，党外知识分子切身感受到中华优秀传统文化的魅力，在增强文化自信的基础上，进一步增强中国特色社会主义的道路自信、理论自信和制度自信，引导党外人士增强对中国共产党的政治认同、思想认同、理论认同、情感认同，使广大统一战线成员紧紧团结在中国共产党周围，绘就最大同心圆，凝聚起助力经济社会发展的磅礴力量。

2. 以校地合作为依托，助力国家乡村振兴

乡村振兴是中华民族伟大复兴的重要支点。此次系列活动以校地合作为依托，以课程教学为支点，推动高校科研成果转化，实现产学研用一体化发展，以研拓产，助力乡村振兴；以产助研，推动科研深化。张勇老师及其团队以前洋村为讲台，青山为纸、绿水为笔，师生共同驻扎在村里，共同学习研讨传统村落的保护和发展，实地考察多个古村落的营建布局、民居建筑构造，体验别具特色的民俗采风活动、采访整理属于前洋的人文记忆，最后形成视角多元的研究报告。在这个过程中，前洋村为实证研究提供了理想的样本，复旦人学以致用，保护了一座具体的古村落。前些年前洋村只有七八十位老人常居于此，近年来，随着复旦人的努力，前洋村村委会带领村民探索餐饮、住宿等业态，形成了一定的接待规模。随着“文化再造”和“产业转型”，已有一些村民开始回村创业兴业。

3. 以铸魂育人为目标，赓续红色血脉

青年是国家的未来。“同心研学营”系列活动不仅搭建了交流学习平台，通过举办科普讲座、实地研学、文化体验等活动，打破传统课堂藩篱，将“三全育人”“五维育德”落到实处；更是对“铸魂育人三部曲”思政教育的呼应。“同心研学营”系列活动作为学校德育工作主渠道的有效补充，帮助学校解决落实立德树人根本任务过程中存在的不平衡不充分问题，努力丰富拓宽统一战线成员“复二代”在“双减”后的各类校外教育生活，培养青年人成长为社会主义的建设者和接班人；助力学校广大中青年骨干教师平衡教学科研工作与家庭教育事务，以便更好地集中精力投身建设“第一个复旦”。学校将坚持推进、不断创新“同心研学营”系列活动，充分利用网络新媒体等媒介手段，挖掘和利用好校内外丰富的统一战线教育资源，致力于做好统一战线凝聚人心、汇聚力量工作，为“第一个复旦”建设贡献智慧与力量。

专家点评

为进一步落实“三全育人”工作要求，充分发挥网络育人优势，扎实做好学生思政教育工作，复旦大学不断拓宽“互联网 + 大思政”工作格局，积极探索协同育人新模式、新路径、新方法，着力打造“同心研学营”系列活动。此次案例选取了“同心研学营”第六期“云游前洋 山野课堂”活动，通过在前洋村采取网络媒体直播的形式，向广大青年学子展现党的十八大以来乡村振兴的伟大成就，引导他们在感受中华优秀传统文化的魅力中增强文化自信。活动的辐射范围不仅包括本校师生，更把“复二代”纳入其中；同时采取校地合作方式，鼓励师生在前洋村开展调研实践，助力乡村振兴事业。这是一个有意义的探索和尝试，把“四史”教育的理论教育内容与“我为群众办实事”“大思政”教育进行有益的结合，展现出学校党委牢牢把握立德树人根本任务的力度、温度和效度。

（点评人：彭东恺）

党的光辉照征程

——复旦大学上海医学院华山医院老专家口述党史案例

一、案例概述

为深入贯彻落实习近平总书记给上海市新四军历史研究会百岁老战士们的回信精神，让“老同志们继续发光发热，结合自身革命经历多讲讲中国共产党的故事、党的光荣传统和优良作风”，华山医院党委组织开展院内老专家口述史活动，以“党的光辉照征程”为主题，邀请老同志、老专家根据自身经历，讲述党与祖国的沧桑变迁史、医院及科室的发展史以及个人奋斗史，以故事会的形式，生动形象地展示出华山人与党同呼吸、共命运的生动画卷，赓续华山医院建院百年的红色基因，为医院新一轮高质量发展提供源源不断、持续奋进的动力。

扫描二维码，查看项目系列推送

二、工作目标与思路

工作目标：在中国共产党成立 101 周年、华山医院成立 115 周年之际，根据党史学习教育要求，华山医院党委积极贯彻落实党中央号召，组织党员群众学党史、知党情、守初心、坚信念，并发起“党的光辉照征程——华山医院老专家口述史”项目，通过支部联合的方式访谈廿六位德高望重的华山前辈，形成文字资料近 20 万字，视频资料近 50 个小时，挖掘整理华山人与建党百年的深厚渊源，展现华山人的学术思想、高尚医德，持续丰富华山医院、上海医学院及复旦大学院史院志，为新时代公立医院高质量发展提供不竭动力。

工作思路：华山医院党委发起的老专家口述史以“党的光辉照征程”为主题，邀请老同志站在医院百年发展的视角，去回忆他们眼里建党百年的华山人故事，去讲述医院及科室的发展史以及个人奋斗史。项目邀请到德高望重的老院士、终身教授、老教授、原院长、原科主任等 26 位嘉宾，其中大多为中共党员，多位老同志获颁“光荣在党 50 年”纪念章。在特殊时期，他们认识党、加入党的方式不尽相同，但是他们听党话、感党恩、跟党走的坚定信仰始终如一。从他们的故事里，汲取引领全院党员同志在学思践悟中更加坚定理想信念，在奋发有为中践行初心使命的不竭动力。

三、实施方法与过程

项目由华山医院党委牵头，依托党支部，构建三级工作体系，分阶段、分步骤稳步探索，有序推进。

1. 2021 年 7—8 月，完成采访

华山医院党支部与老专家进行沟通联系，并制定个性化的访谈提

纲。在协调采访拍摄时间后，完成了采访拍摄工作。在采访中，华山医院的工作人员积极倾听老专家的讲述，记录下他们在医学领域的成长历程、专业技能和工作经验等，为后续制作纪实长片和文字实录提供了重要的素材。

2. 2021 年 9—10 月，制作纪实长片和文字实录

华山医院依据前期采访内容，从保留历史的角度出发，完成纪实长片制作。同时，对文字实录进行校对，去除口语化、重复性的内容，做到语言通顺、语句流畅。这一阶段的工作需要制作人员具备专业的技能，包括视频制作、编辑、文字处理等方面的技能。

3. 2021 年 11—12 月，开展微党课

华山医院采用“班后一小时”微党课的形式开展教育活动，以 PPT 讲述为主，每节党课 6 分钟，分三次举行，内容围绕老专家从医执教的历程和支部采访学习的体会展开。微党课的目的是通过党员之间的交流和学习，进一步推广老专家的医学精神，为医院的医疗事业贡献力量。

4. 2022 年 2—10 月，媒体报道

华山医院根据前期纪实长片的内容和文字实录，挑选出 10 分钟左右的精彩内容制作成精华短视频。随后，在华山医院微信公众号、视频号、B 站等平台进行推广宣传。这一阶段的工作需要制作人员具备专业的技能，包括视频制作、平台推广等方面的技能。通过媒体宣传，生动展现出百年华山人的初心使命，激励全体华山人传承红色基因、奋勇向前。

四、工作成效与经验

通过挖掘整理名医大家学术思想、高尚医德，丰富了华山医院、

上海医学院及复旦大学院史院志，为医院发展提供迸发向上的动力；丰富了党史学习素材，有助于全院更加深刻地理解党和国家发展史、医学事业发展史；丰富了医院文化内涵，凝聚起支撑医院高质量发展的精神力量；提升了社会影响力，有助于在全社会弘扬崇高的医学精神。老专家的从医执教经历和个人成长感悟也有助于唤醒年轻人的从医初心，为许多年轻医生成长进步起到示范激励作用。

1. 党委牵头，制定整体工作方案

华山医院党委高度重视，牵头制定整体工作方案，明确访谈专家名单，根据项目主题，拟定半结构化访谈提纲，其中包括个人成长经历、学科建设与发展、医院建设与发展以及党和国家命运四个板块，最终形成一堂微党课、一篇文字实录、一部短片、一部纪实长片。

2. 依托支部，构建三级工作体系

鉴于老专家大都来自临床一线，参与口述史访谈需要扎实的医学功底，华山医院依托70多个党支部，构建了党委—党委职能部门—党支部的三级工作体系。党委牵头制定工作方案；党委职能部门（党委办公室、党委宣传部、教师工作部、党委组织部）作为联络员推动项目进展、做好内容质量把关等；党支部作为第一责任主体，由党支部书记带头参与完成采访录制、视频制作和文字校对等工作。

3. 多维度呈现，全体党员参与

“班后一小时”是华山医院创办的微党课品牌项目，每年举行一次。此项目依托“班后一小时”品牌项目，在2021年12月2日、6日、10日开展“党的光辉照征程”线上直播开讲活动。各党支部代表以讲述、播放纪录片、演绎等方式，汇报了访谈内容、所思所悟，激发华山人主人翁精神。视频上线期间，累计2.5万人次观看，反响热烈。

4. 多形式广泛宣传，打造社会品牌项目

在前期文字实录和纪实长片的基础上，党支部进一步梳理文章逻辑脉络，校对历史史实、事件等，形成可以公开发表的、经得起历史考验的文章，并在复旦大学附属华山医院公众号稳步推送。针对大众喜欢的短视频阅读方式，党支部节选精华内容形成短视频，同步在华山医院视频号、华山大屏等平台展播。截至同年7月，累计推送10期，阅读人次10万+。

专家点评

华山医院在中国医院发展史上具有独特的地位，参与并见证了中国共产党建党早期的诸多感人事迹。在党史学习教育过程中，华山医院深入挖掘自身厚重的历史优势和区域优势，通过整理和记录院内老同志、老专家关于建院历史的回忆和学术思想的总结，为医院发展提供迸发向上的动力，同时丰富了党史学习素材，使全院更加深刻地理解党和国家发展史、医学事业发展史，发挥出了口述历史的积极作用。华山医院充分挖掘口述历史作为记录时代背景下个人经历与记忆的重要媒介作用，加强历史的可读性和生命力，全面弘扬崇高的医学精神，为医学事业的发展作出积极贡献。

（点评人：张道兵）

融媒体传播，讲好院史中的党史故事

——复旦大学上海医学院“党旗领航　铸魂育人”新媒体传播案例

一、案例概述

2021年是中国共产党成立100周年。在庆祝中国共产党成立100周年大会上，习近平总书记深刻指出：“一百年来，中国共产党弘扬伟大建党精神，在长期奋斗中构建起中国共产党人的精神谱系，锤炼出鲜明的政治品格。”在两个一百年历史交汇期，以建党百年为契机，复旦大学上海医学院积极转变传播方式，插上新媒体“翅膀”，运用微信公众号等新媒体平台，围绕党史学习教育专题，策划推出“党旗领航　铸魂育人”专栏，通过文字、原创手绘、有声故事等立体多元传播形式，面向全体师生开展了一系列形式多样的党史学习教育，为党史教育全方位、立体式传播提供了借鉴意义。

二、工作目标与思路

工作目标：复旦大学上海医学院（简称“复旦上医”）在媒体融合的背景下，综合运用新媒体平台和传播特性，围绕党史学习教育主题，充分结合多种形式的创作进行传播，使党史学习教育的内容以更加立体多元的方式抵达受众的内心。

工作思路："复旦上医"微信公众号在建党百年之际策划推出"党旗领航　铸魂育人"专栏，通过文字、原创手绘、有声故事等立体多元传播形式，生动讲述上医优秀共产党员听党话、跟党走的故事，集中展现在上医发展历史上在不同战线上顽强拼搏、不懈奋斗的上医人的感人事迹和精神风貌。

专栏微信头图合集

三、实施方法与过程

1. 史料搜集遴选

在复旦上医的发展历程中，无数共产党员艰苦创业、矢志拼搏、服务奉献、追求卓越。2021年年初，"党旗领航　铸魂育人"专栏启动筹划，通过查阅相关书籍、报刊、档案、网络、访谈等渠道，广泛搜集人物资料，遴选了在革命战争年代、和平建设时期等不同历史阶段为祖国医疗卫生教育事业以及原上海第一医学院建设作出卓越贡献的优秀共产党员代表。

考虑到这些建院历史上的著名人物，相关报道已不计其数，如何从海量资料中挖掘出新意是本专栏在策划过程中重点考虑的问题。为此，专栏紧扣“党旗领航　铸魂育人”的主题，从史料中选择对人物产生深远影响的关键时刻，以此为切入点，进行初稿文本创作，力求通过关键时刻的小故事，展示人物在大历史时代中的抉择与信仰。比如，栏目的开篇聚焦上医历史上的第一位共产党员计苏华入党的故事；在血防先驱苏德隆的故事中，着重展现苏老在新旧社会对比中坚定入党信念的心路历程。

2. 进行融媒体二次创作

在完成初稿创作后，复旦大学上海医学院结合新媒体传播特点进行二次修改创作，力争让“厚重”的史料符合新媒体“轻”传播的特点，同时做到轻而不浮，让形式为内容服务。

人物原创海报设计合集

为使传播内容更为生动形象，专栏特意邀请有相关特长的学生为每个人物设计原创手绘形象，并附上人物金句，使蕴藏在历史故事中的主流价值得到形象化表达。同时，全媒体时代，党史学习教育要想面向更多受众，切实提高渗透力，就必须注重多种传播形式的协同打造。近年来，音频微课等形式在年轻群体中受到欢迎，专栏特意邀请宣传部专业工作人员录制音频，通过主播叙述加配乐的方式，用声音描摹上医共产党人，方便受众通过不同方式获取信息。通过视觉化、听觉化等丰富多元的方式全方位打造党史学习教育的新媒体传播产品。在新媒体二次创作过程中，负责手绘和音频制作的师生均在研读人物历史故事，对人物事迹、主要特点了然于心的基础上进行创作，尤其是原创手绘的创作，查阅了大量图片史料，力图还原人物历史场景和神态样貌。

四、工作成效与经验

1.创新传播方式，重现历史印记

新媒体时代，传统媒体积极与各类新媒体技术和平台融合，重塑党史学习教育形式，有助于历史记忆的多样化呈现和留存。融媒体技术丰富了党史学习教育的传播方式和途径，“党旗领航　铸魂育人”专栏改变传统的“图＋文”传播模式，运用声、画、文等多种媒体元素，适应不同人群的媒介使用习惯，降低受众的接受难度，增加接触频率，助力党史故事深入人心，取得了较好的传播效果。有毕业学生在评论区留言：“之前很多时间泡在实验室做课题，没太留意校园的历史，读了文章很感动，向上医功臣致敬！”

2. 坚持传播内容为王，深挖珍贵史料

对于党史学习教育内容的传播而言，内容为王的原则应放在首位，以保证传播内容的权威性、准确性。为此，团队前期查阅大量书籍、报刊等资料，比如，《胸心外科奠基人黄家驷：将一切毫无保留地贡献给党和人民》一文联系了解放日报社，调取1955年4月26日的《解放日报》珍贵史料。黄家驷于1955年3月光荣入党，还在《解放日报》发表了他《终身难忘的日子》一文，表达了他为党和人民奉献一切的决心，旧报纸版面也为内容传播增添了一份历史感。《戎马书生陈同生：心中有一面不倒的红旗》一文的部分内容来源于由复旦大学上海医学院党委学生工作部主办的“心中有一面不倒的红旗”——与陈同生长女陈淮淮女士的座谈会内容，文中收录部分珍贵的座谈会一手资料。

本专栏在创作过程中凝聚各方合力，得到了先贤后人、校友、各院系附属医院的大力支持，在材料提供和创作修改等环节提供了大量帮助，为史料的权威性和准确性提供了保障。为适合新媒体阅读习惯，专栏整体以短小篇幅再现历史，从大量史料中撷取人物和党相关的历史瞬间，通过以小见大、以情动人的叙事方式让党史学习教育易于被读者理解和接受，新颖、亲切的内容呈现有助于引发受众共鸣，引领主流价值观。

3. 对照精神谱系，诠释精神内核

在人物的描摹诠释过程中，团队特意对照“中国共产党人的精神谱系”，挖掘人物身上的精神内核。专栏文章添加“中国共产党人的精神谱系中的上医人”标签合集，展现了前辈钱悳的西迁精神、胸心外科奠基人黄家驷的抗美援朝精神、汤钊猷院士和顾玉东院士的科学家精神等。通过对中国共产党人的精神谱系的宣传，有助于重温党史院史，赓续先辈精神血脉。

专家点评

在给复旦大学《共产党宣言》展示馆党员志愿服务队全体队员的回信中，习近平总书记写道：“希望广大党员特别是青年党员认真学习马克思主义理论，结合学习党史、新中国史、改革开放史、社会主义发展史，在学思践悟中坚定理想信念，在奋发有为中践行初心使命，努力为实现‘两个一百年’奋斗目标、实现中华民族伟大复兴的中国梦贡献智慧和力量。”党史学习教育是高校落实立德树人根本任务的必然要求。复旦大学上海医学院在中国共产党成立100周年的特殊节点上，充分依托微信公众号平台，以“互联网＋党史教育”的形式策划推出“党旗领航　铸魂育人”专栏。通过广泛搜集学院优秀党员的人物资料和感人事迹，针对融媒体传播的特点，采取原创手绘、有声故事等形式进行二次创作，增强了传播内容和形式的立体多元化，有助于调动受众参与学党史的积极性，让党史学习教育“声”入人心；让身边的先进事例和榜样鲜活地重现在广大师生教职医务员工眼前，让红色血脉代代相传，引导广大师生教职医务员工坚定听党话、跟党走，让榜样的力量助推学院新一轮高质量发展。

（点评人：张道兵）

“三全育人”辅导员工作室：心有所信，乐在医行

——复旦大学上海医学院辅导员队伍建设和组织育人工作案例

一、案例概述

本工作案例聚焦“心有所信，乐在医行”主题，介绍依托复旦大学附属肿瘤医院教学与学生工作部建设的复旦大学上海医学院首批“三全育人”辅导员工作室（“乐在医行”辅导员工作室）的相关活动开展情况。该工作室于2020年成立以来，组织青年师生开展高校附属医院辅导员队伍建设和学生思政组织育人工作，体现了附属医院结合高校资源和自身特色，推动“三全育人”综合改革，构建高校附属医院思想政治工作体系的思考与实践。相关活动成果被“高校辅导员在线”官微采用，相关微课成果入选2021年度高校辅导员网络培训课程建设项目暨百门精品培训课程，并面向全国高校辅导员及广大思政工作干部予以推广。

二、工作目标与思路

工作目标：“乐在医行”辅导员工作室围绕一个“以学生、学员为

中心”理念，汇聚和建设两支乐于从事学生思政工作的队伍，切实构建具有高校附属医院特色的“三全育人”体系，坚持打造“四类结合”使复旦上医学子在附属医院开展思政育人和教学培养工作过程中快乐成长，成为具有“国家意识、人文情怀、科学精神、专业素养、国际视野”的医学领军人才。依托本工作室，整合附属医院育人资源，特别是建立与专科附属医院发展水平相适应、功能定位相匹配的“三全育人”体系，彰显具有“复旦上医特色、专科医院特点”的医学人才培养体系，使医学教育和思政育人质量更加适应健康上海、健康中国建设需要，更加有力服务国家和地方发展重大战略。

工作思路：本工作案例重点介绍的“乐在医行”辅导员工作室，是2020年7月获批成立的复旦大学上海医学院首批“三全育人”辅导员工作室之一，该工作室是全国较少以附属医院辅导员队伍建设和学生思政组织育人为主要定位的辅导员工作室，以“心有所信，乐在医行”为主题，以探索高校附属医院“三全育人”工作体系机制建设为目标，以学生思政为引领，以组织育人为核心，以队伍建设为保障，通过实施学生思政提升计划、医院强师行动计划、学生党建领航计划、思政育人攻坚计划等，着力构建高校附属医院“三全育人”思政品牌。

三、实施方法与过程

“乐在医行”辅导员工作室着力破除附属医院“三全育人”体系构建的难点、痛点和薄弱点，并以此开展工作室的四大计划，取得一定成效。

1.强队伍，抓全程，实施学生思政提升计划，着力破解思政管理的“薄弱点”

附属医院根据上级文件在高校指导下探索设置辅导员岗位，但附属医院如何建设好学生工作组织架构，如何对专兼职辅导员进行管理，并对其后续发展路径进行政策指导，是大多数高校附属医院辅导员队伍建设中的“薄弱点”。工作室开展“心有所信，乐在医行——高校附属医院辅导员特色能力建设”课程建设，重点分享高校附属医院院内开展专兼职辅导员队伍建设的思路和路径，特别是针对医院学生实施全过程管理的能力建设内容。该课程入选 2021 年度高校辅导员网络培训课程建设项目暨百门精品培训课程。

2. 促协同，构全员，实施医院强师行动计划，着力破解协同育人的“薄弱点”

附属医院承担教学主体任务的临床医生还承担医疗、科研、学科建设等多项任务，如何提升临床教师，特别是青年教师对师德师风和思政育人能力建设的重视程度，如何强化导师在研究生思政教育中承担首要责任的意识和能力，增强导师对青年学生学员的能力培养和身心发展的关心。本工作室充分发挥在“三全育人”中的协调作用，建立医院学生学员导师队伍和学生学员思政队伍的合理分工和协同机制，加大各类师资培训力度，切实把高校附属医院教师（医护人员）融入医院思想政治教育大格局，构建更加科学合理的教学育人体系。该工作成效在 2021 年上海市教卫工作党委系统“双带头人”党支部书记培训示范班进行小组交流。

3. 创模式，全方位，实施学生党建领航计划，着力破解实践形式的“薄弱点”

医学研究生不同于本科生，根据培养类型，其培养过程主要集中在科学实验研究或临床轮转培训。科研压力大、轮转时间忙可谓是医学研究生的常态。如何在这一过程中以学生学员喜闻乐见的形式，很好地将思政育人元素全方位融入人才培养，这是摆在医院思政育人方面的重大课题。本工作室通过前期的案例分析和项目实践，结合医学研究生的培养特点，进一步创新附属医院党建、团建实践项目和形式，深化院际交流和校地合作，打造更加吸引青年的实践平台，着重发挥组织育人功效，将思想引领与实践活动相结合，重视将专业知识转化为综合素质，实现知识目标、能力目标、价值观目标的高度统一，增强学生学员的社会责任感、实践能力和创新精神。

4. 重研究，成长效，实施思政育人攻坚计划，着力破解理论探索的“薄弱点”

本工作室加大对于医院思政育人研究的支持力度，鼓励学生思政工作相关老师和管理人员积极参与研究，并申报更高级别的思政相关课题项目，定期就附属医院推进“三全育人”工作的难点、堵点和痛点，开展“多维度、多形式”的理论研究和实践探索，在理论研究和实践探索中不断完善附属医院“三全育人”工作体系，提升本工作室的内涵质量。本工作室成员主持和参与全国医学专业学位研究生教育指导委员会研究课题、上海市青年工作研究课题、上海市学校共青团工作研究课题、复旦大学党建研究课题、复旦大学共青团研究课题和复旦大学研究生德育课题等10余项。“构建高校附属医院全员、全过程、全方位育人工作体系研究”是当期所有申报复旦大学党建研究课题中，“三全育人”专题附属医院唯一立项的课题。

四、工作成效与经验

1. 强队伍，抓全程，着力实现学生思政提升

对于“心有所信，乐在医行——高校附属医院辅导员特色能力建设”课程，复旦大学上海医学院在结合《普通高等学校辅导员队伍建

设规定》的基础上，进一步探索高校附属医院院内开展专兼职辅导员队伍建设的路径，明晰专兼职辅导员的工作重点和培训要点，推动建立健全“双线晋升”和“双向流动”机制，努力建设一支政治强、业务精、纪律严、作风正的高校附属医院辅导员队伍。除此之外，进一步推动学生学员网格化管理模式在高校附属医院落地落实，做好医学生全程管理，打造“班有所规、心有所信、研有所长、践有所获”的优秀学生集体，肿瘤医院博士、硕士班级连续两年获评复旦大学优秀学生集体标兵（每年全校 10 个研究生集体获评该荣誉）。

2. 促协同，构全员，着力实施医院强师行动

实化信息管理，探索教师思政分级分类可及可考。强化过程管理，创新师资准入的“思政第一课”。优化内容管理，发挥高校和附属医院各自优势。在按照教学岗位类型分类的基础上，根据任职年限，对同类师资进行分级，分别是储备师资、新进师资、骨干师资和资深师资四级，在符合学校师资培训要求下，结合医院特点和分级分类要求，制定培训内容和方式。医院和科室可通过信息系统动态监测教师思政培训情况，并将培训完成率纳入医院对科室和个人的绩效考核和教学积分评价之中。医院强师行动也取得良好成绩：邵志敏教授获评复旦大学“我心目中的好导师”，虞先濬教授导学团队获评复旦大学十佳“三好”研究生导学团队。

3. 创模式，全方位，着力实施学生党建领航

一方面，强化高校附属医院党团班组织育人一体化骨干考核。基于学生骨干的岗位职责梳理，规范各层各类学生骨干的准入标准与选拔流程，并对各类学生骨干按照“重点指标（岗位胜任指标）、专项指标（年度重点工作完成指标）、发展指标（校级以上优秀考核指标）”进行百分评价统一考核。另一方面，协同高校附属医院党团班组织育

人一体化全面建设。通过“党旗领航、同向同行，资源共享、协同融入”实现附属医院党团班组织育人一体化机制再提升。肿瘤医院 2020 级研究生 2 党支部获“十佳”组织生活、入选“赓续红色百年 365 行动”，2020 级肿瘤学硕士团支部获校级“五四红旗团支部”（专科附属医院首个校级学生五四红旗团支部），2020 级肿瘤学硕士生班获校级“优秀学生集体标兵”，实现了党团班组织建设成效“大满贯”。

4. 重研究，成长效，着力实施思政育人攻坚

“乐在医行”辅导员工作室相关研究成果连续三年获评复旦大学党建研究课题一、二、三等奖，并在《中国卫生资源》等中文核心期刊发表。研究成果《高校附属医院“三全育人”工作体系的研究与思考》入选首届中国学位与研究生教育大会征文，研究成果《新时代医学教育研究评价的探索与思考》获第五届江浙沪皖医学教育年会征文一等奖，研究成果《上海党团班组织育人一体化机制研究》获 2021 年度“上海共青团调研奖”二等奖，研究成果《高校附属医院学生学员团建模式研究》获 2020 年度复旦大学共青团研究课题优秀结项课题。此外，工作室所挂靠单位（肿瘤医院）还入选复旦大学首批院系课程思政教学研究中心（全校 10 个）。

5. 填空白、强补位，创新三全育人思政研究的载体

在对高校附属医院与一般院系“三全育人”工作体系进行比较研究的基础上，从青年学生学员的需求、困惑着手，优化组织架构，创新工作机制，通过建设辅导员工作室，填补了高校附属医院“三全育人”思政研究载体的“空白”，使附属医院在高校“三全育人”体系构建中不缺位，有助于不断探索高校附属医院辅导员队伍建设。

6. 促贯通、重协同，创新组织育人实践活动的模式

通过建设辅导员工作室，整合附属医院相关资源，将党的政治和组织优势、共青团思想引领功能和班级团结凝聚作用统筹形成合力，在思政育人“融入”上下功夫，注重对学生理论素养与专业技能培养的有机结合，促进教育与实践的贯通、课上与课下的互补、校内与校外的协同，形成一些“复旦上医特色、专科医院特点”的可复制、可推广的组织育人实践模式，助力“三全育人”工作体系在附属医院落地生根。

专家点评

复旦大学附属肿瘤医院教学与学生工作部成立的“乐在医行”辅导员工作室，旨在实现“三全育人”目标，整合附属医院的教育资源。该工作室特别注重与专科附属医院的发展水平和功能定位相匹配，建立了相应的“三全育人”体系，构建了“复旦上医特色、专科医院特点”的医学人才培养体系。此外，该工作室组织了青年师生开展高校附属医院辅导员队伍建设和学生思政组织育人工作，并通过微信公众号进行推广。这一工作室的建立充分体现了附属医院利用高校资源和自身特色，推动“三全育人”综合改革，构建高校附属医院思想政治工作体系的思考和实践，为医学专业“大思政”体系构建发挥了良好的示范作用。

（点评人：张道兵）

疫情下的“猫头鹰”Tape 信箱

——同济大学新生辅导员回信陪伴学生成长案例

一、案例概述

2022 年 3—6 月初，严峻的新冠疫情防控形势使得上海各高校进行封闭式管理。在封闭管理期间，学生极易遇到心理上的压力、学习中的疑问、生活中的困难、思想上的焦虑等，当这些情绪、心理、思想问题积累到一定程度，甚至会演变成思想政治认识问题。同济大学新生院辅导员李博等借助“Tape 信箱”搭建师生沟通“云桥梁”，撰写 310 多封（共计 10 万多字）一对一暖心回信，把解决学生的思想问题和实际问题结合起来，被同学们称为“疫情中的一道光”。该举措不仅在本校广大师生间受到了好评，而且引起部分兄弟院校辅导员的关注和“取经”。“Tape 信箱”工作实践是贯彻习近平总书记关于高校思政“因事而化、因时而进、因势而新”指示的生动体现，为探索新时代网络思政、打造思政特色品牌积累了宝贵经验。

二、工作目标与思路

工作目标：面对疫情防控下同学们学习生活新情况、心理问题新特征，同济大学新生院辅导员李博等创新思政工作思路和方法，结合网络平台开通“Tape 信箱”，以网络回信的方式拓宽师生“一对一”交流路径，从而满足疫情防控状态下教育、管理、服务学生的需求。

工作思路：“Tape 信箱”即智能手机上的“Tape”应用软件，这是“00 后”大学生常用的一种软件。该信箱采取单向匿名的方式，对提问者来说是匿名的，对回答者来说是实名的。用在师生交流中，则该信箱对学生来说是匿名的，具有保护隐私、消除同学们写信顾虑的作用。老师实名制的回答则增强了回复的公信力，并让更多的同学们都能看到对应老师的回复。另外，用学生熟悉的软件平台、熟悉的话语方式解答学生的问题，有利于切实帮助学生解决现实问题，拉近师生距离、走进学生内心，使同学们感受到来自老师的关注、关怀和关心。

三、实施方法与过程

1. Tape 信箱的开通与“猫头鹰”名称的由来

基于疫情期间同学们的需求，新生院辅导员李博率先尝试开通了“Tape 信箱”，并把信箱名字命名为“猫头鹰信箱”。之所以将该信箱命名为“猫头鹰信箱”，一是因为辅导员往往都是在深夜回复学生来信（白天还有繁杂的疫情防控工作）；二是该名称来源于黑格尔“密涅瓦的猫头鹰在黄昏起飞”哲学典故，这里的猫头鹰意味着反思、智慧和理性；三是在疫情之前，该辅导员就建设了线下的“猫头鹰咨询角”，辅导员每天傍晚在咨询角和同学们交流。后期，别的辅导员也陆续开通了网络信箱。

2. 基于“Tape 信箱”学生一对一的回信交流

Tape 信箱开通后收到同学们提出的各种来信，主题包括生活难题、学业逆境、心理困惑、风趣问候等。辅导员通过来信了解同学们所思所想所感所悟，给予同学们精准化、个性化指导。另外，各位辅导员老师及时汇总、报告 Tape 中遇到的各种特殊情况、突发问题、紧急事宜，通过解决困扰同学们切身利益的现实问题，把新冠疫情对同学们情绪、心理的负面干扰降到最低，保障同学们身心健康。

在来信积累到一定数量时，辅导员对问题进行分类，对不同的问题采用不同的回信策略。对具有共性的问题，在回复之后辅导员也用截图的方式发布在朋友圈（匿名，不涉及同学们隐私），以提高“辅导”的广泛性、有效性；对特殊性问题，如留学、心理、考研、就业等，则给予针对性、具体化建议。

3. 不断扩大“回信智囊团”规模

Tape 信箱的持续运转使得师生之间的互动频次不断加强，学生来信涉及问题的覆盖面也越来越广，且越来越有深度。由于时常遇到一些专业问题和较为棘手的问题，辅导员感觉回答起来难度增大，因此，辅导员还邀请了学校心理咨询中心、就业指导中心、马克思主义学院、关工委等部门的老师以及校友来作为智囊团帮忙解答问题。“智囊团”的出现调动了“全员育人”的力量，使得回信质量进一步提升、工作的影响力持续性增强。

4. 鼓励收到信、被关怀的学生关怀其他人

教育的本质是一个灵魂唤醒另一个灵魂，而被唤起的灵魂也能够更多地感染身边的人，使教育效果以指数级的方式实现。在 Tape 信箱开通一段时间后，辅导员也鼓励收到信的同学关爱身边同学，有些同学给信箱写信并不是为了寻求帮助，而是提供一些疫情期间身心调整的小攻略来鼓励处于低潮的同学，或分享疫情期间室内健身方式等。

四、工作成效与经验

1. Tape信箱成为疫情期间大学生的解压阀、百宝箱、加油站

新媒体时代的网络思想政治工作，有时候会出现把阅读量“10万+”等当作评价指标。网络思政能在多大程度上打动学生、深入学生的内心，往往容易被忽视。Tape信箱从“一对一的思想工作”开始，解决了学生的困惑和难题，引起学生情感共鸣，不少回信内容都在同学们中间传播，形成了良好的沟通环境和工作氛围，到最后反而起到了“一对多”的效果。

2. 解决思想问题和解决现实问题相结合

思想问题和现实问题不是割裂的，若对现实问题解决得不恰当、不及时，容易引起思想方面的偏激情绪，而思想问题反映、延伸至现实中，也容易造成诸多不良后果。疫情期间学生遇到了许多现实问题，辅导员也通过信箱帮同学们解决了一些现实问题。因此，要把解决思想问题和现实问题相结合，着力打造思政教育工作的“组合拳”。

3. 思政工作者要善于发挥文字的作用

疫情期间学生封闭在宿舍，师生之间见面不便。学校采取“辅导员驻楼”“社区化管理”措施后，有时辅导员驻守的楼宇并不是自己学生所在的宿舍楼，而Tape信箱的回复却让学生觉得辅导员一直在自己身边，容易感到关爱和温暖。这也是因为文字表达本身就有特殊的穿透力和陪伴感，辅导员要善于发挥文字的作用。

4. 集约化“全员育人”的有益尝试

全员思政工作并非各自为战、散兵游泳式、自发式、事倍功半式的思政工作模式，而是把“各路神仙”资源汇总整合、系统集成，即多学科、多方面事务联合专家协助学生思想政治工作一线人员进行“内容是多对一、形式是一对一”的学生思想政治工作模式。辅导员在回信的同时，还邀请了学校心理咨询中心、就业指导中心、马克思主义学院、关工委的老师以及校友来帮忙解答问题。

专家点评

2016 年习近平总书记在全国高校思想政治工作会议上指出，“做好高校思想政治工作，要因事而化、因时而进、因势而新。要遵循思想政治工作规律，遵循教书育人规律，遵循学生成长规律，不断提高工作能力和水平。”新时代高校开展思想政治工作应该把准学生的思想脉搏，积极回应学生思想关切，帮助学生解疑释惑，引领学生成长成才。

同济大学新生辅导员在疫情防控封闭管理期间，充分考虑到学生的身心压力和思想困惑，有效利用新媒体手段，借助“Tape 信箱”搭建师生沟通交流“云”桥梁，根据不同问题与学生开展一对一回信交流，把解决学生思想问题与实际问题相结合，着力打造思想政治教育工作“组合拳”，切实解决学生思想困惑，努力回应学生生活关切，为新时代高校开展网络思政、创新思想政治工作提供了宝贵经验。

（点评人：张道兵）

互联网红色基因燃星火
新青年文化生产传精神

——上海大学组建“新传新青年”专业采编团队案例

一、案例概述

1915年，陈独秀在上海创办《新青年》杂志传播新思想和新文化。1921年，中国共产党在上海诞生。1922年，中国共产党主导创办的第一所正规大学上海大学成立。上海大学新闻传播学院从党的初心之地出发，汲取红色学府的力量，组建“新传新青年”专业采编团队。团队成员由专业教师、辅导员老师和大学生构成。教师主要做好策划者、创意者、把关者和推介者，学生主要做好提案者、创作者、执行者和传播者。团队青年学子用年轻态的创作手法，生产了一系列文化精品。团队长期深度参与上海大学新闻传播学院微信公众号、上海大学新闻传播学院研究生微信公众号的日常运营，并将其作为多部作品的网络首发平台。“新传新青年”团队取得了2021年第十七届“挑战杯”全国大学生课外学术科技作品竞赛红色专项活动全国一等奖等标志性成果。2021年国庆前夕，中外青年大学生共同创作的短视频作品《新中国之歌》被中宣部指定全网推广，该视频浏览量超过1.64亿，被传播到全球121个国家。

二、工作目标与思路

工作目标：2021 年 5 月，习近平总书记指出，用好红色资源，传承好红色基因，把红色江山世世代代传下去。红色基因是以红色资源为载体，包括红色故事、红色人物、红色空间、红色记忆等红色共同体，是共产党人的精神内核，是新时代大学生成长成才的宝贵财富。大学生是建设红色中国的重要新生力量。2021 年，我国网民规模达 10.32 亿，让红色基因、革命薪火在 Z 世代大学生中传承，并辐射社会民众，必须重视将红色基因传承与网络思政教育工作紧密结合，把握新时代思政教育工作的主动权。

工作思路：上海大学新闻传播学院从党的初心之地出发，汲取红色学府的力量，组建“新传新青年”专业采编团队。“新传新青年”团队尝试创新高校思政教育形式，以“红色基因融于网络思政课堂，文化创作坚定青年理想信念”为主题，采用“以红色基因为核心，以中国精神为引领，以青年为创作主体，以网络为教育平台”的工作思路。团队成员由专业教师、辅导员老师和大学生构成。教师主要做好策划者、创意者、把关者和推介者，学生主要做好提案者、创作者、执行者和传播者。团队青年学子用年轻态的创作手法，生产了一系列的文化精品。团队长期深度参与上海大学新闻传播学院微信公众号、上海大学新闻传播学院研究生微信公众号的日常运营，并将其作为多部作品的网络首发平台。

三、实施方法与过程

1. 弘扬爱国主义，讲好红色故事

爱国是中国青年的成才之基。《新时代爱国主义教育实施纲要》

提出培养社会主义建设者和接班人，首先要培养学生的爱国情怀。在庆祝中华人民共和国成立72周年之际，团队创作短视频《新中国之歌》走红网络。《新中国之歌》讲述了我国国歌的故事，两周之内覆盖受众达9亿人次，微博热议话题参与度超过6 600万，并被中宣部指定全网推广，取得现象级传播效果。《新中国之歌》的创作者均是上海大学新闻传播学院“95后”研究生，制片人是中国学生田洪敏，导演是来自土库曼斯坦的留学生克丽斯。通过参加“看中国·外国青年影像计划·上海行”活动，一中一外两位大学生组成了复合型的创作团队，她们在上海的街头巷尾和纪念场馆寻找国歌创作和传唱过程中留下的动人瞬间。《新中国之歌》采用定格动画的形式，重点讲述了抗日救亡民众歌咏运动发起人刘良模对《义勇军进行曲》进行海外推广的故事。其中，美国著名黑人歌手保罗·罗伯逊用中国普通话演唱《义勇军进行曲》的黑白影像资料很多人都是第一次看到。《新中国之歌》再一次向世界传播我国国歌成为世界人民反抗法西斯主义精神力量的那段光辉历史。

2. 致敬抗战精神，记录红色人物

2021年，习近平总书记给上海市新四军历史研究会百岁老战士们回信中指出:“希望老同志们继续发光发热，结合自身革命经历多讲讲中国共产党的故事、党的光荣传统和优良作风”。为庆祝中国共产党成立100周年，团队创作完成了10集纪录片《新四军英烈的故事》(如《新四军四师侦查科长罗会廉》等)，2021年8月在上海广播电视台视频点播平台播出。同时，团队还在紧锣密鼓地筹备10集《开国将军的故事》。近10年来，团队师生前仆后继寻访老红军、老战士，足迹遍布祖国各地，累计已经创作完成100集《红色传承》系列电视纪录片。在行走的课堂中，大学生从革命先烈和革命前辈身上寻找到了榜样的力量，受到了精神的洗礼，领悟了人生的道理。创作团队积累的8 000

多分钟采访素材和60多万字采访资料，也成为珍贵的历史文献。

3. 学习建党精神，寻访红色空间

党的历史是最生动、最有说服力的教科书。红色空间承载着党的历史。上海作为初心之地，拥有超过1 000处的红色革命纪念地。在建党百年与建团百年交替之际，团队来到浦江两岸和石库门中，在一大会址、老渔阳里、新渔阳里、树德里、青云里这些红色空间里寻找历史的足迹，以青年视角的微末叙事切入国家历史的宏大主题，大学生的镜头中再现了“南陈北李、相约建党”的佳话，《新青年》编辑部里马克思主义理论的思想火花，“共产主义小道”上孕育中国社会主义青年团……辉煌的党史被当代青年铭记、咏叹和传播。这些红色地标一头连接着中国共产党“星星之火，可以燎原”的光辉历史，一头指引着青年人实现民族复兴的未来。团队创作的《星火初燃里——上海里弄红色文化探寻》《“三曾里”的红色历史足迹》等短视频也登录学习强国平台。

4. 实践抗疫精神，磨砺红色青年

习近平指出，在抗击新冠疫情的斗争中，青年一代的突出表现令人欣慰、令人感动。2022年3月，上海暴发新冠疫情。团队师生化身“大白”“小蓝”投身到抗疫一线的志愿服务中。在校内，他们为同学们扫码、送餐和巡逻；在校外，他们主动服务社区的核酸筛查和抗原检测。团队成员志愿服务覆盖率达到100%，其中，学生党员李桂童在校外社区抗疫中表现出色，彭浦新村街道特地给上海大学写来感谢信。2022年是中国共产主义青年团成立100周年，五四青年节恰逢上海抗击疫情攻坚战，团队号召学生党员和入党积极分子用画笔在100个抗原检测试剂盒上作画，记录上海这个不平凡的春天，充分展现出青年态度和青春力量。《100个抗原试剂盒作画：记录这个不平凡的春天》活动被澎湃新闻、青春上海微博视频号等主流媒体报道，也荣获2021—2022年度上海大学研究生“十佳主题党日”。

5. 传承校史精神，荣光红色学府

上海大学是一所红色学府。1922年10月23日，上海大学在上海市闸北区青云里成立。1925年，上海大学成为全市第一个建立中共支部的学校，并成为五卅运动的策源地。这所弄堂大学享有“北有五四时期的北大，南有五卅时期的上大”的美誉。团队分别采用系列长图条漫《绘党史守初心：青云发轫上大人》、系列广播剧《话先烈坚信仰：溯源百年恰风华》、系列H5《展旧报读新史：红色报刊显初心》的形式讲述上海大学的红色校史。其中，《一身正气一路行，邓中夏的革命之路》《以笔为戎著华章，沈雁冰的文学革命之旅》《瞿秋白的上大一课》等作品登录“学习强国”平台，并受到《人民日报》、《光明日报》、新华网等主流媒体的关注和报道，获得了良好的社会反响。

四、工作成效与经验

经过几年耕耘，团队寻访不同城市134处，上海红色地标48处，累计拍摄时长逾1 500小时。团队持续创作也收获了累累硕果：原创视频126部，音频作品16部，文字作品256篇，图片作品104幅，累计字数115万余字。多件作品获得国家级和省市级奖项，大量作品被主流媒体刊发及报道，形成了一系列有影响力的微党课和微团课，培养了一批具有先锋示范作用的优秀青年。

1. 坚持网络性，创作能传播的红色作品

时代的主动权属于互联网。团队创作采用网络化思维，将“小而美”“短而精”“可视化”“易传播”作为创作标准，“有声有色、有图有文、有志趣有雅意”成为创作故事的一种准则。作品不仅制作精良而且多维呈现，故事既情节浓缩又焦点集中，如以“告白祖国用三行情诗”为主题，创作的图画作品每幅都能独立成篇，视频作品一般不超过 10 分钟，以适合碎片化的网络阅读，最大程度实现有效传播。同时，团队作品发布在 2 个经由学校认证的微信公众号网络平台上，保障了作品能够长效、稳定输出。团队的网络媒体平台不仅通过文化精品链接到校外电视网络、主流媒体网络等，也成为串联师生生活、学习、专业实践的精神纽带。

2. 坚持政治性，聚焦特殊性的红色节日

近年来，我国迎来了一系列重大的红色节日，如中国共产党成立 100 周年、中国共产主义青年团成立 100 周年等国家庆典，上海解放 70 周年、上海大学成立 100 周年等地方纪念日。团队围绕红色节日的政治内涵讲故事：清明节讲英烈故事、五四青年节讲新青年故事、七一建党节讲党史故事、十一国庆节讲爱国故事、上海解放日讲上海城市历史故事、上海大学校庆日讲校史故事等。以红色节日为载体，广大青年与祖国同频共振，发出青年声音，讲好国家、社会和身边的故事。

3. 坚持思想性，再现永难忘的红色记忆

当代大学生主要是“95 后”和“00 后”群体，他们未曾亲历红色历史，红色记忆存在着代际递减和记忆淡化的困境。团队将红色基因的内涵注入一处旧址、一个人物、一段征程、一件器物、一封书信、一张报刊、一段话语之中，挖掘其中发人深省而又难忘的记忆。如：一张用来包茶叶的旧报纸成为找到常胜将军刘别生烈士遗骸的重要线索；瞿秋白为了专心编撰书籍，把熬汤药的炉具放在住处门口以婉谢访客等。抽象的理想信念融入具体的事物中，令人印象深刻，易触动受众心灵。

4. 坚持艺术性，创作年轻态的红色故事

传统的思想政治教育有时会陷入刻板教化中，较难取得良好的教育效果，而年轻态创作则能有效规避。年轻态创作是指红色故事在创作过程中采用贴近年轻人审美和喜好的表现手法。团队运用诗、歌、音、画、广播剧、短视频、纪录片等多元文化载体，令人耳目一新，增强了作品的艺术感染力，受到年轻人的喜爱。如《新中国之歌》采用定格动画的创作方法，拍摄过程使用了 3 000 多张照片，还运用彩色铅笔手绘人物形象，用剪纸呈现战火、飞机、音符和唱片等内容，使得恢宏大气的故事中夹杂了一种合理的“萌”态，更能与青年人产生情感共振和文化共鸣，从而使其潜移默化地接受故事中蕴含的道理。

5. 坚持理念创新，以钱伟长教育思想为指导

上海大学钱伟长老校长提出“拆除四堵墙”的教育思想：即拆除学校与社会之间的墙，拆除学科之间的墙，拆除教学与科研之间的墙，拆除教与学之间的墙。团队践行钱伟长教育思想，走出校门与上海新四军历史研究会等机构合作。同时团队融入新文科视野，与上海电影学院、上海温哥华电影学院广泛合作，综合运用新闻采编、影视制作、美术设计、计算机大数据分析等多学科知识联动创作。团队还孕育了一系列的科研项目，如 2022 年度上海市教育科学研究一般项目“重大疫情应对中大学生集体记忆构建研究”。

6. 坚持育人创新，以马克思主义新闻观为纲领

马克思主义新闻观是党的新闻舆论工作的定盘星。上海大学新闻传播学院设有“马克思主义中国化话语体系研究协同创新中心”，开设了“马克思主义新闻学”等系列专业课程。团队师生坚持以马克思主

义新闻观为思想纲领，做到真学、真懂、真信、真用，不断增强政治敏锐性和政治鉴别力。团队遵循新闻法治规范和道德规范，保障红色作品的正确舆论导向，讲真实故事、讲美好故事、讲时代故事。

7. 坚持实践创新，以新闻传播专业课程为源头

《高等学校课程思政建设指导纲要》要求课程思政全程融入课堂教学建设。团队教师开设“电视新闻与纪实作品研究”等课程，将课堂教学与红色短片创作紧密结合，学生不仅在课堂上学会了撰稿、拍摄、采访、剪辑等专业技能，还前往多省份进行拍片实践。团队还通过课程简报等形式进行专业分享和经验提炼，取得了良好的课程思政效果。

专家点评

党的二十大报告指出，要弘扬以伟大建党精神为源头的中国共产党人精神谱系，用好红色资源，深入开展社会主义核心价值观宣传教育，深化爱国主义、集体主义、社会主义教育，着力培养担当民族复兴大任的时代新人。用好红色资源、赓续红色血脉，既要注重知识传授，也要加强情感培育、价值引领。这就要求我们在红色资源的挖掘和传承形式创新上持续用力，结合各门课程特点，借助案例、图片、音频、影像、戏剧及虚拟现实技术等多种方式，使红色资源进一步具象化、丰富化、立体化，生成有效的教学资源和素材，增强学生的课堂代入感和参与感，从而讲好党的故事、革命的故事、英雄的故事，使学生在潜移默化中铭记革命历史。

为了激发青年学子的创造力和创新思维，上海大学创新高校思政教育形式，通过组建“新传新青年”专业采编团队

创作一系列红色文化精品，并且利用新媒体平台在理念、技术、渠道等方面的优势，走好网络群众路线，开展符合媒体定位、受众易于接受的有效传播，让红色教育卓有成效。这些作品赓续红色基因，在新时代大学生中得到有效传承，并进一步辐射社会民众。上海大学的实践将红色基因传承与网络思政教育紧密结合，把握了新时代思政教育的主动权，提升了红色文化育人的吸引力和感染力，着力打好了师生思想底色，引领了师生成长奋斗的方向。

（点评人：张道兵）

追寻党史里的精神“星芒”

——东华大学“领雁先锋”学生宣讲团打造“红色移动课堂”案例

一、案例概述

为进一步落实党史学习教育要求，激励青年学生从百年党史中汲取开拓奋进、干事创业的强大动力，东华大学旭日工商管理学院党委于2020年7月成立“领雁先锋”学生宣讲团。截至2022年6月，宣讲团现有成员34人，坚持“党史姓党”的根本政治属性，在学院各学历层次、少数民族及港澳台学生群体中搭建梯队化队伍。团队发掘上海作为党的诞生地及初心始发地的地缘优势，打造党史学习教育“红色移动课堂”，将百年党史中蕴含的丰厚精神滋养作为生动教材，守好一段渠、种好责任田，持续搭建“大党史、大宣传、大视野”学习平台，以“项目化+特色化”作为创新工作思路，通过进课堂、进网络、进社会的“三进”模式，走深走实做好红色文化“传习人”，坚持“我为群众办实事”的价值旨归，“有声有色”掀起党史学习浪潮。宣讲团成立至今，累计开展党史宣讲100次，在线课程浏览量达20余万次，辐射近18万人次，获教育部“微言教育”、上海基层党建、《青年报》《新民晚报》等16家主流媒体报道。团队多措并举、纵深推进，将“学、思、讲、行”的红色教育模式充分融入育人路径，令党史学习教育不断“实”下去、“活”起来。

二、工作目标与思路

工作目标：东华大学“领雁先锋”学生宣讲团将百年党史红色故事作为教育资源，通过“三进”模式，结合“线上＋线下”方式，量身打造“浸润式”教育课堂，引导广大学生在学思践悟中开展党史学习。

工作思路：“领雁先锋”学生宣讲团依托上海作为“红色城市”的丰富资源，结合专业特色，挖掘上海71路“红色巴士”的教育属性；利用互联网创新党史教育开展线上活动；打造初心“申”起系列微课；拓宽党史宣讲场域，推进“三进”模式，不断推动党史学习教育的全覆盖、真落实、见实效。

三、实施方法与过程

1. 盘活红色资源，点亮全矩阵“红色地图”

宣讲团以“百年建党红色行”为主旋律，结合学院旅游管理专业特色，挖掘上海71路“红色巴士”的教育属性，将校门口的红色景点串成为7.1 km的“党史手账”一日游路线，树立“我要为群众办实事、做好事、解难事”观念，努力将教育成效转化为干事创业的动力。

作为学校少数民族学生数量最多的二级学院，如何在党史教育的大背景下，切实增强少数民族学生知史明史、爱党爱国的能力，更是此次党史教育的一大重点。学院持续以“十个百：明理增信”系列工程为抓手，组织少数民族学生开展“百场党史人物事迹学习”“百幅图文祝福百岁华诞”“党史百问知识竞赛”，不断铸牢中华民族共同体意识，夯实爱国主义思想根基，引导学生在学思践悟中传承红色基因，进一步提升本领。

值得一提的是，学院组织百名少数民族学生坐上71路，采用“线上微视频＋线下我来讲”的方式，沿线开展“寻访红色地标”主题打卡活动。从宋庆龄故居，到四行仓库纪念馆，再到毛泽东故居陈列馆、上海市人民英雄纪念塔，学院精心设计“行走的党史教育”路线，量身打造“浸润式”教育课堂，积极转化教育场域，引导少数民族学生增强“五个认同”，努力让中华民族共同体意识入脑入心，将民族团结进步教育贯穿人才培养全过程，引领少数民族学生青春向党、与时代同频共振，活动获得上海教卫党建网专题报道。

宣讲团打造“党史手账”红色旅程

2. 用活融媒优势，插上党史传播“数字翅膀”

学院用互联网思维推动党史教育观念创新、方法创新、工作创新，实现“三转变”，为党史传播插上“数字翅膀”。在主题教育的基础上，学院开展“红色故事我来写”线上征集活动，收集学生原创作品82件，“一站到底”党史国情网络答题、“全国大学生党史竞答”等一键式学习平台，吸引1 000余人次参与，实现党史教育由“面对面”

向“键对键”相结合、齐发力转变；学院通过“现场学＋云端学”直播形式，构筑党史教育“情景课堂”。直播间里，串讲人走进中共四大纪念馆，3 000 余名学生在 B 站直播间通过实时弹幕，与串讲人开展现场互动，实现党史教育向注重学生主体参与感、现场代入感转变。在校园封闭式管理期间，宣讲团成员化身战“疫”大白，主动挺身而出，积极担当作为，并开展“五四”云端宣讲，辐射 2 000 余人次，利用线上平台持续弘扬抗疫斗争中涌现出的战“疫”心声。

为持续激发“红色移动课堂”的辐射力与影响力，“领雁先锋”学生宣讲团力求将党史传播形象化、生动化，用好、用活上海红色资源，用“小切口”讲好“小故事”，打造初心“申”起系列微课 3 季共 27 期。“石库门：从开天辟地走向百年风华”“外白渡桥：命运与共焕新生”“杨浦滨江：百年初心再出发”……一系列改变中国共产党前途命运的场景、见证上海百年兴衰过往的地点；交通、文化、乡村、饮食……一个个与上海城市发展中紧密相连的元素；一堂堂集“声、情、景、意”于一体的党史微课被呈现得淋漓尽致，让党史教育“潮起来”，提升网络微课学生主体参与感、互动感、现场代入感。

拍摄初心“申”起系列微课，讲活上海红色故事

宣讲团还创新结合暑期社会实践，跨越 1 000 km 前往共和国的摇篮——江西瑞金，打造“行浸式”互动微党课及“红色剧本杀”，让听者身临其境感受百年党史的艰辛历程、巨大变化及辉煌成就，进一步创新“领雁先锋”育人品牌。

3. 讲活红色故事，拓宽党史宣讲“朋友圈”

“新民主主义革命时期，在上海召开的中国共产党全国代表大会有几次？”在 71 路沿线的社区党群服务中心，“领雁先锋”学生宣讲团正将党课开到了居民的“家门口”……

在前期进网络、进课堂的实践背景下，宣讲团走入社区，使理论宣讲走进区域化党建联建单位，实现“红色移动课堂”走向社会实践大课堂；打造“青春领航队”，鼓励在实践中形成“比学赶超”的生动局面。宣讲团以线上线下相结合的方式，做好“基层宣讲员”并做到“我与群众面对面”。宣讲团还积极融入学校师生党团组织，走进学校

走入中小学进行分众化宣讲，拓宽“朋友圈”

周边的街道社区、中小学及企事业单位，带去一堂堂有高度、有力度、有温度的党史大课，并尝试打破“一人一讲台”的固定教学模式，利用朋辈力量，立足学生视角，在同频共振、合拍共鸣中引导学生悟思想、担使命，在“共建多赢”中做好“红色合伙人”。同时，宣讲团持续推进以“你来点我来讲”自主点单的方式“送课上门”，努力做到精准“滴灌”“靶向”供给，不断拓宽理论宣讲“朋友圈”。

四、工作成效与经验

1. 通过党史学习教育，“领雁先锋”获得多项荣誉

自党史学习教育启动至今，“领雁先锋”学生宣讲团工作案例获得教育部“微言教育”、上海基层党建、“上海学习平台”强国号、新民网、东方网等16家主流媒体报道，现已累计开展党史宣讲100次，在线课程浏览量达20余万次，辐射近18万人次，入选全国高校思政工作网“庆祝中国共产党成立100周年原创精品”，先后荣获全国大学生网络文化节三等奖、全国高校大学生讲思政课公开课展示活动百强作品、上海高校大学生讲思政课公开课一等奖、上海高校大学生红色讲解员宣讲大赛一等奖、“知行杯”上海市大学生社会实践大赛三等奖，入围上海大学生首批理论宣讲精品课程，选送的学生宣讲员连续两年获得东华大学大学生理论宣讲大赛一等奖。

2. 探索线上线下“双轨”联动的创新工作路径

下阶段，为进一步推动党史学习教育全覆盖、真落实、见实效，“领雁先锋”学生宣讲团将把握时代大势，扣准时代脉搏，适时成立宣讲团党支部，发挥党建引领的战斗堡垒作用，为“红色专列”探索出一条线上线下“双轨”联动的创新工作路径，在对标争先中努力让党

史宣讲更接地气、更聚人气，让党史学习教育走“新”更走“心”。

宣讲团媒体报道

专家点评

习近平总书记在“不忘初心、牢记使命”主题教育总结大会上指出，“要把学习贯彻党的创新理论作为思想武装的重中之重，同学习马克思主义基本原理贯通起来，同学习党史、新中国史、改革开放史、社会主义发展史结合起来。”党的二十大报告再次强调，坚持理论武装同常态化长效化开展党史学习教育相结合。东华大学“领雁先锋”学生宣讲团结合学院和专业特色、上海地缘优势开展党史学习教育，有利于发挥大学生朋辈教育作用和在理论宣讲中的重要作用，在广大青年学生中进一步唱响爱党爱国爱社会主义的时代旋律，引领广大青年学生在理论学习中增强历史自觉和历史自信，进一步坚定信念信心，凝聚奋进力量。

（点评人：王震威）

创新深化“123456”工作体系 打造研究生样板党支部标杆

——东华大学研究生党支部建设案例

一、案例概述

“筑梦榜样”生物楼研究生党支部以获评创建第二批全国高校“百个研究生样板党支部”为重要契机，着力强化党组织政治功能和组织力，全面增强党支部生机活力，严格对标看齐，努力争创先进，创新深化“一理念两精准三全力四围绕五行动六方位”的“123456”工作体系，打造研究生样板党支部标杆。

二、工作目标与思路

工作目标：习近平总书记强调，要高度重视研究生教育，推动研究生教育适应党和国家事业发展需要。高校承担着立德树人光荣使命，高校党建是新时代党的建设新的伟大工程的重要组成部分，加强深化研究生党建是推进新时代高校党的建设的必然要求。创新优化研究生党建工作方法，建强党在高校的基层战斗堡垒，增强研究生党支部创造力凝聚力战斗力，以高质量研究生党建引领研究生教育高质量发展。

工作思路：坚持“求真、探索、创新、志远”一个建设理念，党建导师与信息技术精准赋能支部工作，以党支部全力强化政治功能凸显成效，全力践行为党育人光荣使命，全力筑牢奋进党支部坚强堡垒的“三个全力”为主抓手，以围绕学科特点做强组织育人效度、围绕学生特质做强铸魂育人深度、围绕党建特征做强联建联育广度、围绕育人特性做强党建引领活度的“四个围绕”高质量推进党支部工作创品牌、出亮点、走前列，推进“党建铸魂”“支部奋进”“党员领雁”“崇德报国”“践行初心”的五项行动，形成了党建引领、管理协同、队伍进驻、服务下沉、文化浸润、自我治理“六位一体”的研究生实验室社区党建育人新格局。

三、实施方法与过程

1. 高度重视，加强整体谋划，先进标尺“立起来”

坚决落实“一把手工程”，学院党委多次组织召开专题工作会，深挖实验室社区研究生党建工作的特色与亮点，持续推动党的组织和工作向最活跃、最具创新活力的组织拓展，打造“浸润式”楼宇党建文化宣传阵地。

支部全力强化政治功能凸显成效，全力践行为党育人光荣使命，全力筑牢奋进支部坚强堡垒。围绕学生特质做强铸魂育人深度，以推进“党建铸魂”“支部奋进”“党员领雁”“崇德报国”“践行初心”的五项行动为具体抓手，坚持用习近平新时代中国特色社会主义思想铸魂育人，系统学习习近平总书记重要讲话和重要回信原文，依托网络思政智慧阵地，建成支部学习融媒体学习展示矩阵，编制习近平新时代中国特色社会主义思想易班线上学习“口袋书”，以“单元式”学习为抓手，形成支部“每日一读，每周一学，每月一写，每季一结”长效学习机制，为支部党员量身定制党史学习方案，运用大数据创建党员“学习档案”，信息技术精准赋能支部强基。录制30余期系列优质党史校史微课，编印支部必读党史学习书单，依托学院“一角一站一展一屏一墙一阵地”党史学习新空间，精心打造支部理论学习课程100余项，线上线下同向齐发力增强学习文化氛围。牵头打造党史大课、校史大课、校庆大课、毕业大课等系列育人精品思政大课，支部示范引领党史学习教育“有滋有味”“有声有色”“有形有效”。心怀“国之大者”，赴一大二大纪念馆等50余个红色地标现场教学100余次，创建红色足迹路线，打造党史学习教育行走大课堂。动态做好支部每季“两次考评”即“季中考评”和“季终考评”，总结支部工作经验，凝练支部优秀方法，做优党建总结展示活动，唱响“花生仁研究生党员榜样巡礼”育人品牌、“花生仁听我说”新时代党的创新理论宣讲专项。

2. 融促结合，突出专业特色，党员身份“亮起来”

建强“党建+”工作格局，引领科研教学、管理服务等各项育人工作，紧紧围绕“四个面向”，服务国家重大发展战略，实施党建科研双向提升专项，形成党建科研“双融合双促进”机制。以“点线面三发力”助力高质量党建引领科研创新:“面”上横向覆盖全体党员，“线”上纵向打通学习壁垒，“点”上精准对接重要课题，全方位提升党建科研互促的深度准度效度。深耕“进课题组、进实验室、进宿舍，常态访谈关心每位党员”的“三进一访”党建引领育人模式。

同时，围绕学科特点做强组织育人效度，践行习近平总书记“把论文写在祖国的大地上，把科技成果应用在实现现代化的伟大事业中”的讲话精神，彰显楼宇党建特点，擦亮生物学科底色，激发社区党建优势，探索支部建设与学科建设、课题组建设的结合点，瞄准科技前沿和国家重大需求，发挥学科优势服务国家和区域发展战略。深挖生物专业中的党史育人元素，坚定服务国家崇高追求，鼓励支部党员积极参与国家重点实验室疫情专项研究，运用生物所学知识为疫情防控作出贡献。选树优秀研究生党员，唱响支部"奋进花生仁""花生仁向未来"榜样先锋党员品牌，充分发挥模范示范作用，榜样带动与学习联动结合，党建科研互促，邀请优秀师生党员来支部开展科研经验汇报会交流会研习会，营造浓郁科研学术互助氛围。紧紧围绕疫情防控、乡村振兴、生态文明建设等战略开展"生物工程专业报国"系列科研研讨会。加快探索"党建—科研—创新—实践"路径，以党建引领专业实践、创新实践和社会实践各项工作高质量发展。

3. 拓展外延，为师生办实事，奋进形象"树起来"

围绕党建特征做强联建联育广度，建强党建育人共同体，纵深加强与生物系教工党支部共建联学，推进与东华附校党总支联建联育实事工程，与沪上高校获评样板党支部或优秀党支部结对合作，与华东师范大学、上海外国语大学、上海师范大学、上海对外经贸大学等高校开展研究生党建工作交流学习。尝试主动融入学校附近街道社区区域化党建联盟，积极组织党员走进优秀高校、初中和街道社区学习互鉴，走出去学经验，深交流促合作，延展党史育人联盟，以红色基因为纽带积极开展支部联学共建和主题党日活动，促进党建资源共享优势互补，共建党史学习圈，打造党建活力圈，形成党员服务圈。聘任校内外优秀共产党员担任支部党建导师，进驻生物楼宇开展党建指导，邀请"科研助力中国圆梦太空"袁琴华老师、党史专家宣讲团、关工委银发讲师团担任支部"听习近平总书记的话"主讲诵读者，支部成员组成的"花生仁听我说"党的创新理论宣讲团宣讲覆盖人群 4 000 余人。

围绕育人特性做强党建引领活度。建立支部涵盖 80 余项细则的"干实事、解难事、谋大事、创新事、长本事"工作台账，在学院优化设置"党员示范服务岗""党员安全先锋实验室""最美实验室"，定期常态开展科研互助、实验室安全、社区科普、学业帮扶等为师生办实事活动。支部定期组织党员同志参加学校、社区等的志愿活动，疫情期间多位党员同志作为基层疫情志愿者，帮助学校和社区完成测量进出人员体温、登记外来人员信息、分发口罩、疫苗接种等工作，志愿累计服务时长2 000余小时，支部党员还发挥生物专业所学，参与疫情防控专项课题研究。牵头成立“学业讲师团”“向阳自习空间”与“易知行服务先锋岗”，与学困生、少数民族学生及家庭经济困难学生等结对帮扶，分享学习科研经验与就业求职心得，累计帮助200余名学生。

四、工作成效与经验

1. 党员先锋模范引领作用显著提升

依托实验室楼宇创新党支部设置形式，克服原来班级内部科研方向差异大、党员分散性明显、交流度不够等问题，党支部活力大大增强。积极凝聚服务师生，建立“楼宇党员服务站”，培育10余个“学生党员先锋实验室”和35名“党建学业带头人”。2名党员曾获中国大学生年度人物入围奖，1名党员获上海市大学生年度人物，多名学生获研究生国家奖学金。支部获评东华大学“党建阵地创新示范点”，入选第二批全国高校“百个研究生样板党支部”。

2. 服务国家重大发展战略能力显著提升

坚持“四个面向”，以高质量党建引领科研创新，17名党员参与国家重点实验室疫情专项研究，研发新型高效立体纳米纤维口罩，驰援抗疫一线。党支部党员在专业顶级期刊上发表论文20余篇，参与服务国家战略需求的课题项目20余项，申请专利10余项，坚持把论文写在祖国的大地上。

3. 高质量党建品牌影响力显著提升

支部党员连续4年组织团队赴对口扶贫单位云南省盐津县开展教育扶贫项目，曾获上海市大学生社会实践大赛三等奖。形成精品党史微课、精品党建讲师、精品实事志愿等集群，以“以‘三聚焦三着力’扎实推进‘拾百工程’党史学习教育，深度赋能立德树人工作”为代表的党支部工作案例、经验做法以及党史学习教育获全国高校思政工作网、学习强国、易班网头条专题报道60余次。

专家点评

在高校，学生党支部是党的基层组织的重要组成部分，建设综合素质高、战斗力强、辐射范围广的学生党支部，把党旗插在学生学习科研第一线，以党建引领高等院校学生学习科研的导向和旨归，不仅事关基层党建工作成效，也事关培养社会主义合格建设者和可靠接班人的根本问题。“筑梦榜样”生物楼研究生党支部以获评创建第二批全国高校“百个研究生样板党支部”为重要契机，着力强化党组织政治功能和组织力，全面增强党支部生机活力，严格对标看齐，努力争创先进，形成的党建引领、管理协同、队伍进驻、服务下沉、文化浸润、自我治理“六位一体”的研究生实验室社区党建育人新格局具有较强的借鉴性和参考性，为同类高校打造研究生样板党支部标杆提供了借鉴。

（点评人：王震威）

“四突出四领航”全力推进学业育人工作高质量发展

——东华大学“四突出四领航”学风建设案例

一、案例概述

东华大学化学与化工学院以“四突出四领航”为主抓手全力加快推进学风建设工作，创新工作形式载体，突出精准，强化实效，助力推动学院思政工作高质量发展，建强“大思政”工作格局。“四突出四领航”工作体系即突出学业育人主题主线，思想铸魂领航筑牢信仰根基；突出支持形式平台多样，学业奋进领航擦亮品牌特色；突出多元主体全程参与，崇德互助领航建强学习矩阵；突出学风建设教育成效，先锋奋进领航推动创新走心。

二、工作目标与思路

工作目标：为全力推进强学风育新人一体化建设，东华大学“四突出四领航”以学业育人为主线，通过整合优质资源、开展丰富多样的主题活动，突出学风建设育人效果，进一步筑牢学业育人新高地，推动学院思政工作高质量发展。

工作思路：具体做法有建强学业支持发展中心，成立学业讲师团；编制习近平新时代中国特色社会主义思想学习"口袋书"并送学上门；创建"花生仁易学空间"；精心设计编制优秀学生典型和先进集体宣传学习读本，加强"奋进花生仁"学生榜样与"花生仁向未来"典型宣传；引领学生录制系列学业微课；定期滚动学业发展大调研；培育花生仁学生读书会带领人团队；制定"学业帮扶手册"，推进"学业支持，党员先锋""榜样引领，科研互助""朋辈课堂"、假期"学霸优才"专项行动，设置"易知行"党员服务先锋岗等。

三、实施方法与过程

1. 突出学业育人主题主线，思想铸魂领航筑牢信仰根基

全力建强学院学业支持发展中心，来自各专业的 15 名优秀学生组建为学院首届学业讲师团，学院院长寄语鼓励学院讲师团加快发展步伐，颁发学业讲师聘书，公众号易班线上展示与学院大厅展览双向同步推进，极大增强学业讲师团的荣誉感、获得感与责任感，学业讲师团影响力显著提升。针对学生专业所学所疑所惑，精准靶向施策，定制供给涵盖 20 余门优质课程的学习清单。做强学业讲师团前期信念铸魂、中期能力锻塑、后期凝练提升的"三期强基工程"，每周召开课程辅导学习会，每月召开学业发展推进会，每季召开学业发展总结考核会，已形成较为成熟的"周学月进季结"工作机制，中心活动 10 余次入选易班网头条。

协同专业教师为学业讲师团授课能力提升辅导 20 余次，学业支持发展中心指导教师、负责学生与学校陪学咖团队深度学习交流，启动合作共建。加快走出去的步伐，拓展学业育人联盟，与华东师范大学光华学院开展学业支持工作互学互鉴工作交流会。将理想信

念锻造放在首位，依托学院易班网络思政主阵地，编制70余期的习近平新时代中国特色社会主义思想学习“口袋书”并送学上门，学业支持发展中心和学业讲师团第一时间专题学习党的十九届六中全会精神和“七一”重要讲话精神等，引领学生深刻感悟习近平新时代中国特色社会主义思想伟力，感党恩听党话跟党走，主动探索挖掘学业辅导的思政元素，浸润式思想引领与常态化学业支持深融同向共进。

2. 突出支持形式平台多样，学业奋进领航擦亮品牌特色

优化学业互助学习圈，扩大资源共享活力圈，主动充分用好网络育人主阵地，在微信公众号和易班平台发布花生仁学业讲师系列专题微课，立足学院化学染整生物学科，涵盖15门专业课程，第一时间获学校学生事务中心网站关注报道。线上线下平台深融合同发力，打造学生常看、想看、爱看的花生仁学业云端大课堂，联动学院易班发展中心创建“花生仁易学空间”，每日专人将学习课程资料讲义上传至班级易班平台，打造花生仁学习资源共享云课堂。创新形式提高站位选树学生典型榜样，连续五年组织评选“金花生”“银花生”荣誉学生奖并开展线上与线下巡礼展示，已形成学院学风建设响亮品牌，今年第五届“金花生”获奖学生王玉受到学校官微推送宣传，阅读点击量1.4万+，学生事迹广受社会各界好评。“奋进花生仁”学生榜样与“花生仁向未来”就业典型专栏宣传报道100余期，阅读量超10万，多次获学校官微、东华就业、DHU东小阳校级宣传平台转载。精心设计编制优秀学生典型和先进集体宣传学习读本，在学院大厅展示获得师生高度好评。举办花生仁寝室文化节，多形式重点培育学习型宿舍，加强学习型宿舍典型宣传，引领带动学生宿舍浓厚学习氛围，学院4023宿舍四名学生全部上岸攻读研究生，学院6001宿舍出了三名进博会小叶子，宿舍成员累计获得奖学金超2万元，累计获得校级及以上荣誉称

号10余项，志愿服务时长超200小时，在各个学生组织担任主要负责人，在服务同学中贡献青春力量。

3. 突出多元主体全程参与，崇德互助领航建强学习矩阵

从广度和深度上持续扩大学业支持学生覆盖面。从广度入手，关注学业支持的“大多数”。紧抓学生真实需求，在各年级中开展定期滚动学业发展大调研20余次。延展课堂范围，创新学习形式，培育花生仁学生读书会带领人团队，提前制定书目清单，每周定期研讨读书会经验方法，开展16次花生仁读书会，参与学生人数接近200人。践行“以优促优、以优助困”工作理念，从深度入手，抓好学业互助的“关键少数”。针对少数民族学生和困难学生制定“学业帮扶手册”，召开10余次专题工作会议研讨，依据“一生一册”精准制定该学生群体的学业支持“一生一策”，连续开展专业课程复习大课10余场，线上微课学业指导40余场，下功夫出实招打通学业帮扶最后一公里。学业讲师团与少数民族学生、困难学生等重点学生一对一专项结对帮扶，依托学院辅导员办公室开拓“花生仁向阳自习空间”，辅导员、班导师、关工委老教授每周定期与少数民族学生和困难受助学生深入谈心谈话，制作“学业生涯关心档案”数据库，定期跟踪留存学生学业生涯发展动态。来自学校对口扶贫地区云南盐津的19级本科生肖俊作为学院六名学生之一参与进博志愿服务，20级本科生姜开浪参军入伍，在青春奋斗报国中点亮大写人生。

设置网络教育专栏，抓住入学教育、考试前期等重要时间点深入开展诚信教育，组织“诚信知识我来答”主题知识竞赛，联同专业导师开展研究生科学道德与学风建设专项行动，组织“花生仁与诚信相约”主题诚信作品征集活动，参与学生200余人，收集并展示40余件诚信征文、漫画等作品。制作诚信教育学习手册，定期发布诚信考试倡议书，覆盖学院全体学生。组织“花生仁爱学习”学风建设月活动，

辅导员与班导师共同召开“学业奋进同行，争做时代新人”系列主题班会、实验室故事分享会100余场，其中线上班会和分享52场，覆盖学院全体本科生和研究生。

4. 突出学风建设教育成效，先锋奋进领航推动创新走心

制定《化工生物学院学生综合素质评价实施细则（讨论稿）》，根据学校教育评价体系的“指挥棒”唱好结合染整、化工、生物专业学生的五育“大合唱”和铸魂“进行曲”。与获评全国高校“百个研究生样板党支部”的“筑梦榜样”生物楼研究生党支部合作，着力推进“学业支持，党员先锋”“榜样引领，科研互助”的“朋辈课堂”专项行动，设置“易知行”服务先锋岗，发挥党员学业领航作用，建好全员全方位全过程同心同力育人新图景。辅导员联动专业教师组织面上宣讲和定向咨询系列就业指导活动30余场，覆盖各年级1 800余人次。“请进来”讲经验，邀请上药控股、职慧等开展行业认知和职业规划等系列讲座。“走出去”看行业，组织200余名学生前往科思创、合全药业、嘉麟杰、微谱化工等10余家单位参观学习。

组建学院导师、导生考研帮扶团，组织考研经验交流会、慰问座谈会，53.06%的继续深造率达到2015年以来最高。积极为学院学生参与科创竞赛搭平台添动力，近370名学生申报双创项目186项，65支团队获市级及以上立项，16支团队获国家级立项，项目质量和立项比例居我校前列。“创新周、科创月”30余场宣讲分享会持续推进。举办生物科技活动周、花生讲堂、生物实验室及企业开放日、生物科普公益服务、全国大学生生命科学创新创业大赛选拔赛等活动。学院“化学节”走过21年历程，已成为彰显学科特色的品牌项目。

四、工作成效与经验

1. 依托网络矩阵发布上层次上数量的精品微课

依托学院易班、公众号、视频号、B 站和喜马拉雅等网络矩阵发布了上层次上数量的花生仁学业系列精品微课，让学子们有心动，理想信念更加坚定；有行动，服务社会更加主动；有响动，报国氛围更加浓厚。

2. 开展丰富多样的主题活动

连续组织开展六届“金花生”荣誉学生评选，树立青春榜样，发挥优秀大学生的引领作用。以大数据精准赋能学业支持，积极联动班导师、关工委教师、博导教授等多主体与少数民族学生、困难学生深入谈心谈话。联同专业导师开展研究生科学道德与学风建设专项行动，创新升级“花生仁与诚信相约”主题诚信作品征集活动，时时处处人人奏响学业育人“大合唱”。

3. 推进形成“勤学—优学—乐学”育人格局

以钉钉子精神深化创新，夯实答疑互助“微平台”、创立学业讲师“展示台”、建好专业微课“云讲台”，打造“学业支持，党员先锋”“榜样引领，科研互助”“易知行”服务先锋岗等学业互助品牌 2.0 升级版优化版，助力推进形成“勤学—优学—乐学”育人格局。学院学风建设获评校级优秀。近两年，学生获全国大学生翻译竞赛二等奖、外研社国才杯演讲大赛二等奖、全国大学生数学竞赛三等奖、上海市大学生化工实验大赛二等奖、21 世纪杯英语演讲大赛二等奖、上海大学生化学实验竞赛三等奖、上海市大学生数学竞赛高教社杯三等奖、上海大学生生命科学竞赛三等奖、上海市数学竞赛三等奖等奖项。

专家点评

高校立身之本在于立德树人，学风建设是高校立德树人的重要载体。习近平总书记指出，一所高校的校风和学风，犹如阳光和空气决定万物生长一样，直接影响着学生学习成长。好的校风和学风，能够为学生学习成长营造好气候，创造好生态，思想政治工作就能润物无声给学生以人生启迪、智慧光芒和精神力量。

东华大学以“四突出四领航”为主要抓手，以学业育人为主线，针对学生专业所学所疑所惑，精准靶向施策，加强思想引领；发挥网络育人主阵地，借助微信公众号和易班平台打造形式多样的微课；突出师生主体地位，构建丰富多元的学习矩阵；发挥学生建设教育成效，创新育人格局。通过整合优质资源，加强学风建设，优化育人形式，为高校思想政治工作的高质量发展、学风建设的育人效果强化提供了宝贵经验。

（点评人：王震威）

“西索小蓝书”网络思政育人平台

——上海外国语大学“西索小蓝书”网络思政案例

一、案例概述

网络是高校开展青年学生思想政治教育工作的重要阵地，凭借着创新的形式与特点正逐渐影响大学生的生活和思想，这也为高校开展思政教育提供了新的途径。当代大学生兴趣广泛、求知欲强、思维活跃、敢于创新、个性鲜明、新潮时尚、渴望表达、乐于分享，具有具象化、生动性、创新性、互动性等特点的短视频迎合了大学生群体的需求。习近平总书记强调“要运用新媒体、新技术使工作活起来，推动思想政治工作传统优势同信息技术高度融合，增强时代感和吸引力”。这就要求高校辅导员要遵循思想政治工作规律，遵循教书育人规律，遵循学生成长规律，因事而化、因时而进、因势而新，沿用好办法，改进老办法，探索新办法。青年大学生在哪里，高校思想政治教育就要在哪里。

上海外国语大学组建辅导员和学生团队，创办“西索小蓝书”网络思政育人平台，以“围绕学生、关照学生、服务学生”为原则，把握思想政治工作重点、难点、堵点，不断对学生工作进行研究与探索，创新工作思路与方法。结合外语院校特色和学生特点，经过多年的探索与实践，利用短视频和公众号平台等形式开展网络育人工作，总结出“短视频+”辅导员育人工作法。平台不仅成为辅导员工作交流的重要载体、风采展示的重要窗口、理念创新的重要平台，也成为助力学生成长成才、传播思政主旋律、弘扬青春正能量的重要载体。

二、工作目标与思路

工作目标：为践行全员育人、全程育人、全方位育人的工作理念，上海外国语大学“西索小蓝书”网络思政育人平台以“围绕学生、关照学生、服务学生”为原则，通过不断创新网络思政育人形式，使平台成为辅导员育人工作和学生成长成才的重要载体。

工作思路：上海外国语大学辅导员团队创新工作思路与方法，基于短视频形式开展组织育人、课程育人、网络育人、文化育人、实践育人、资助育人、心理育人、科研育人，通过“西索小蓝书”网络思政育人平台着力打造《大学问》《想对你说》《西索青年说》《西索时光》《西索百科》等多个具有辐射力、亲和力、品牌化、体系化、思想性、导向性的品牌产品，致力于加强网络文化建设，总结出可示范、可复制、可借鉴、可推广的“短视频 +”辅导员育人工作法。

三、实施方法与过程

1.《大学问》：侧重思想引导，拓展育人广度

让大学生群体看得到、愿意看、引起共鸣才能赢得主动权。短视频释放出的网络“亚文化”在表现方式上贴近生活、贴近实际、贴近学生，是大学生群体喜闻乐见的形式。辅导员育人平台通过短视频开展网络育人工作，加强对学生的思想引导、就业指导和行为教导，引导学生科学做好人生规划，守护学生的人生航向，最大范围地满足学生群体需求，使其能够顺利走向社会。

新生入学教育、专业课程教育、社会实践教育、毕业就业教育等

是思政教育的重要组成部分，育人平台通过自制《大学问》生涯规划系列动画短视频为学生提供每个阶段常见问题的建议与思考，帮助学生们树立正确的学习观、择业观和成才观，将生涯教育贯穿到学生培养与发展的始终，构建“四年不断线”全过程网络育人体系。例如，毕业就业教育中以轻松的方式分享有关简历撰写、邮件发送、视频面试等方面的攻略和技巧，提醒学生注意细节，以积极心态面对求职，得到学生们的热烈响应。

2.《想对你说》：解答思想困惑，传递育人温度

走“近”学生才能走“进”学生，网络的开放性要求辅导员必须更新及创新理念，拓展思政教育在网络领域的新空间、新思路，充分实现双边互动。“西索小蓝书”网络思政育人平台利用短视频引导学生正确处理各种关系，解决生活学习中遇到的难题，紧扣高校思想政治工作重点难点问题，将社会主义核心价值观用青年视角和话语体系进行生活化阐述，以理服人、以情感人，通过具体事件、人物或观点将“大道理”转成“微语言”，将“大理念”变成“小故事”，引导学生正确认识远大抱负和脚踏实地，把远大抱负落实到实际行动中，可以激发学生的亲近感和认同感，增强心理育人的辐射力、吸引力和感染力。

为帮助学生解答成长过程中的困惑与迷茫，辅导员育人平台邀请各院系辅导员老师参与录制《想对你说》辅导员系列短视频，针对比较集中的问题为学生提供建议和引导。生活化的话语避免了传统的“我说你听”“我传你受”式的僵化的理论灌输和空洞、抽象的宣传说教，体现师生之间的平等交流，有助于引发学生情感共鸣。特别是自新冠疫情暴发以来，许多学生社会经验尚浅、人生阅历不足，长期宅在家中而产生焦虑和迷茫心理，辅导员老师通过短视频与学生就“在家与父母如何相处”“宅家期间的迷茫”“考研要不要二战”等比较集中的问题与学生“云”互动，引导学生积极面对，打赢这场疫情防控

阻击战。《想对你说》成为了学生与辅导员交流沟通的新渠道，许多校外的学生们也通过栏目将自己的困惑表达出来。

3.《西索青年说》：分享所思所想，转变育人角度

朋辈教育一般是指具有相同背景、年龄相仿、兴趣爱好相似的群体在一起分享信息、观念或行为技能，以实现教育目标的一种教育方法，有助于实现优势互补、相互促进、共同成长。《西索青年说》系列微访谈短视频邀请在校学生及校友通过微故事的形式分享大学期间的温情故事和点滴成长，鼓励在校学生或校友将大学时期的所思、所感、所想通过短视频形式讲述出来，利用朋辈教育形式激励学生相互学习和促进。例如，出国交流期间遇到国人帮助进一步厚植学生的爱国情怀，当兵入伍期间的难忘经历进一步激发学生的家国情怀等，学生们也通过 Vlog 作品总结和归纳自己的生活轨迹。短视频提供了相较于图片、音频更加鲜活、生动的传播方式，打破了时间、地点的限制，作品散发着记录真实、凝聚人心的能量，有利于丰富朋辈育人形式，进一步提高育人的时效性和实效性。

此外，利用重大节庆、纪念日等时机通过系列视频的方式邀请学生录制专题视频，“我与祖国的每一刻”、“老照片中的西索时光”、“我的西索故事”、“百年征程里的岁月故事”百年百期微党课《习近平与大学生朋友们》读书感悟等系列视频成为集体党课和团课、主题党日的重要学习材料，基于更广的视角让青年学子讲述好青年故事，达到了共情共鸣、入脑入心的效果，调动了基层党团组织自主学习的活力。

4.《西索百科》：汇集大学百问，提高育人效度

辅导员工作需要不断融入新的育人理念，改革创新工作内容、载体、方式和模式并总结出可借鉴和推广的方法，这就要求辅导员围绕学生、关照学生、服务学生，尊重青年天性，照顾青年特点，经常到

青年中去。辅导员在工作中少不了学生衣食住行等各类事务性工作，这些工作占据了辅导员原本可以与学生开展更加深入的思想交流的时间，降低了辅导员工作效度。而“西索小蓝书”网络思政育人平台将学生们求学、生活、毕业和求职等各个阶段常见问题进行汇总，编辑成文字和视频，通过公众号关键词自动回复的方式为全校本研学生进行解答，清晰明了，简洁高效。“医保如何报销”“如何补办学生证”“在读证明怎么开”“我的档案在哪里”“毕业去向如何登记”“录取花名册如何办理”等等，60余个关键词成为学生们后台每日关注和询问的重要问题，及时解答了学生的困惑，提高了育人效度。

5.《西索时光》：记录学生成长，创新育人维度

“纸上得来终觉浅，绝知此事要躬行”，实践是知行合一的重要途径，在求知心理的驱使下，大学生渴望了解、掌握和学习最新的信息、知识。“西索小蓝书”平台鼓励学生积极参与社会建设与实践，在实践过程中开展爱国教育、党性教育、“四史”教育、劳动教育等，将实践历程、见闻、思考、感悟通过短视频、直播等形式呈现，有助于激发学生道德情感、启迪学生理想信念，使学生“内化于心，外化于行”，增强大学生对社会主义核心价值观的归属感和认同感。

“西索小蓝书”网络思政育人平台多年来组织学生团队利用暑期前往江西、广东、北京开展社会实践和调研，鼓励学生发挥自身专业优势，举起相机，拿起话筒，利用多语种讲述、记录、采访实践地的历史故事和人物事迹，激发学生锤炼专业本领，砥砺报国情怀，传递中国声音的决心。亲身经历让思政教育更加深入人心，亲自录制使思政教育更加打动人心，成为学生心中难以忘记的大学时光。在“我的长征日记”中德双语纪实活动中，学生们重走长征路，采访老红军，记录长征路上的艰苦岁月；在“改革再出发，青春话中国——庆祝改革开放40周年”纪实活动中，学生们通过短视频记录和对比深圳今昔

巨变；在“波澜壮阔七十载，青春奋进新时代——新中国成立70周年多语种青年观察调研活动”中，学生利用Vlog形式记录实践过程中的点点滴滴。短视频让更多的青年学生参与到社会实践中来，帮助青年树立了坚定的历史观、文化观、国家观，拓宽了高校思想政治教育的时间与空间，切实增强了思政教育的活动质效。

四、工作成效与经验

1.坚持思政问题导向，突出网络育人特色

上海外国语大学“西索小蓝书”网络思政育人平台把文化阵地构筑到网络空间，把教育要求融入网络空间，坚持思政问题导向，突出网络育人特色，基于短视频的形式打造具有辐射力、亲和力、品牌化、体系化、思想性、导向性的优质网络文化产品，制作短视频产品400余个，平台关注人数超过1.5万，形成《大学问》《想对你说》《西索青年说》《西索时光》《西索百科》等多个品牌栏目。平台聚焦学生网络思想政治教育方式方法，邀请辅导员团队解答学生学习、工作、生活等方面的共性困惑和疑问，让学生分享思想和学习方面的感悟和体会，提升育人工作效能，服务学生成长成才，成功打造了融思想性、知识性、服务性于一体的辅导员网络思政品牌。

2.总结平台建设经验和成果

平台在实践中总结经验和做法，形成了可示范、可引领、可辐射、可推广的研究成果，其利用短视频开展学生思想政治工作的经验和方法先后被《文汇报》、《解放日报》、《新闻晨报》、澎湃新闻、《上海教育》、松江人民广播电台等多家媒体报道。“短视频+”辅导员育人工作法入选首批上海高校辅导员特色工作法。《文汇报》开设“就业36计”栏目对《大学问》系列内容进行报纸连载和专访。

专家点评

习近平总书记在党的二十大报告中强调，加强全媒体传播体系建设，塑造主流舆论新格局。健全网络综合治理体系，推动形成良好网络生态。当代大学生多为网络"原住民"，网络是其生活中不可或缺的部分。作为时代弄潮儿，他们更容易受到网络文化的影响，因此，加强网络思想政治教育建设，引领新时代青年健康发展是青年工作至关重要的环节，需要常抓不懈。高校要充分开启校园新媒体联动传播、融合发展的模式，主动抢占网络宣传思想工作平台，使高校成为弘扬主旋律、传播正能量的牢固阵地。

上海外国语大学组建辅导员和学生团队，创办"西索小蓝书"网络思政育人平台，创新工作思路与方法，基于短视频形式开展育人工作，结合外语院校特色和学生特点着力打造多个具有辐射力、亲和力、品牌化、体系化、思想性、导向性的品牌产品，总结出"短视频 +"辅导员育人工作法。平台不仅成为辅导员工作交流的重要载体、风采展示的重要窗口、理念创新的重要平台，也使其成为助力学生成长成才、传播思政主旋律、弘扬青春正能量的重要载体。正如党的二十大报告提到："我们要建设具有强大凝聚力和引领力的社会主义意识形态，牢牢掌握党对意识形态工作领导权，全面落实意识形态工作责任制，巩固壮大奋进新时代的主流思想舆论，加强全媒体传播体系建设，推动形成良好网络生态。"守住意识形态主阵地，事关党的前途命运，事关国家长治久安，事关民族凝聚力和向心力，更事关团结和凝聚最广泛的青年力量。

（点评人：王震威）

新时代网络思政“三个工程”育人平台建设

——上海中医药大学针灸推拿学院官方微信公众平台“针小推”案例

一、案例概述

新媒体时代，思想政治教育工作的社会环境、文化环境变得更加复杂，工作对象、模式、队伍受到冲击，大学生的生活、学习、心理和价值观都受到了重大影响和严峻挑战；同时，新媒体技术的迅速发展也给高校思想政治教育工作带来了重大机遇与挑战。“针小推”，是上海中医药大学针灸推拿学院官方微信公众平台，于2017年创办至今，已发布推文856篇，关注用户逾3 000人，平均年阅读量累计逾10万人次。以思政育人“卓越工程”、组织育人“合作工程”和文化育人“树人工程”为建设目标，在学院领导和辅导员的指导以及学院学生会品牌推广中心的努力下，已成功打造成为了集教育、服务、宣传、管理功能于一体的综合网络平台，于润物无声处充分发挥隐性思想政治教育的作用，在校园乃至社会形成广泛的影响力。

二、工作目标与思路

工作目标：提高大学生的思想政治素质和道德观念，利用新媒体技术和网络平台为大学生提供更丰富、更有价值的思想政治教育，以此增强学院的校园影响力和社会影响力，借助“针小推”微信公众平台打造一个集教育、服务、宣传、管理于一体的综合网络平台。

工作思路：以习近平新时代中国特色社会主义思想为指导，在“针小推”微信平台上进行思想政治理论宣传和价值引领，开设“主题党日”“主题团日”等常规理论学习平台。同时“针小推”受学院党总支统一领导，接受学院分管宣传工作的副书记和一名辅导员指导，由学生会品牌推广中心的学生骨干们运营，承担学院新闻宣传工作，开展以“科苑琳琅”为主题的系列推送宣传，帮助同学了解更多关于科创活动的内容，满足同学们的科创需求，为学院同学提供了交流科创经验的机会，极大地调动起学院同学参加科创活动的积极性。

三、实施方法与过程

1. 坚持思政价值引领，践行思政育人“卓越工程”

以习近平新时代中国特色社会主义思想为指导，在“针小推”微信平台上进行思想政治理论宣传和价值引领，开设“主题党日”“主题团日”等常规理论学习平台。2020 年，新冠疫情肆虐，平台邀请“973 计划”首席科学家房敏、吴焕淦教授等专家线上主讲专业课，打破地域、时空限制，创新课程思政形式，不仅提升了学生的知识技能，也增强了大家对中医药文化的认同和专业自信，更引导同学们树立了救死扶伤、不怕牺牲的职业精神。开设“战疫”专栏，引导学生学习“习近平总书记给北大援鄂医疗队全体‘90 后’党员的回信”，宣传疫情期间积极参加志愿服务的优秀学生事迹，弘扬“奉献、友爱、团结、进步”的志愿者精神。通过投票选举出的学院“最美战疫志愿者”古力扎·成刚同学获得上海市“青春力量·责任担当”优秀典型案例评选高等教育组二等奖、上海中医药大学社会主义精神文明好人好事。

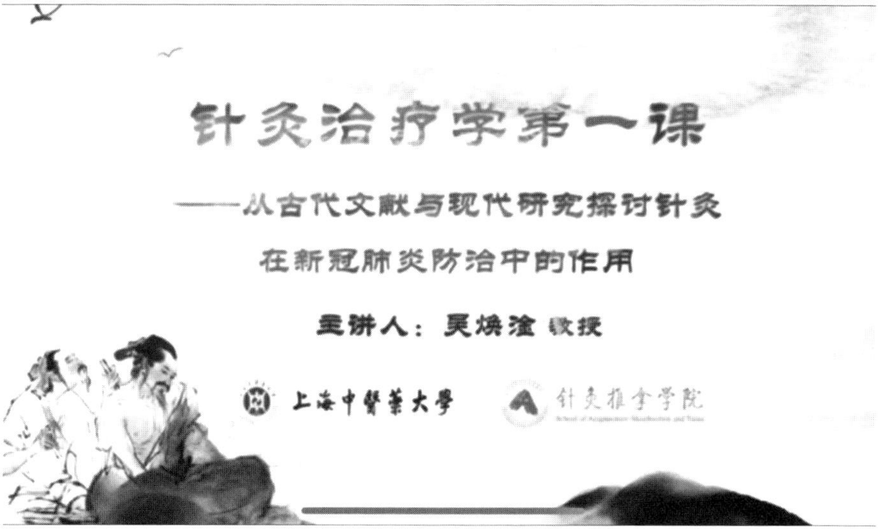

“973 计划”首席科学家房敏、吴焕淦教授“开学第一课”

以开学季、毕业季等重要育人节点以及新中国成立 70 周年、建党百年等重要节日、纪念日，依托上海中医药大学协同育人共同体，邀请校内外专家线上开设专题讲座，内容涵盖政治理论、专业技能、志愿服务、健康科普等，实现全员、全方位、全过程育人。注重朋辈教育，已连续三年对优秀毕业生成长故事和先进事迹进行宣传，发挥优秀青年的示范引领作用，形成比、学、赶、超的良好校园氛围。

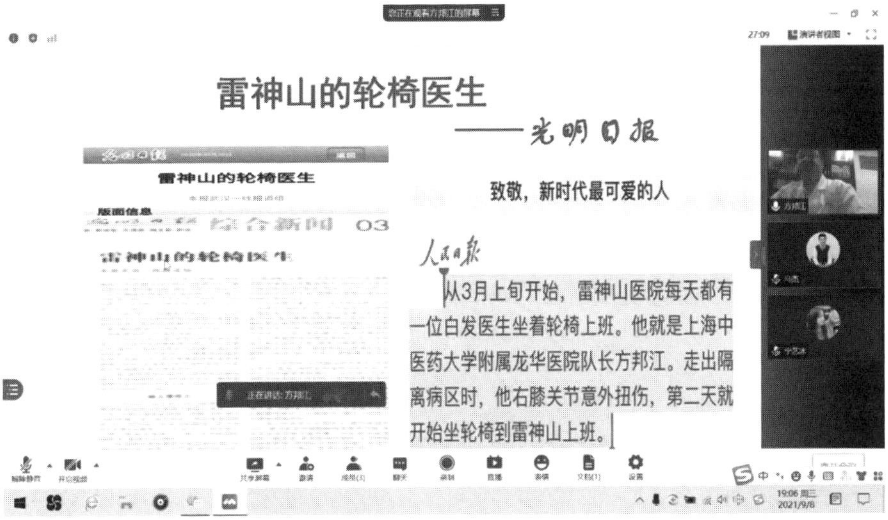

方邦江教授线上讲座

2. 加强组织建设，践行组织育人“合作工程”

作为上海中医药大学针灸推拿学院官方微信平台，“针小推”自2017年成立以来，主要承担学院新闻宣传工作。随着2019年学院学生会的改革，“针小推”也进行了组织架构改革和服务功能升级。从原来的单一宣传功能，升级成了集教育、服务、宣传、管理于一体的多功能育人平台，大大提升了为同学服务的能力。改革升级后，同学们不仅可以及时了解学院动态，还可以查询到学校校历、预约学院志愿者服务队的推拿服务，“吐槽”自己的不开心，甚至可以给家人一键共享节气养生科普知识等。

“四自教育”提升组织服务能力。作为新媒体运营部门，品牌推广中心的学生骨干们也是文案编写、多媒体制作的高手。这是因为除了常规例会，部门负责人会根据成员们的个人情况每周进行技能培训，邀请优秀的学长学姐分享微信文案撰写、新闻照片拍摄、视频海报制作的技能，充分发挥学生会干部的积极性和创新意识。同时还创新部门管理制度，利用积分制合理安排工作任务，并根据完成质量每学期评选优秀干事，不断提高部门成员们工作的积极性和创造性。

3. 积极开展活动，紧抓文化育人的“树人工程”

为帮助同学了解更多关于科创活动的内容，满足同学们的科创需求，“针小推”开展了以“科苑琳琅”为主题的系列推送宣传，具体内容为科创项目申报流程简介、当年度本学院科创项目展示。同时，“针小推”还宣传推广部分项目招募实验志愿者以及项目观摩机会等信息，为学院同学提供了交流科创经验的机会，极大地调动起学院同学参加科创活动的积极性。

志愿服务是针灸推拿学院的特色育人项目。依托学院志愿者服务队，以“廿四节气”、常见病痛等为主题，在“针小推”上定期发布健康科普推文，弘扬传统中医药健康保健知识，邀请学院专业课老师进行指导，相关成果被青春上海、上海中医药大学官微等多家媒体平台报道，同时，相关成果内容还被编撰成《二十四节气养生》一书。

心理健康服务也是“针小推”平台运营的特色之一。为了更好地倾听同学们的心声，“针小推”于2020年上线了“树洞”服务，同学们可以将自己遇到的开心事、烦心事给“针小推”留言，会有后台老师24小时答疑解惑，关怀疏导。平台也承担着心理危机监管的作用，可以从后台留言中确定需要重点关注的学生群体。除此之外，以大学生为原型的微信公众平台——微橙心理堂，聚焦学生从入学到毕业可能遇到的挫折困难，分析其中的心理因素，从中医药的角度给出了缓解心理不适的方案。

团队成员绘制的针橙心理堂之“如何同孤独症和解”一文配图

在针灸推拿学院，“针小推”不仅是学院的官方微信公众平台，也是一只头顶艾灸，背部针刺的四不像“神兽”，更是学院每一位学子的代名词。在打造微信公众平台的同时，学生团队还制作出了以“针小推”为元素的T恤、杯子等富有学院特色的周边在开学季、毕业季等特殊场合赠予学生。以文化人，以文育人，“针小推”周边的设计也提升了学院同学们的专业自信和文化自信，增强了学院凝聚力，培养了同学们的主人翁精神。

四、工作成效与经验

“针小推”于2017年创办至今，已发布推文856篇，关注用户逾3 000人，平均年阅读量累计逾10万人次，其中形成了青春科普、二十四节气、科苑琳琅、战疫、优秀毕业生专栏等富有学院特色、深受学生喜爱的专题栏目。通过投票选举出来的学院“最美战疫志愿者”古力扎·成刚同学获得了上海市“青春力量·责任担当”优秀典型案例评选高等教育组二等奖、上海中医药大学社会主义精神文明好人好事。二十四节气科普推文也汇编成《二十四节气养生》一书，现已出版。部分健康科普推文被青春上海、上海中医药大学官微等主流媒体转发，形成了广泛的社会影响力。其建设经验主要有以下几点：

1. 以价值引领为导向，发挥隐性德育润物无声

互联网突破了课堂、高校、求知的传统边界，对学生的影响越来越大，从一定意义上讲，谁赢得了互联网，谁就赢得青年。“针小推”在建设过程中，时刻以思想价值引领为导向，以图文、视频等多媒体形式，贴近大学生需要，创造出大学生喜闻乐见的内容，营造方向正确、轻松温暖的育人氛围，打通思政育人的最后一公里。

2. 以服务学生为导向，扩大服务育人功能半径

“针小推”是集教育、服务、宣传、管理为一体的综合网络平台。其建设的初衷就是加强学院师生间的交流互动，服务学生学习生活，在发挥教育功能的同时增强学生对学院的认同感，实现人性化、个性化的微信公众平台服务。只有以服务学生为导向，才能充分发挥微信公众平台的信息功能、教育功能、文化功能和情感功能，网络育人才能走深、走远。

3. 以学生建设为主体，提升学生“四自”教育能力

“针小推”的运营主体是学生会品牌推广中心的学生，比起教师，他们更了解学生群体中流行的网络文化以及学生对于网络作品的需求，所以能创造出受学生欢迎的作品。同时为了创作出更好的作品，他们通过内部组织培训或自学等形式不断提升多媒体技能，使其自我教育、

自我管理、自我监督和自我服务的能力也得到了锻炼。

专家点评

2016年习近平总书记在全国高校思想政治工作会议上强调，高校思想政治工作关系高校培养什么样的人、如何培养人以及为谁培养人这个根本问题。要坚持把立德树人作为中心环节，把思想政治工作贯穿教育教学全过程，实现全程育人、全方位育人，努力开创我国高等教育事业发展新局面。2019年，在省部级主要领导干部坚持底线思维着力防范化解重大风险专题研讨班上，习近平总书记指出，要高度重视对青年一代的思想政治工作，完善思想政治工作体系，不断创新思想政治工作内容和形式。高校作为人才培养重要阵地，要全面贯彻党的教育方针，落实立德树人根本任务，把思想政治工作贯穿教育教学全过程，推动思想政治工作高质量发展。

上海中医药大学以思政育人“卓越工程”、组织育人“合作工程”、文化育人“树人工程”为目标，依托“针小推”微信公众平台打造一个全方位、多维度的网络思政育人平台，集教育、服务、宣传、管理于一体，采取学生喜闻乐见的内容表达方式，贴近学生思想政治教育需求，提升思想政治教育的亲和力和感染力，服务学生的成长成才，并在服务中达到育人的效果。这一实践，在探索学生自我教育、自我管理、自我监督和自我服务方面取得了良好的成效，彰显了“互联网+思政”的教育优势。

（点评人：王震威）

打造网络思政品牌栏目
构筑立德铸魂育人高地

——上海师范大学商学院团委“经史有声”思政育人案例

一、案例概述

当前正值党和国家开启全面建设社会主义现代化国家新征程、意气风发向着第二个百年奋斗目标不断迈进的重要历史时期，同时2022年也是中国共产主义青年团成立100周年，面对此情此景，作为高校一线的思政教育工作者，我们应当主动作为、真抓实干，利用契机在青年学生的“拔节孕穗期”施好肥、补好钙，使其深刻领悟所处时代赋予他们的历史使命。

为了便于青年学生充分了解中国共产党和国家事业发展的来龙去脉、汲取历史经验，茁壮成长为实现中华民族伟大复兴的先锋力量，上海师范大学商学院团委结合商学院的商科特色，以思政品牌栏目“经史有声”为载体，借助学院微信公众平台，带领青年学子重走我国经济发展之路，寻找我国经济发展浪潮中一代代优秀青年的鲜活事迹，向广大青年传递出跨越时空的青春力量，令他们能够更好地向英雄学习、向前辈学习、向榜样学习，争做堪当民族复兴重任的时代新人，在实现中华民族伟大复兴的时代洪流中踔厉奋发、勇毅前进。

“经史有声”推送在上海师大商学院公众号发布

二、工作目标与思路

工作目标：上海师范大学商学院团委通过创新网络思政课形式，打造思政品牌栏目“经史有声”，挖掘中国经济发展史中的优秀典范，拓宽“有声”概念，突出思政教育内核，积极结合时政热点，带领更多青年学子领会习近平总书记重要讲话精神。

工作思路：本次报送项目即“经史有声”，属长期性网络思想政治教育系列栏目，具体开展形式如下：首先，由项目负责老师结合真实史料（尤其是近现代以来我国经济发展史），提炼出其中能够帮助青年学生启智润心、激扬斗志的内容，并进行细致且通俗的描述，之后再结合习近平总书记系列重要讲话精神，落脚到当下学生的学习生活中去，形成一篇深入浅出、见微知著、历史与现代交相呼应的文稿；其次，从学生中选取优秀代表作为诵读人，发青年之新声、展青年之风采；最后，将有声文稿一并发出，形成系列品牌栏目，放置互联网平台推送，以新媒体、新技术来推动学院思想政治教育工作开展。

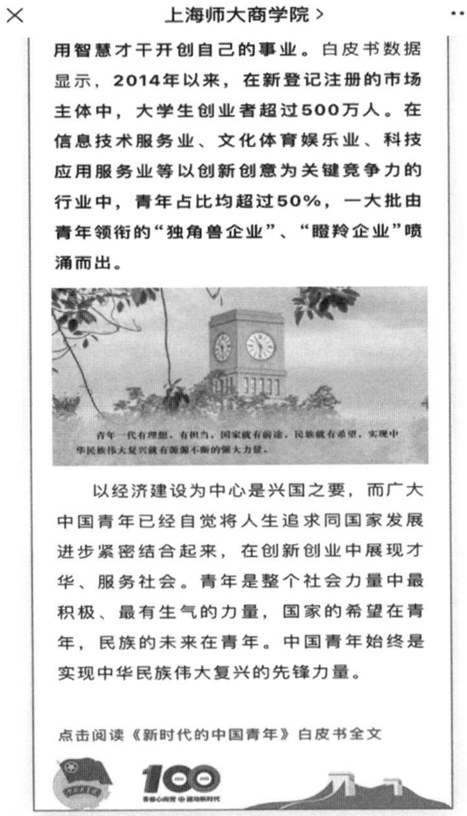
上海师大商学院 >

用智慧才干开创自己的事业。白皮书数据显示，2014年以来，在新登记注册的市场主体中，大学生创业者超过500万人。在信息技术服务业、文化体育娱乐业、科技应用服务业等以创新创意为关键竞争力的行业中，青年占比均超过50%，一大批由青年领衔的“独角兽企业”、“瞪羚企业”喷涌而出。

以经济建设为中心是兴国之要，而广大中国青年已经自觉将人生追求同国家发展进步紧密结合起来，在创新创业中展现才华、服务社会。青年是整个社会力量中最积极、最有生气的力量，国家的希望在青年，民族的未来在青年。中国青年始终是实现中华民族伟大复兴的先锋力量。

点击阅读《新时代的中国青年》白皮书全文

加粗字体皆摘录自《新时代的中国青年》白皮书

“经史有声”推送相关内容

三、实施方法与过程

在实施方法方面，我们充分调动学院优秀团学骨干青年的力量，筛选相应的时政热点，通过查阅大量的文献资料，结合习近平总书记的重要讲话发言原文，有针对性地挑选出与经济金融相关的文字信息进行组稿、编辑，并发动一批热爱播音朗诵的同学作为“经史诵讲人”进行播读，最后制作成相应的电台节目，通过学院微信公众号平台进行传播。

在实施过程方面，每期推送，我们都会分为 6 个步骤依次进行：

（1）挑选团委学生会办公室、组织部、外联部、融媒体部、文体部同学成立“经史有声”栏目组。

（2）将人员分为：文稿组、采编组、录制组。其中文稿组、录制组分为 A/B 两组交替工作，以保证项目的充分运转与产出。录制组召集 7 位同学，每期 2 人组合进行配音。

（3）文稿组与团委负责老师确定每期文稿主题，确认选取习近平总书记重要讲话、相应历史文献等内容。通过后期加工，形成 2 000 字左右文稿。文稿形成后报送学院党委副书记审核修改。

（4）文稿定稿后，采编组结合相应文稿配图、进行微信公众号推送排版。

（5）录制组同步进行相应的文稿录制与音频的后期制作。

（6）学院公众号推送并广泛传播。

本次选拔的录制组同学都是播音主持爱好者，并非科班出身，本项目的发起者学院团委书记洪宸，本科就读于上海师范大学影视传媒学院播音与主持艺术专业，他充分发挥自己的专业特长，定期培训主播团队播读技巧，不断提升“经史诵讲团”主播们的播音技能，让播读有情感，吸引人。学院团委书记洪宸老师也加入“经史诵讲团”，成为了第一位与学生共读经史的商学院老师。

项目负责老师教授同学们播读技巧

四、工作成效与经验

1.“经史有声”增强了历史教育的深度与广度

新民主主义革命时期，数以千万计的革命青年在党的领导下为民族独立、人民解放浴血斗争，深刻诠释了“生的伟大，死的光荣”。社会主义革命和建设时期，广大青年积极响应党的号召，向科学进军，向困难进军，向荒原进军，把青春献给祖国，树起“青年突击队”“青年垦荒队”等一面面热血旗帜。改革开放和社会主义现代化建设新时期，青年一代发出“团结起来、振兴中华”的时代强音，敢闯敢干、引领风尚，在现代化建设各条战线上勇立潮头。新时代以来，自信自强的中国青年秉持光荣传统，自觉听党指挥，在科技创新、脱贫攻坚、乡村振兴、疫情防控等重要领域和重大斗争中拼搏奉献，用臂膀扛起如山的责任，展现出昂扬向上的时代风貌。历史中的先进青年正如灯塔般照亮着当代青年前进的道路，他们投身爱国报国事业的事迹，无疑是一个个鲜活而又极富感召力的“教材”。故此，“经史有声”通过对历史资料，尤其是近现代以来我国经济发展史的充分挖掘，极大增强了历史教育的深度与广度。

2.“经史有声”系列内容贴近青年，影响力广泛

创新引领发展，而在创新的过程中，我们需要回望历史，才能更好地面向未来。在教育的道路上，我们需要贴近青年，才能更好地落实立德树人根本任务。本次“经史有声”自 2022 年 5 月 4 日发布第一期以来，受到商院师生一致好评，截至 5 月 15 日，公众平台文章浏览量达 1 076 人次，转发量达 102 人次，推文送达 3 029 人次，单篇推送阅读完成率达 50.69%，18~25 岁青年阅读人数占比 70.82%，而且还有许多其他学院的师生也加入“经史有声”的学习队伍，其影响力可见一斑。

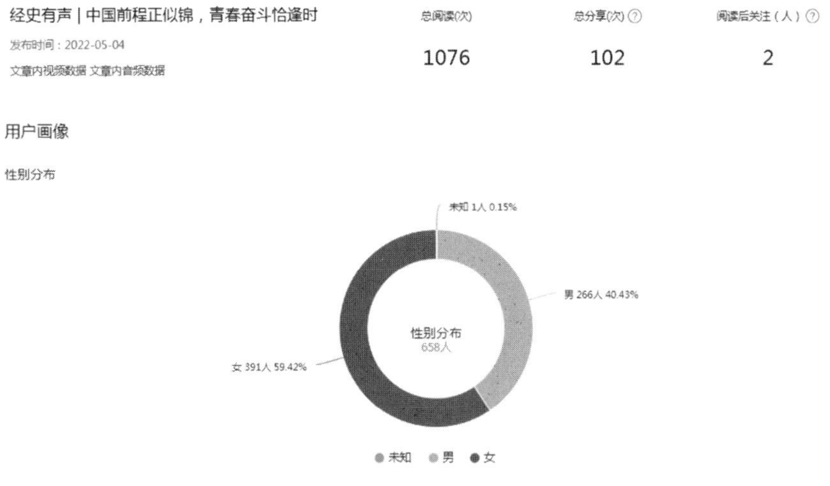

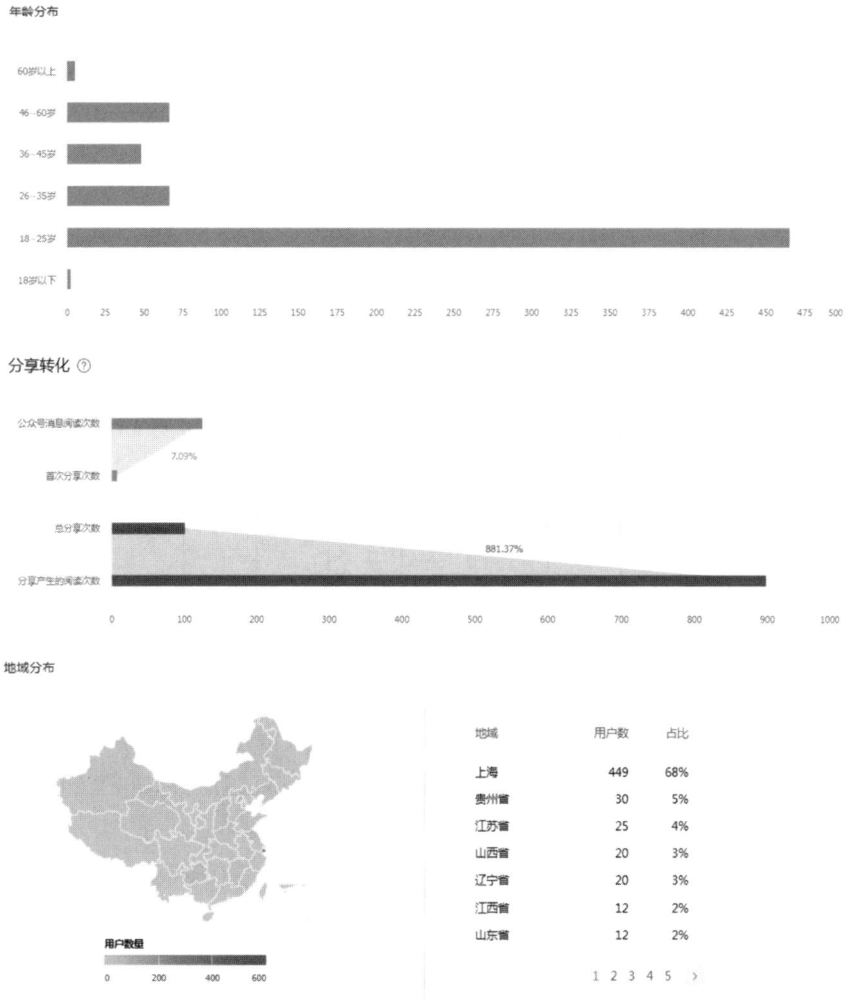

"经史有声"第一期推送公众号传播数据组图

3.“经史有声”是开展大学生理想信念教育的全新载体

“经史有声”无疑是为不同历史时空的先进青年们搭建出一个独具特色的“沟通”平台，对话先辈，我们拿到了接力棒、奋勇前行；发掘史料，我们震撼于赤胆忠心、信仰如磐；传承热血，我们鼓舞当代青年、砥砺报国。作为网络思政的创新形式，“经史有声”是开展大学生理想信念教育的全新载体，正在引导全体商院学子学史明理、学史增信、学史崇德、学史力行。

专家点评

当前在互联网快速发展的背景下，网络融媒体力量空前活跃。作为网络的“原住民”，青年学生的思维方式、行为习惯、认知等都受到网络的深刻影响。如何借助网络创新大学生思想政治工作，提升思想政治教育的感染力和亲和力，已经成为高校思政育人面临的新问题。习近平总书记在全国高校思想政治工作会议上指出，做好高校学生思想政治工作，要运用新媒体新技术使工作活起来，推动思想政治工作传统优势同信息技术高度融合，增强时代感和吸引力。高校网络思想政治教育的重要性日益凸显。

上海师范大学始终坚持立德树人、铸魂育人的根本任务，善于抓住网络时代学生关切的热点焦点，不断创新网络育人形式，打造网络思政系列栏目“经史有声”。通过挖掘整合历史资料，拓宽思政内容，结合当下时事热点，让学生在“与历史对话”中坚定理想信念、厚植爱国情怀，为新时代构建网络育人新格局、开展网络思想政治工作提供了重要的借鉴。

（点评人：王震威）

“阅享·悦读”文化工作室助力学生全面发展

——上海师范大学人文学院“阅享·悦读”文化工作室工作案例

一、案例概述

上海师范大学人文学院“阅享·悦读”文化工作室于“双减”政策下成立。自成立以来，工作室始终贯彻执行国家教育方针政策，利用网络平台助力“双减”政策下课后服务的开展；以上海地区初中生学段“整本书阅读”要求为契机，与上海市第四中学、上海市田林三中、上海市实验中学西校、南洋模范初中、中国中学等学校共建签约，“组团式”开展中学课后服务项目，做好新时代育人工作；探索利用高校大学生讲师教育资源对中学课后服务形成有益补充这个有效途径，助力落实教育“双减”政策；通过开展内容多元、形式丰富的教育活动服务上海基础教育，为有志于从事教师行业的大学生们提供更广阔的教育实践平台。

二、工作目标与思路

工作目标：本项目旨在充分发挥网络媒介在大学生实习与中学生

学习中的重要作用，从而引导在校大学生践行社会主义核心价值观，增强社会服务意识，提升社会责任感；让中学生在阅读兴趣中学习，提高文学素养，着力构建中学“整本书阅读”体系教学架构，实现高校学生与共建中学合作共赢。

工作思路：本项目的主要实践思路是通过线上、线下相结合的教学模式及教学资源成果推广，集合学院学科优势与教师资源，以中学生名著阅读为抓手，构建中学生“整本书阅读”模式架构。

三、实施方法与过程

1. 项目主体

项目合作主体学校：上海市第四中学、上海市田林第三中学、上海市实验中学西校、南洋模范初中和中国中学，后续将进一步辐射奉贤地区中学。项目搭载的主体平台：微信公众号“阅享·悦读文化工作室”、微博账号“阅享·悦读文化工作室”（正在筹备）。

2. 队伍力量

本工作室由学院学工团队牵头，由课程与教学论专业詹丹教授指导，成员由学院“阅享·悦读”文化工作室推出的“好书经典导读”项目核心成员及相关负责人构成，广泛招募大学生志愿者讲师。经过层层严格选拔，近40名来自学科教学（语文）、中国现当代文学、中国古代文学、中国近现代史、艺术学理论等专业的硕士研究生成为“好书经典导读”大学生讲师。根据成员学科优势及个人特长进行划分，分工协作开展活动的策划与组织。

3. 课程建设

工作室选取中外经典好书为讲授对象，根据学校、学段不同开展相对应的定制服务，编写有针对性的教案，并制作相应PPT，充分满足学生个性化需求。在此基础上，对于部分优秀课程录制视频，与定点学校合作投放给学校学生学习使用。工作室目前已建设较为完备的课程建设机制。

项目组还精心开发了《金色的鱼钩》《为人民服务》《小萝卜头》三篇红色文学教案，着眼于讲述中国共产党人在红军长征、抗日战争和解放战争时期的感人故事——恪尽职守、无私奉献的“老班长”；忠诚奉献、一心为民的张思德同志；刻苦学习、聪明懂事的小萝卜头等人物形象，将革命战争年代共产党人的精神谱系串联在一起，为中学生们“同上一堂红色课程”。正值新冠疫情肆虐之际，项目组继续推出“自信打赢防疫硬仗——朱德《赠友人》古诗解读”红色微党课，传递红色历史、红色诗歌精神力量，感悟先辈在抗日战争中的坚定信念和乐观心态，增强中学生抗疫胜利信心。

疫情期间，大学生讲师们线上录制了六、七、八年级“好书经典导读”全部网课。在设计教案时，讲师们格外注重提高在线教学的互动性，讲课内容一遍遍进行打磨，不断精进，确保中学生们可以居家观看提前录制好、“新鲜出炉”的微课视频，“无缝对接”开展名著导读的学习。在2022年4月20日世界读书日，项目组在线向中学生们推荐正能量经典名著。在筹备微课阶段，大部分小讲师们都身处师大校园，足不出户，录课条件较为有限，但同学们不惧困难，一个个精心准备、内容翔实的微课视频应运而生，这些微课既以中学生阅读兴趣为出发点，又结合当前抗疫主题，同学们在阅读中启迪了智慧，促进了成长。

4. 项目产出

目前，工作室的产出主要分为 4 个板块，分别是：课程教案板块、课程录制板块、后期处理板块和宣传板块。课程教案板块主要负责对书目的确定、课程章节的安排和最终教案的定稿；课程录制版本主要负责对具体输出课程的录制和把握；后期处理板块主要负责把课程录制版本的材料进行整合以便受众更好地使用；宣传板块是在前期工作的基础上进行公众号文案的撰写、具体推文的排版和微博账号的运营。4 个板块环环相扣、分工合理明确，极大保障了工作室的产出数量和质量。

5. 实施过程

目前，项目已在上海市第四中学、上海市田林三中、上海市实验中学西校、南洋模范初中、中国中学等中学投放问卷、开展调查并进行数据分析。为了更好地推动工作室提高课程的质量与适用性，问卷共设计了学生与教师两个版本，对学生性别、学生年级、讲师的备课情况、讲师的授课特点、课前与课后学生的阅读情况对比与授课总评价六个方面进行调研。

自本项目推进以来，工作室成员平均每周推出一篇推文（内涵课程）。每篇推文围绕制定的课程安排进行设置，分为图文介绍以及微课视频两部分。本项目主要围绕五本经典名著进行录制，分别是《鲁滨孙漂流记》《朝花夕拾》《骆驼祥子》《海底两万里》《傅雷家书》，并制定了每本书的课程规划，目前已完成这五本书对应课程课时的规划与安排，并完成至少两课时的对应网课的录制。本项目不仅在共建学校内深受学校老师、家长与学生好评，并且得到学习强国、澎湃新闻等多家媒体报道。

2022 年 3 月，面对严峻的上海新冠疫情形势，人文学院阅享·悦读文化工作室讲师团从防疫安全角度出发，迅速采取灵活的教学手段——线上教学，课后服务的模式由“面对面”转变成了“屏幕相见”。疫情无情人有情，参与社区教育创新服务不停歇，项目组成员积极贡献智力成果，用自己的方式与中学生们“疫”路同行，为上海抗“疫”贡献力量，守“沪”健康。

四、工作成效与经验

人文学院“阅享·悦读”文化工作室自成立以来，“好书经典导读进中学”项目成效显著，成果斐然。共制作整本书导读教案 40 余个，录制相关教学视频 24 个，累计教学课时 250 节次，线上线下辐射中学生 3 600 人次，受到中学师生好评。大学生实践平台初步建立，教师教育实践机会不断增加，教师教育能力明显提升，多所中学有进一步洽谈项目的意向。多家媒体积极关注并予以经验报道，2022 年 1 月，学习强国“上海学习平台”以“上海师范大学人文学院：我为群众办实事“组团式”打造中学课后服务项目”为题开展报道；2022 年 3 月，《澎湃新闻》“浦江头条”板块以“守‘沪’健康，人文学院大学生讲师团线上课后服务在行动”为题开展报道。

学习强国与《澎湃新闻》对“阅享·悦读”文化工作室的主题报道

1. 应关注在校大学生教育实践技能的培养

当前高校大学生普遍存在理论知识储备丰富、实践经验严重不足的状况。同时，疫情常态化下高校学生的教育实习受到一定影响，本项目将大学生提前“输出”到中学开展课后服务，利用网络平台有效解决了一批应届高校学生的实习岗位需要，为他们提供实习实践途径，有助于增加实践经验。项目实施以来，在校参与学生普遍反映受益良多。

2. 应多运用钉钉、腾讯会议等新媒体网络平台，开展有针对性的教育实践。

本项目主要采用线上网络教学的方式开展，在此过程中势必面临无法实时接收学生反馈的情况。因此，在线上教学中除固定的课程录制外，还应注重通过微信、电话等方式加强课后讲师与学生的个性化交流与指导，解决线上教学针对性不强等问题。

3. 在实际教学中要注意多领域结合，处理好思政教育与文学教育、课后阅读与应试教育两组关系

项目将思政教育融入中学生语文教育中，培养学生欣赏美、甄别美的能力，让他们的人文精神、人文素养在潜移默化中得到培养与升华，进而有助于培养中学生从小树立正确的人生观、世界观、价值观，进而养成独特而又可贵的正向人格。

专家点评

习近平总书记高度重视发展教育事业。党的二十大报告强调，“要坚持教育优先发展”“加快建设教育强国”“办好人民满意的教育”。习近平总书记强调，今天的学生就是未

来实现中华民族伟大复兴中国梦的主力军，广大教师就是打造这支中华民族“梦之队”的筑梦人。高校立身之本在于立德树人，只有培养出一流人才的高校，才能够成为世界一流大学。上海师范大学开展形式多样的实践教育项目，大力培养德智体美劳全面发展的社会主义建设者和接班人。

上海师范大学人文学院“阅享·悦读”文化工作室通过线上、线下相结合的教学模式及教学资源成果推广，集合学院学科优势与教师资源，以中学生名著阅读为抓手，推出“好书经典导读”项目，构建中学生“整本书阅读”模式架构。并与上海市第四中学、上海市田林三中、上海市实验中学西校、南洋模范初中、中国中学等学校共建签约，“组团式”开展中学课后服务项目，做好新时代育人工作；探索利用高校大学生讲师教育资源对中学课后服务形成有益补充的有效途径，助力落实教育“双减”政策；通过开展内容多元、形式丰富的教育活动服务上海基础教育，为有志于从事教师行业的大学生们提供更广阔的教育实践平台，并在实践中提升教师教育能力。师范类高校要努力做教师教育的引领者、教育改革的探路者、教育难题的攻坚者、教育生态的优化者，为党和国家培养输送一批又一批“四有”好老师，为发展具有中国特色世界水平的现代教育、培养社会主义事业建设者和接班人作出更大贡献。

（点评人：李吉彬）

坚持中国道路　传承中国文化
凝聚国际传播“Z 世代”力量

——上海师范大学“译言议语”网络文化工作室建设与实践案例

一、案例概述

习近平总书记指出：“讲好中国故事，传播好中国声音，展示真实、立体、全面的中国，是加强我国国际传播能力建设的重要任务。”坚持中国道路，立足于对中华优秀传统文化的传承与转化，是中国共产党百年奋斗积累的宝贵历史经验，是新时代青年学子的立身之本、成才之基。

随着全媒体时代的到来，信息无处不在、无所不及，信息传播方式也发生了深刻变化，互联网逐渐成为“Z 世代”（1995—2009 年之间出生的一代）大学生思想政治教育工作的前沿阵地，新媒体的深度融合与转化运用成为做好高校思想政治教育工作的新契机。

上海师范大学外国语学院“译言议语”网络文化工作室以“Translate the Words Interpret the Worlds”为理念，打造了一支“思政双语类”网络文化产品制作与传播团队，形成了“外语 +”新媒体的“Z 世代”大学生中国道路、中国文化国际传播的育人实践模式，进一步提升网络文化工作室的服务力、吸引力和黏合度。

二、工作目标与思路

工作目标：教育是国之大计、党之大计，立德树人成效是检验高校一切工作的根本标准。对于高校而言，要把新媒体作为工作手段和突破口，有效开展大学生思想政治教育工作。“译言议语”网络文化工作室在建设和开展实践活动的过程中，坚持中国道路、传承中国文化，凝聚“Z世代”大学生的智慧与力量，创作了优秀的网络文化产品，形成了网络文化产品的生产体系，探索了网络文化产品的育人坐标，推动网络文化工作室的建设和实践服务于高校事业发展和人才培养目标。

工作思路：上海师范大学外国语学院“译言议语”网络文化工作室通过创作“习近平用典英译”“《价值观的力量——中华优秀传统文化小故事》中英、中日双语读本电子书”“党的百年奋斗重大成就和历史经验英译云课堂”等系列产品，教育引导“Z世代”大学生用“外语+”新媒体的形式为中国道路、中国文化的国际传播提供青年化阐释，着力提升中国文化感召力、中国形象亲和力、中国话语说服力。

三、实施方法与过程

1.围绕“中国道路—中国文化—中国青年”的思政元素，打造网络文化产品“核心内容”

《中共中央关于党的百年奋斗重大成就和历史经验的决议》指出，“中华优秀传统文化是中华民族的突出优势，是我们在世界文化激荡中站稳脚跟的根基，必须结合新的时代条件传承和弘扬好。”

“译言议语”网络文化工作室深入挖掘和阐发中华优秀传统文化，

推出“译言议语话经典——习总书记用典英译”系列网络文化产品，选取习近平总书记系列讲话中与青年密切相关的诗词用典，围绕“信念”“修身”“为学”“创新”“笃行”等关键词，通过英译解读、时代内涵阐释的方式讲述“总书记用典的前世今生”；推出《价值观的力量——中华优秀传统文化小故事》中英、中日双语读本电子书，选取对应 24 字社会主义核心价值观的《少年中国说》《邹忌讽齐王纳谏》《狼牙山五壮士》等小故事进行英语、日语的翻译，并为每个小故事原创中国风插画，制作完成近 2 万字的双语读本电子书；推出“党的百年奋斗重大成就和历史经验英译云课堂”动画、微课、推文产品创作，依托上海毛泽东旧居陈列馆、四行仓库抗战纪念馆、浦东开发开放主题展馆和秦皇岛路初心码头的红色场馆资源，重点翻译讲述“浴血奋战、百折不挠”“自力更生、发愤图强”“解放思想、锐意进取”“自信自强、守正创新”中国共产党百年发展四个历史时期的党史故事。

2. 坚持“价值塑造—知识传授—能力培养”的育人目标，构建网络文化产品“生产体系”

培养什么人、怎样培养人、为谁培养人是教育的根本问题。“译言议语”网络文化工作室结合学生语言类专业的特点和人才培养目标，在工作室的建设和实践工作中将价值塑造、知识传授、能力培养三位一体的“课程思政”理念进行了创新和转化，以构建网络文化产品的标准“生产体系”，使其成为英语专业学生“国学典籍”“翻译基础”课程思政的深度实践，成为“大学英语”课程思政的生动补充，努力将网络文化产品的思政效应最大化。

以“译言议语话经典——习总书记用典英译”网络文化系列产品为例，设立“用典举例”“原典解析”“用典英译”“英译解析”“现实意义”五大板块，对应“价值塑造—知识传授—能力培养”的育人目标。“用典举例”板块，引入“千磨万击还坚劲，任尔东西南北风”习近平总书记在北京大学师生座谈会上讲话所引用诗句。“原典解析”板块，讲述诗句出自郑燮《竹石》，意思是：竹子任凭风雨的打击磨砺，依然不改坚劲本色。“用典英译”板块，英译翻译：From whichever direction the winds leap，I remain strong，though dealt many a blow. “英译解析”板块，对词汇选择、句型把握、增译省译等解释说明，如：“风”（winds）所搭配的动词 leap 具有动感，从侧面反映了竹子经击打仍坚挺的威严形象；“东西南北”进行了概念的虚化，搭配“方向”的概念，翻译为 from whichever direction ；在句际间，“任尔东西南北风”是条件，“千磨万击还坚劲”是结果，因此在翻译时，调换语序，使句子更加流畅，更加贴合英译效果。“现实意义”板块，指出“信念”之于青年，就像青山与岩石之于竹子。青年学子要树立高度的道路自信、理论自信、制度自信、文化自信，将其化为心中的“主心骨”“定风珠”，站稳价值立场、保持清醒认识、具备政治定力。

3. 遵循“认知—内化—外化”的价值观形成阶段性特征，构建网络文化产品“育人坐标”

青年处于人生道路的起步阶段，是价值观形成的关键时期。新时代的育人工作要遵循思想政治工作规律，遵循教书育人规律，遵循学生成长规律，不断提高工作能力和水平。

“译言议语”网络文化工作室把握“认知—内化—外化”的价值观形成阶段性特征，构建网络文化产品“育人坐标”，横轴传播路径实现从“线下”到“线上”的阵地转换，纵轴师生行动线实现从“被动接受”到“主动传播”的认知变化。工作室依托“外语正青春”新媒体矩阵，打造集易班、微信公众号、抖音、哔哩哔哩网站等社交平台为主的媒体传播渠道，根据不同平台学生用户的使用习惯，精准投放原创网络文化产品，将传统思政优势项目转移到线上。此外，“译言议语”网络文化工作室突破传统思政教育单向灌输的方式，将网络文化产品的内容打造与语言类专业学习相结合，吸引大学生从翻译中华优秀传统文化作品学习的角度出发，在网络文化产品创作的过程中潜移默化地树立正确的价值观，推动自身成为中国道路、中国文化的传播者和践行者。

以《价值观的力量——中华优秀传统文化小故事》中英、中日双语读本电子书的创编为例，工作室通过“读”“演”“画”的形式开展“传统文化故事读书分享会”“中国故事情景剧展演”“核心价值观小故事插画征集”活动，以中华优秀传统文化传承为核心开展校园文化活动，提升大学生对社会主义核心价值观的认知和理解；通过“信”“达”“雅”的长期翻译实践，以专业学习和思政教育相统一为目标，将核心价值观的历史脉络和时代意蕴内化于心；通过“讲”“评”“研”的社会实践方式，为学生“主动发声”提供平台，将翻译完成的多语种中华优秀传统文化小故事开发成为系列课程，带到上海市爱心暑托班、助力“双减”晚托服务课堂，让大学生成为中华优秀传统文化、社会主义核心价值观的主流宣讲者。

四、工作成效与经验

1. 通过书店延伸活动，在融入式教育中帮助大学生增强文化自信

习近平总书记在全国高校思想政治工作会议上指出，做好高校思想政治教育工作，要因事而化、因时而进、因势而新。要运用新媒体新技术使工作活起来，推动思想政治工作传统优势同信息技术高度融合，增强时代感和吸引力。

“译言议语”网络文化工作室原创“译言议语话经典——总书记用典英译”“《价值观的力量——中华优秀传统文化小故事》中英、中

日双语读本电子书”“党的百年奋斗重大成就和历史经验英译云课堂”等网络文化产品视频类8件、动漫类4件、特色推文系列3个，多个推文被学校官方媒体转发，引发师生的关注和转发，评论达到万余人次，其中“译言议语话经典——总书记用典英译”网络文化产品获得上海市大学生网络文化节二等奖。

2. 育人思维：构建协同育人共同体、注重传承创新相统一

“译言议语”网络文化工作室取自“一言一语”谐音，改“一”为“译”与“议”，凸显“外语翻译”和“时政评议”两大功能。为满足网络文化工作室的创作需求，工作室协同具有新媒体制作和文案撰写能力的语言类专业本科生、笔译（MTI）专业的研究生以及思想政治教育、英汉互译、比较翻译、国学典籍翻译、语言与文化等领域的学术顾问团队，做到跨学科、跨专业的团队组建，充分发挥思政教师、大学英语教师团队、英语专业教师的育人合力，把好网络文化产品内容关。

不忘历史才能开辟未来，善于继承才能善于创新。工作室注重中华优秀传统文化的传承和创新相统一，用中国经典讲“中国经验”，以中国道理说“中国道路”，既能帮助青年大学生追溯习近平新时代中国特色社会主义思想的源头活水，也是青年大学生继承和弘扬中华优秀传统文化、培育和践行社会主义核心价值观的实践新路径。

3. 用户思维：探究学生网络“习惯”、增强产品互动“弹幕”

全媒体时代，提升媒体传播的有效性，要摸清不同平台的使用特点、用户网络习惯，“对症下药”才能达到事半功倍的效果。以工作室依托的“外语正青春”微信公众平台为例，为了进一步探究该微信公众号学生用户的网络行为习惯，选择最好的网络文化产品发布时间，工作室进行了为期两周的用户习惯洞悉实验，通过比对后台不同时间

段类似主题推文的点击打开率发现，9：30、12：30、21：30的三个时间段由于符合学生课间、午休等生活作息安排，推文首发打开率更高，其中9：30发布的推文由转发、在看等后续网络行为带动后，阅读量攀升相较其他时间段后劲更足。

互动是网络的本质特征，互联网的互动性是其他媒体无可比拟的优势。近年来，弹幕这种即时互动评论的模式被引入国内，成为了青年人网络互动的载体。网络文化工作室在哔哩哔哩网站发布“党的百年奋斗重大成就和历史经验英译云课堂”微课视频后，在讲述“淞沪会战”历史时刷屏弹幕“破防了”（即心理防线被突破后而产生不可抑制的震动）以及讲述浦东开发开放自贸区建设时弹幕“爷青回”（即爷爷的青春回来了的缩写，表达对于往昔的追忆和怀念）等网络热词，进一步增强产品互动体验，扩大网络文化产品的传播效应。

4.破圈思维：赋予产品鲜明“人格”、发布信仰种子“盲盒”

“破圈”不是为了蹭热点、刷流量，而是为青年学生提供更具有亲和力的思想政治教育和知识传授方式，达到精准滴灌、润物无声的目的。

“译言议语”网络文化工作室赋予产品鲜明“人格”，原创“译言”（热爱学术的“小学霸”）、“议语”（关心时政的“小灵通”）两位古色古香的虚拟人物形象：“译言”，性别——男，主题色——睿智蓝，性格——成熟稳重，昵称——热爱学术的“小学霸”；“议语”，性别——女，主题色——中国红，性格——活泼大方，昵称——关心时政的“小灵通”。两个虚拟人物始终贯穿于工作室的网络文化产品中，参与动漫视频的录制、主题微课的讲解等，让网络文化产品“活”了起来，满足了青年大学生的情感需求，更易产生思想共鸣。“播种信仰的种子”是“译言议语”网络文化工作室的育人方向，工作室的学生团队设计制作了“播种信仰的种子”植物栽培“盲盒”，寓意青年通过实际行动，坚定理想信念，传承红色基因，扎根中华大地，知行合一，绽放属于青春的绚丽之花。

专家点评

当代大学生成长于互联网信息技术快速发展的时期，习惯通过网络获取信息、学习知识，形成个性化特征和主体化需求。基于此，优秀网络文化已逐步成为高校思政工作的重要内容来源，它不仅具有价值导向、精神熏陶及思想道德品质培育等功能，而且能在思政建设过程中很好地实现育人实效，推动高校思政工作高质量发展。

上海师范大学外国语学院“译言议语”网络文化工作室以习近平总书记用典英译等系列产品为主要内容，通过挖掘中华优秀传统文化，将具有中国元素的网络文化融入日常教育中，引导学生树立文化自信；坚持“培养什么人、怎样培养人、为谁培养人”根本问题，构建大思政与课程思政协同育人体系；打破传统育人模式，借助网络平台与专业学习相结合，实现师生间由被动接受向主动传播的转变，引导学生在创造网络文化内容时以青年视角诠释中国文化、中国声音，践行社会主义核心价值观，从而推动网络文化育人工作取得实效。

（点评人：李吉彬）

战疫能量岛：打造战疫生活“元宇宙”

——上海理工大学基础学院“战疫能量岛”疫情防控专题教育实践案例

一、案例概述

《战疫能量岛：打造战疫生活“元宇宙”》工作案例，以生动形象、趣味多样、意涵丰富的具象化呈现方式来构建疫情封控环境下的线上学生工作活动品牌，通过“立足学生需求、构建精神空间、优化品牌内容、注重体验效果、强化价值引领”的实施方法来为学生积蓄战疫正能量、培育战疫好心态，开创了疫情封控环境下的网络思政教育新模式，取得了良好的实践成效。

二、工作目标与思路

工作目标：受新冠疫情影响，涉疫高校进入封控管理以后，线下正常的学生活动难以顺利开展，学生的精神文化需求在封控环境下变得尤为迫切。为丰富封控期间的校园文化生活，缓解疫情带来的焦虑情绪，为同学们提供彼此交流和展示自我的平台，上海理工大学基础学院推出了“战疫能量岛”系列活动。

活动海报

工作思路:“战疫能量岛”系列活动以“积蓄战疫正能量、培育战疫好心态”为主题，为疫情下的上理学子打造别具一格的线上活动空间，该活动将学生在疫情下的精神文化需求映射到线上进行满足，分主题将各个活动拟作不同的景点，并汇成引人入胜的线上战疫“欢乐岛”，让学生在足不出户的情况下也能畅享丰富多彩的校园文化生活。

“战疫能量岛”系列活动，设有“晚安邮局”“三行诗礼堂”“整活大街”“乐观大剧院”“知识角斗场”“愿望回声墙”“解忧杂货铺”“远方观景台”“战疫博物馆”“‘疫’品画廊”等10个“景点”，可供同学们畅游其中，不断积蓄战疫正能量，有效培育战疫好心态。

三、实施方法与过程

“战疫能量岛”系列活动以“立足学生需求、构建精神空间、优化品牌内容、注重体验效果、强化价值引领”为实施方法，即：首先，活动开始前对学生的实际需求进行调研，并以之为基础设计可以满足学生不同需求的独立活动；其次，将各个独立活动进行整体的融合优化，以具象化的表达手法为活动的开展构建精神活动空间；再次，对独立活动开展进行品牌化塑造以丰富活动的品牌体系，提升活动的体验效果；随后，在活动的开展过程中进行效果反馈的收集和监测，以提升活动品牌的可持续性发展，实现品牌可持续性发展的逻辑闭环；最后，在活动实施过程中注重价值升华与引领，引导学生从伟大抗疫精神中不断汲取精神动能。现将其中六个品牌活动的开展介绍如下：

1. 晚安邮局

“晚安邮局”活动，旨在缓解疫情封控期间同学们的睡眠焦虑，以暖心短信的方式为学生“邮寄”良好的睡前情绪。活动鼓励学生通过投稿的方式，写下想对同学们说的话，再经过基础学院团委外联部的精心筛选，将百余份优质稿件随机发送给其他投稿同学。通过投稿、等待、邮递、阅读这一系列过程，“晚安邮局”为同学们营造了一份悠然与宁静，达到了在疫情期间安抚处于焦虑情绪中同学的意义。

在“晚安邮局”活动中，共有200余名同学报名参与。有同学收到短信后，在活动群里匿名发道：“辛苦大家了！看到了短信，其中的内容给我带来了温暖，已经截屏保存了。希望这个活动可以继续办下去，给更多的人带去光与热！谢谢所有的工作人员和参与的小伙伴们！”即便活动结束后，基础学院外联部仍收到了不少同学的回信。

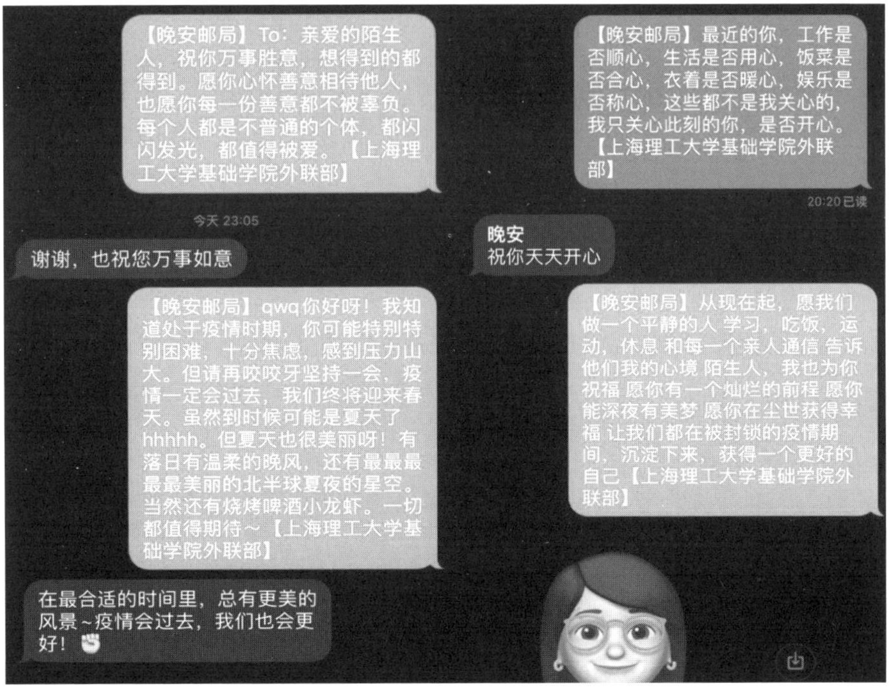

“晚安邮局”活动回信

2. 三行诗礼堂

“三行诗礼堂”活动，以家国情怀、师生情谊、“疫”路情深、青春情义为主题，通过诗歌创作和分享的方式丰富疫情封控期间的校园文化生活，在助力疫情防控的同时注重对学生爱国爱家爱校情怀的培植。在创作投稿环节，共计 160 余位学生参与其中；在分享环节，活动邀请近 30 位优秀投稿作品作者，在腾讯会议室进行线上分享，百余位同学报名参与分享会听讲。活动现场热烈而有序，观众同学与分享嘉宾通过聊天区积极互动。

三行诗礼堂活动既让同学们欣赏到了优秀的三行诗作品，也为身处在疫情期间的同学们提供了一个线上交流互动的平台，让同学们能在轻松愉悦的氛围中保持良好的战疫状态。

“三行诗礼堂”活动现场

3. 整活大街

整活大街，旨在以轻松幽默的梗图创作或个人才艺展示来缓解疫情封控期间同学们的焦虑情绪，丰富校园生活，同时号召同学们以多样的形式记录疫情生活，给同学们提供一个线上交流互动的平台。在“整活大街”的活动中，同学们热情洋溢，欢乐和有趣的点子层出不穷，或制作梗图或展示才艺，不仅记录下了在隔离生活中遇到的种种趣事，也表达出了对早日战胜疫情的期待与决心。

整活大街的趣味战“疫”梗图

4. 乐观大剧院

“乐观大剧院”活动，旨在以线上放映厅及歌唱厅的方式来满足同学们观影和唱歌的需求，引导同学们保持乐观的战疫心态。基础学院团委外联部分别通过哔哩哔哩网站直播放映影片和开设线上歌房的形式，为同学们提供了一个共同休闲娱乐的平台，缓解了疫情期间同学们的无聊、焦虑情绪，也在传递积极乐观精神的同时让同学们可以尽情地在线上交流交友。其中，歌唱厅活动中还有不少同学提议延长唱歌时间，活动氛围热烈，也体现出了本次活动起到了为同学们调节负面情绪的作用。活动共吸引两百余名同学报名参与，活动期间气氛活跃，效果良好。

5. 知识角斗场

“知识角斗场”活动，旨在通过知识抢答和知识分享的方式提高同学们的学习趣味性和学习效率，让同学们获得“双向知识互动”的体验，激发疫情封控环境下的求知热情。在知识抢答环节中，以线上字幕抢号、开麦抢答的形式引导学生进行知识抢答，点燃学生的求知热情，活动结束后工作人员反馈：“原本我们认为较难的题目同学们都轻轻松松破解，整个会议沉浸在活跃的氛围之中。有的同学即使综测分已经达到了上限，也依旧积极抢答。”在知识分享环节中，同学们积极分享自己准备好的小知识，涉及面广、实用性强，还有部分同学在原本没有准备知识的情况下，被大家高涨的情绪所感染，也纷纷加入分享的队伍。

6. 愿望回声墙

“愿望回声墙”活动，旨在通过愿望传递分享和互助满足的方式促进同学们之间的交流与联系，满足同学们的社交需求，以实现疫情封控环境下学生朋辈间的守望互助、共同成长。活动选取报名成功的前 100 名同学进行互助完成心愿，并在此过程中记录留下心愿实现痕迹。活动一经发出就受到同学们的热烈响应，同学们在活动中分享了自己爱看的书、爱听的歌，互相督促学习打卡，将活动作为倾诉心声的平台，给自己的互助对象写下自己的所思所想。

活动结束后，基础学院团委外联部还通过发放问卷的方式收集同学们的反馈，数据显示超过 90% 的参与者表示他们在本次活动中交到了新朋友，所有参与者均表示他们与互助对象相处愉快；同时，具体反馈中可以频繁看到“温暖”“愉快”“有意义”等字眼，也印证了本次活动达到了传递乐观精神，促进朋辈互助的目的。

愿望回声墙活动剪影

四、工作成效与经验

1. 打造了贴合防控实际、满足学生需求、特色成效显著的线上战疫品牌活动，满足了学生的精神文化需求

“战疫能量岛”系列活动的开展，立足疫情封控期间学生的成长成才需求，聚焦正常学生活动难以开展这一现实难题，有效打造了贴合防控实际、满足学生需求、特色成效显著的线上战疫品牌活动，充分满足了学生的精神文化需求，让学生足不出户也能畅享丰富多彩的校园文化生活。

2. 丰富了学生校园精神文化生活，保持了健康的战“疫”心态

活动开展取得良好效果，共计900余人次参与其中，丰富了同学们在疫情封控期间的校园精神文化生活，为同学们积蓄了战“疫”正向能量，使同学们保持了健康的战“疫”心态。

3. 为疫情封控环境下学生工作的开展提供了有益的借鉴，具有较好的创新性和示范性

“战疫能量岛”活动特色鲜明，与时俱进，贴合实际，效果显著，为疫情封控环境下的学生工作开展提供了有益的借鉴，具有较好的创新性和示范性。其对于活动品牌的体系化构建与打磨，为疫情防控下的学生工作开展打造了新IP、开辟了新模式；其形象生动、趣味多样、意涵丰富的具象化表达与呈现方式，使得活动的品牌化效应更加显著和持久，为疫情防控下的学生工作开展积累了优秀经验。

专家点评

习近平总书记指出：“要健全社会心理服务体系和疏导机制、危机干预机制，塑造自尊自信、理性平和、亲善友爱的社会心态。”健康个体心理是积极社会心态的重要构成部分，而由灾难引发的特定群体心理问题及其灾后恢复，一向受到心理学、社会学、医学、教育学等学科关注。抗击新冠疫情期间，习近平总书记高度重视群众心理健康和心理疏导问题，强调要“加强心理干预和疏导，有针对性做好人文关怀”。这场突发的疫情影响了全国各类高校在校大学生的学业、就业，直接或间接地影响着大学生的心理健康。因此，要关心大学生的心理健康，对他们加强心理疏导和心理干预。

上海理工大学基础学院通过创建名为“战疫能量岛”的独特线上活动空间，通过网络为学生积蓄战“疫”正能量、培育战“疫”好心态进行了有效探索，同时开创了疫情防控环境下的网络教育新模式。该线上学生工作活动品牌具有生动形象、趣味多样、意涵丰富的具象化特点，为学生提供了一个精神空间，满足了学生的精神文化需求。

（点评人：李吉彬）

爱国主义网络思政教育工作案例

——上海理工大学写给祖国的100封情书案例

一、案例概述

2021年是中国共产党成立100周年，也是中国发展的关键之年。从1921年到2021年，中国共产党历经磨砺茁壮成长，生命之树愈加枝繁叶茂。值此中国共产党成立100周年之际，上海理工大学通过易班社区、校园新媒体公众号、校园网站等网络平台组织开展爱国主义网络思政教育——“写给祖国的100封情书”征集活动，给新时代青年提供向祖国表达自身情感的平台，以别样的方式在青年学生群体中开展爱国主义教育，进一步培植学生的爱党爱国情怀。

二、工作目标与思路

工作目标：爱国主义是中华民族的民族心、民族魂，是中华民族最重要的精神财富，是中国人民和中华民族维护民族独立和民族尊严的强大精神动力。习近平总书记指出，弘扬爱国主义精神，必须把爱国主义教育作为永恒主题。要把爱国主义教育贯穿国民教育和精神文明建设全过程，做到以理服人、以文化人、以情感人，生动传播爱国主义精神。此次活动主要是希望给学生们提供创作平台的同时进一步引导学生感悟爱国主义精神，用诗与歌书写使命答卷；汇编爱国情，铭记百年党史峥嵘。

工作思路：此次项目主题为“铭记百年党史峥嵘，奋斗书写使命答卷——写给祖国的100封情书”，旨在通过网络平台开展爱国诗歌、散文、情书等原创作品的征集，让同学们以情书的方式抒发心中的爱党爱国之情，以情书献礼中国共产党成立100周年。网络征集活动主要分为学生创作投稿、作品评选网络投票、优秀作品汇编成册、情书网络连载展示及展演四个阶段，在收到学生投稿的作品后，组织专家评委及学生网络投票评选出优秀作品，最终挑选一百份优秀原创作品汇编成情书册，供师生共同学习交流。

三、实施方法与过程

值此中国共产党成立100周年之际，为给新时代青年提供一个向祖国表达自身强烈的爱党、爱国之情的优质平台，上海理工大学于2021年4—11月组织开展了“写给祖国的100封情书”网络作品征集展示活动，活动实施方法与过程如下：

1.征集百封情书作品

2021年4—9月，通过易班社区、微信公众号、校园网站等网络平台开展“写给祖国的100封情书”原创作品征集，共计收到200余名学子踊跃投稿，学生采用诗歌、文言文、信件、散文、记叙文等多种形式创作出了一批优秀的作品。截至投稿结束，共计收到196篇原创作品，经过专家评委评选、学生网络投票评选，最终评选出100篇优秀原创情书汇编成册，制作了一本百封情书作品册。

2. 开展百封情书系列活动

2021 年 9 月底，开展了百封情书集作品发布会、情书朗诵会，将情书集发放至学生作者以供阅览及学习，同时将情书集赠予至校内的图书馆，让所有同学都有机会参与学习并通过身边人的情书进一步感悟“00 后”大学生的爱国主义情怀。

3. 学习百封情书优秀作品

2021 年 10 月，通过学院官方微信公众号开展了“写给祖国的 100 封情书”——情书作品连载展示活动，定期发布学生的情书作品推送，使每一篇原创的优秀作品都能被更多学子学习。2021 年 11 月，从一百封情书作品中挑选了一篇情书编排成一则爱国情书情景朗诵短剧，在学院新生文艺晚会中进行了展演，此外在校园中取景，录制情景朗诵短视频首发于学院官方公众号，以此让更多的同学能有机会参与学习。

四、工作成效与经验

每个人的心中都有熊熊的爱国之情，但是在日常生活中却很难表现出来。为此，特开展“写给祖国的 100 封情书”作品征集活动，让学生们用文字来传递心声，用诗歌来表达感情。每一封情书，都凝聚着作者对祖国母亲深沉的爱意，当他们执起笔时，便褪去了往日的羞涩。“是时候展现理工男的文艺范儿了！”“想不到第一封情书是献给最亲爱的祖国的。”学生们一边调侃，一边用心筹备。此次活动开展形式新颖，特色鲜明，有较强的创造性，让学生们在活动参与过程中厚植爱国情怀。

1. 传承与弘扬爱国主义精神

学生们将爱国主义精神融入自己的作品，转化为一篇篇铿锵有力、饱含深情的诗歌、散文，让爱国主义精神以更加具体的形式呈现在大家面前。读完这本情书集的同学表示，虽然看到的只有文字，但是眼前却能闪过一幅幅激烈奋战的画面，耳边时不时响起一阵阵枪鸣炮响的喧嚣，让人看了之后，感触良多。此外，汇编而成的《写给祖国的 100 封情书》作品集捐赠给了学院图书馆，以供同学们借阅朗读，希望可以通过这种方式，将爱国主义精神一届又一届地传承下去，让爱国的种子在每一个学生心里生根发芽。

2. 融合创新党史学习教育方式

习近平总书记指出，一个不记得来路的民族，是没有出路的民族。本次活动以中国共产党成立一百周年为创作背景，鼓励同学们在认真学习党史的基础上，进行情书作品创作。学生们也都很重视本次活动，积极学习党史，了解党的百年光辉历程，了解祖国的民情、社情，将自身的所思、所想、所悟以文字的形式记录下来。我们从收集到的作品中，深切地感受到了同学们在此次活动中的用心，中国共产党百年光辉历程在学生们的笔尖下变得生动形象且极具感染力。以同辈群体的文字去打动新时代青年，学生表示：这种党史学习教育非常酷！

3. 获得校内外师生及媒体广泛关注

此次情书征集活动在校园内外引发了热烈讨论及广泛传播，自 2021 年 10 月起，学院官网和官方微信公众号上发布《写给祖国的 100 封情书》情书连载作品展示后，得到了学校师生的广泛转发及传播。同时这本别样的情书册也受到了多家社会媒体的关注，《人民日报》、上观新闻、青春上海、“第一教育”、《青年报》等多家媒体对此次活动进行了报道，这些媒体均对我院学子以“情书”告白祖国的活动给予了报道，活动新闻链接累计点击阅读量超 20 万 +。

此次爱国情书征集活动总体效果良好，学生参与的积极性较高，涌现出了一大批优秀原创情书作品。此次活动旨在培养胸怀报国志、心装家国情、肩扛时代责任的理工类学生，希望能通过此次活动让学生们体会到我党百年征程的艰辛，以此激励学生用党的奋斗精神和伟大成就鼓舞斗志、明确方向。通过开展此类活动进一步提升了学生的文学素养，给学子提供了深入学习党史的契机，同时给他们搭建了抒发自身爱国之情的平台，这对于营造理工类院校的人文气氛及爱国热潮具有非常积极的促进作用。此次活动的顺利开展是党史学习教育新模式、爱国主义教育新模式的成功探索，活动可复制、可推广，对于后续其他学院、学校开展相关活动具有较高的借鉴价值。

专家点评

习近平总书记在清华大学考察时指出，当代中国青年是与新时代同向同行、共同前进的一代，生逢盛世，肩负重任。广大青年要爱国爱民，从党史学习中激发信仰、获得启发、汲取力量，不断坚定“四个自信”，不断增强做中国人的志气、骨气、底气，树立为祖国为人民永久奋斗、赤诚奉献的坚定理想。习近平总书记强调，要在厚植爱国主义情怀上下功夫，让爱国主义精神在学生心中牢牢扎根，教育引导学生热爱和拥护中国共产党，立志听党话、跟党走，立志扎根人民、奉献国家。这一重要精神对我们通过教育在学子们心中播下爱国的种子、培养出合格的社会主义建设者和接班人提供了基本遵循。

上海理工大学通过易班社区、校园新媒体公众号、校园网站等网络平台组织开展爱国主义网络思政教育——“写给祖国的100封情书”征集活动，征集同学们爱国诗歌、散文、情书等原创作品，让同学们抒发心中的爱党爱国之情，以情书献礼中国共产党成立一百周年，给新时代青年提供向祖国表达自身情感的平台，以别样的方式在青年学生群体中开展爱国主义教育，充分发挥青年学生的主体作用，进一步增强了学生的爱党爱国情怀。爱国情书活动创新了高校爱国主义教育方式，教育好新一代青年学生，既要做好正面的宣传教育，也要注重利用他们能够接受的方式方法，增强教育的吸引力和感染力，特别是要把显性教育和隐性教育结合起来，把爱国主义教育融入教育的全过程，做到春风化雨、润物无声。

（点评人：李吉彬）

“互联网 +”背景下的辅导员有约育人模式新探索

——上海海事大学以网络育人创新育人模式

一、案例概述

习近平总书记高度重视思想政治教育建设工作，指出“思政课是落实立德树人根本任务的关键课程”。为进一步推动高校思政工作会议精神落地生根，《高校思想政治工作质量提升工程实施纲要》（以下简称“实施纲要”）以习近平新时代中国特色社会主义思想为指导，根据党提出的新任务、新要求，对各高校的思想政治教育工作提出了构建十大质量提升体系的要求。

上海海事大学遵循思想政治工作规律、学生成长规律，为贯彻落实《实施纲要》的核心任务，大力推进网络教育，加强校园网络文化建设与管理，丰富网络内容，建设网络队伍，把握师生思想特点和发展需求，创新推出育人新模式：“辅导员有约”一站式在线服务系统。坚持以师生为中心，激活高校思想政治工作内生动力。

二、工作目标与思路

工作目标：习近平总书记在学校思想政治理论课教师座谈会上强

调，“青少年阶段是人生的‘拔节孕穗期’，最需要精心引导和栽培”。高校思想政治工作是教育引导广大青年学生正确认识中国特点和中国优势，正确认识自身所肩负的时代责任和历史使命，正确认识世界发展趋势的关键一环，同时关系到高校培养什么人、如何培养人以及为谁培养人这个根本问题。

新时代新征程，高校只有充分用好网络空间，准确把握网络育人的价值定位，构建网络思政育人格局，提高网络育人工作的质量和水平，才能全面落实立德树人根本任务，为中华民族的伟大复兴培养有担当、有能力的时代新人。上海海事大学以“辅导员有约”一站式在线服务系统创新推动师生沟通新模式，以网络育人的模式助力数字思政建设，提高网络育人能力。

工作思路：围绕“网络育人”理念，项目旨在解决高校师生双方时间上的冲突问题。由于高校师生的课程安排和时间安排不同，学生往往难以在老师忙碌的时间内找到老师进行咨询和指导。因此上海海事大学致力于构建一个网络预约平台：“辅导员有约”一站式在线服务系统，为高校学生在生活和学习中遇到的问题，提供灵活且及时的咨询和指导。学生通过网络预约平台可以了解到老师可被预约的时间段，从而根据自己的时间安排随时随地预约辅导员或专业教师进行咨询和指导。

三、实施方法与过程

1. 系统开发与设计

建立“辅导员有约”一站式在线服务系统网络预约平台时，着重设计了用户界面的功能模块，主要包括：用户登录模块、预约模块和设置模块，其中着重突出了预约模块，方便学生快速找到相应的功能。学生在预约时，第一步要填写个人信息和咨询的内容，预约模块中提供了10项咨询内容的选择，主要包括就业创业、考研咨询、情感咨询、学业困惑、人际关系等学生普遍困惑的问题种类，除此之外还需简述咨询的内容。第二步，选择是否需要指定咨询的老师。如果没有指定特定老师，系统会根据学生的问题，大数据推荐相关领域的老师进行答疑解惑。最后，根据辅导员或专业教师的可预约时间段进行预约。

2. 数据输入与维护

在构建辅导员网络预约平台的过程中，信息录入是一项基础而重要的工作，其中需要收集全校辅导员和专业教师的基本信息，包括姓名、联系方式和可预约时间段等，这些信息将被录入到预约平台的数据库中，以供学生在预约时进行选择和查询。为了确保信息的准确性和完整性，采取了多种途径进行信息收集和核实。首先，与各学院和部门进行沟通，由他们提供所属辅导员和专业教师的相关信息。同时，也直接向辅导员和专业教师本人收集信息，通过填写问卷或在线表单的方式进行录入。

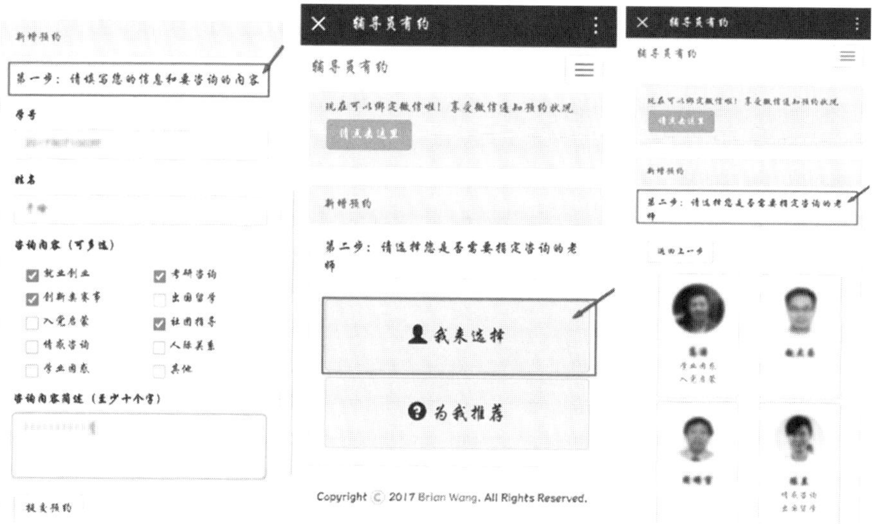

"辅导员有约"微信公众平台

在辅导员网络预约平台中，信息的定期更新与维护也是至关重要的。由于辅导员和专业教师的工作安排和个人情况可能会发生变化，他们可预约的时间段也需要进行相应的调整。因此，建立了一个定期更新和维护的机制。通过系统发送定期提醒邮件或短信，提醒辅导员和专业教师及时更新信息，并对未按时更新的情况进行催收，确保平台上的信息始终保持最新状态。

3. 推广与宣传

为了提高学生的知晓度和使用率，项目团队借助校园内的海报、官方微信公众号等渠道进行广泛宣传。一是制作了具有吸引力和创意的海报，突出辅导员网络预约平台方便快捷、及时反馈等优势，并且将海报张贴在校园内人流量较大的区域，如教学楼、图书馆、宿舍区等，以便更多的学生看到海报。二是在官方微信公众号上发布有关辅导员网络预约平台的使用指南、优势介绍、用户评价等相关推文，吸引学生的关注。三是通过微信群、朋友圈等渠道推广推文，扩大推文的影响力，让更多的学生了解辅导员网络预约平台。最后，在官方微信公众号上开展互动活动，如抽奖、答题等，吸引学生的参与，提高学生对网络预约平台的知晓度。

4. 数据分析与优化

为了确保平台的持续优化与发展，采取定期收集和分析预约数据的策略。通过分析预约平台所获取的学生预约数据，包括他们所选择的专业教师、咨询的主题等，了解学生在学习过程中出现的普遍问题，优化系统的功能和服务，提高思想政治教育工作的教学质量。首先，学生咨询的问题主要涉及学术困惑、职业规划、考研压力、人际关系等多个方面，针对这些问题的类别，对辅导员或专业教师进行相关的培训，提高他们的咨询服务质量。其次，对于学生普遍关心的问题，针对性地设计教学讲座的内容和形式，提高教育教学质量，更好地满足学生的需求。再次，"辅导员有约"一站式在线服务系统除了能够分析数据外，还设置了学生建议收集渠道。根据学生的反馈评价，对平台的界面和预约流程进行优化，使其更加符合学生的使用习惯，提高用户体验。最后，根据学生的需求和问题，正在考虑开发新的功能模块，如在线咨询、问题分类搜索等，进一步满足学生的需求。

四、工作成效与经验

1. 辅导员网络预约平台提高预约效率

辅导员网络预约平台通过使用先进的网络技术和数据分析工具，监测管理预约信息，从而优化预约流程和提高工作效率。学生可以通过平台随时查看辅导员或专业教师的可预约时间段，自主选择合适的时间进行咨询或辅导，即随时随地通过互联网进行预约操作，无须排队等待。这种线上预约的方式，不仅节省了学生的时间成本，还进一步提高了预约的灵活性和效率，也为学校提供了更高效和精准的服务管理模式。

2. 辅导员网络预约平台助力解决学生问题

"辅导员有约"一站式在线服务网络预约平台系统旨在对青年大学生进行教育和引导，使受教育者自信自立自强，朝着正确的方向全面发展。该系统利用网络技术为解决青年大学生在生活和学习中遇到的问题提供了网络平台助力，推动青年大学生成长。

3. 辅导员网络预约平台促进教育教学方式创新

辅导员网络预约平台不仅是一个方便学生进行预约咨询的工具，

更是一个能够收集学生需求与问题的平台。通过分析预约平台获取的学生预约数据，了解学生在学习过程中出现的普遍问题，以此开展针对性教学讲座。这种新型思政教育模式充分发挥了每名教职工的育人功能，推动了传统思想政治教育育人平台与网络平台交互融合，促进了教育教学方式的创新。

专家点评

2016 年，习近平总书记在全国高校思想政治工作会议上指出，高校思想政治工作关系高校培养什么样的人、如何培养人以及为谁培养人这个根本问题。要坚持把立德树人作为中心环节，把思想政治工作贯穿教育教学全过程，实现全程育人、全方位育人、努力开创我国高等教育事业发展新局面。新时代高校思想政治教育工作应该充分利用校园里的各类新媒体平台，构建完备的高校网络思政教育体系，推进网络思政教育开展。

上海海事大学经济管理学院认清了信息时代的特征和规律，认清了开展网络育人工作的重要性和必要性，同时充分考虑到学生在生活和学习上的困惑，发挥网络平台及时便利的作用，构建“辅导员有约”一站式在线服务系统，旨在为学生提供方便快捷的预约服务，提高咨询效率，缩短师生间的距离，为网络育人注入了生机活力，推动了传统思想政治教育育人平台与网络平台的双向融合。

（点评人：李吉彬）

走进蓝色信仰　厚植爱国情怀思政建设

——上海海事大学《再见，“育锋”轮！》宣传策划案例

一、案例概述

习近平总书记指出，建设海洋强国是中国特色社会主义事业的重要组成部分，建设海洋强国是实现中华民族伟大复兴中国梦的必然要求。上海海事大学作为一所以航运、物流、海洋为特色的多科性应用研究型大学，肩负着建设航运强国、培育高素质航运建设人才的时代使命。

“育锋”轮是上海海事大学所属的一艘集教学、科研、生产于一体的万吨级远洋教学实习船。航线主要为中国至俄罗斯、韩国、日本及东南亚等国，是一艘低速柴油机驱动的现代化教学实习船。于1992年下水，培养近2万名学生的“育锋”轮在2020年结束了她28年的光荣使命。它既搭载过众多学生出海实习，又承载着同学们一起看流星雨的诸多青春记忆，更激发了一代学子们的海事梦。

上海海事大学官方微信推文《再见，“育锋”轮！》发表于2020年4月20日，推文一经发布，迅速在广大师生、校友的朋友圈转发传播，阅读量突破10万，在看数超过1 000，是一条“爆款”新媒体推送。本案例选题视角结合本校特色，有读者基础；时间节点把握准确，时效性强；图文并茂，同时包含视频，师生朋友圈截图等，内容丰富，

有比较好的可读性和趣味性，能够引发广大师生校友和社会各界读者的共鸣，具有一定的“爆款”效应和示范价值。

学校围绕习近平总书记的海洋强国建设指示，坚持立德树人根本任务，围绕“育锋”轮光荣退役的重大事件面向师生开展系列宣传活动，致力于全面提高学生的海洋强国意识，以海育德，以海育人，培育堪当航运强国重任的时代新人。

二、工作目标与思路

工作目标：上海海事大学依托“育锋”轮退役开展系列活动，创新课程思政形式、打造海大特色的思政课程体系、培育具有“海味儿”的创新人才，打造海洋强国、航运强国“大思政课”实践教学体系，着力努力培养爱党爱国爱海洋，担当海洋强国建设重任的时代新人，引导师生关心海洋、认识海洋、经略海洋、热爱航海，进一步增强蓝色国土观念和海防意识，弘扬航海文化，厚植爱国情怀，坚定“以海强国、向海图强”的信心理念。

工作思路：本条推送的主要契机是学校教学实习船“育锋”轮完成其28年的光荣使命，引起广大师生校友的关注、回忆和怀念，学校立即收集整理“育锋”轮的基本情况介绍、退出运营情况、往期师生上船实习的图片集锦，做成推送发布；挖掘“育锋”轮中的热点和育人切入点，构建价值引领，不断加强海洋强国、航运强国意识的培养，根据学校特色形成校园海洋文化氛围，形成长效发展。

三、实施方法与过程

《再见，“育锋”轮！》不仅要抓住热点，找到师生们的共鸣情感价值，更要向更多的师生传播更为广泛深层次的影响。通过“育锋”

轮故事的讲述，引发师生情感共鸣，挖掘育锋轮的思政育人切入点，开展内容丰富、形式多样的系列教育实践活动，对青年学生晓之以理，动之以情，发挥情感心理的“催化剂”作用。

1. 故事讲述——踏浪前行，航海家的摇篮

将“忠信笃敬”的校训融入育锋轮故事的讲解，扎实推进学生对校训的理解与认同，带领同学们了解“育锋”轮实习船的光荣历史、海大人在海洋强国建设中的使命与担当。

（1）平凡之路，兢兢业业

“育锋”轮是上海海事大学的一艘集教学、科研、生产于一体的远洋教学实习船，该船由上海船舶设计院设计，由广州文冲船厂于 1990 年动工建造，于 1992 年 3 月 31 日完成建造并交付使用，一开始经营东南亚航线，2005 年改装成集装箱船，经营中韩集装箱班轮航线直到报废。

图为“育锋”轮从杂货船到集装箱船

（2）培育希望，梦想启航

“育锋”轮陪伴一代又一代海大人度过了人生的第一次“远航”。在“育明轮”于 2012 年正式投入使用之前，“育锋”轮承担着海事大学全部水上专业的航行实习任务。实习驾驶台、实习轮机室、学生教室……船上的每个角落都驻足着海大人的身影。2012 年起全部水上专业的航行实习任务由“育明”轮承担，“育锋”这艘有着 20 年船龄的

实习船又承担起了陆上专业学生的航行实习任务。

破浪航行中的“育锋”轮

2004年，“育锋”轮与2001级海洋船舶驾驶专业的36名女生和26名男生一起开始了为期26天、4 602海里的航行。学生们穿上工作服、戴上安全帽学习机舱操作和码头系绳，提升专业实践能力；换上常服，举办歌舞晚会、篮球赛，在甲板上挥洒青春汗水；戴上厨师帽，和同学们一起进入厨房包馄饨、打鸡蛋，学习厨艺，在“育锋”轮上丰富多彩的每一刻都充满了海大人的青春回忆。

“育锋”轮船上生活

“育锋”轮临时党支部成立（2012 年）

（3）完成使命，光荣“退役”

2020 年 4 月 18 日，为航海教育事业作出杰出贡献的“育锋”轮完成了她的光荣使命，正式宣告退役。江苏长荣钢铁有限公司通过竞拍获得了其所有权。在历经一万多个日日夜夜的奔波后，“育锋”轮缓缓驶向江苏长荣钢铁厂，驶向她今生的终点。但在每一位曾受过育锋轮培育的海大人心中，都有着她永不磨灭的伟岸身影。上海海事大学将“育锋”轮的船牌展示在商船学院的广场，只为永久铭记。希望“育锋”轮船名雕塑可以成为母校航海精神薪火相传的象征和联系新老校友情感寄托的纽带。

“育锋”轮船名雕塑揭幕

“育锋”这个名字一直伴随着上海海事大学的历史发展。在临港校区，伫立在智慧湖之上，连接各个学院和教学区的其中一座桥就为“育锋”桥。不论是在校内还是校外，“育锋”都成为海大人学习生活中不可磨灭的印记。

2. 情感分享——青葱岁月出海远洋，海事精神代代相传

“育锋”轮具有鲜明的航运特色，广大师生校友均有强烈的归属感和认可度，尤其在“育锋”轮“杀船”时刻，海大人的青春记忆全部涌上心头，怀念青春校园故事、乘风破浪经历。紧跟热点，在上海海事大学校友会公众号平台开展“想听你讲述 | 与校船同行的最美时

光！”推文推送，将深藏于海大学子心底的“育锋”情结一触即发，纷纷转发留言，以特殊的方式向她告别，只见满屏的不舍与眷恋。

留言板上的故事仅仅是上海海事大学众多年轻学生中的一个缩影，有校船相伴的似水年华，在记忆里生根发芽，有关“育锋”轮的青春回忆将伴随他们一生。“育锋”轮在为上海海事大学的服役中，总共载乘了 18 000 多名学生，承载了海大人投奔国家航海事业的梦想，

向着无限的可能出发。28 载相知相伴，28 载乘风破浪，它是海大人的象征，传承着海大人的精神，即使惊涛拍岸，依然无畏前行。

3. 价值引领——建设海洋强国、航运强国，向海向未来

身居斗室却心向大海、不顾喧嚣而认真履职、严谨专业又亲如一家，正是“忠信笃敬”的育锋精神。注重在思想政治教育上着力，借航行故事及励志人物来建立价值引领，强调爱国、爱党、爱人民是新生代中国航海人的核心精神和必备素质，要传承并作为坚定不移的价值追求贯穿于自己的航海生涯中，根植于个人的发展中，让那些在船上的日夜、点滴化作师生心中的育锋轮载着每一届的海大人不断驶向远方。

在价值引领层面，以习近平文化思想为指导，以展示中国航海文明和国家形象为目标，加大文化交流，用心用情讲好航运故事，浓墨重彩书写时代篇章，加快提升海洋文化和校训价值引领力、文化凝聚力、形象塑造力，塑造新时代海大人形象。更具有针对性和实效性地构建知情意行知识体系，勉励商船学子不忘初心，奋楫前行，扎实学好专业知识，积极投身祖国航运事业，不辜负前辈校友的期望与寄托，为国家航运强国、海洋强国奉献出海大力量！

4. 长效建设——认识海洋、经略海洋，向海而生

围绕海洋强国战略以及上海新时代的伟大实践，充分挖掘海洋文化和海洋意识，将以伟大建党精神为源头的中国共产党人精神谱系、生动鲜活的实践成就以及英雄模范的先进事迹等引入主题教育，推动党的创新理论和历史更有针对性地融入各项主题活动中。引导学生进一步关心海洋、认识海洋、经略海洋，向海而生，为建设海洋强国贡献蓬勃的青春力量！

建立样板宣传，建立良好的校园海洋文化氛围，从“育锋”轮征

途讲起，感悟航海事业的波澜壮阔，借此带领学生回顾在党的坚强领导下，我国航运业经历的沧桑巨变、取得的辉煌成就，增强学生的自豪感；详细介绍航运事业对于强国复兴的重要作用，增强学生的责任感；最后勉励学生要培养图强报国的爱国精神、不畏艰险的奋斗精神、心如磐石的坚守精神和同舟共济的合作精神。

坚持“向海图强，传承红色基因和蓝色文明，坚持绿色发展”的育人理念，厚植爱国情怀，弘扬新时代航海精神，传承新时代航海文明，努力推动人才培养高质量发展，奋力建设特色鲜明的高水平应用型大学，持续为海洋强国、航运强国、交通强国建设贡献力量。

四、工作成效与经验

本案例中的推文《再见，“育锋”轮！》总阅读量达 18.4 万，总分享数近 9 000 次，在看数超过 1 000 次，评论数 237 条，受到腾讯新闻、澎湃新闻、国际传播海工网、好看视频等媒体的转载。

1. 精心策划，抢抓时效

2020 年 4 月 18 日，“育锋”轮退役的消息传来，学校党委宣传部敏锐地发现这是一个宣传点，由新媒体主要负责老师立即着手收集整理资料，准备编辑微信推送，最终在 4 月 20 日发表了本案例推送，并迅速突破 10 万 + 的阅读量。

案例取得爆发式传播

2. 领导重视，各方努力

“育锋”轮于1992年下水，承载着学校70、80、90后三代航海人的青春记忆、航海志向和大海情怀，在“育锋”轮退役的时刻，学校领导高度重视宣传工作，亲自指导把关推送的结构和内容，并积极联系学校相关部门提供资料，最终，上海育海航运公司、校史馆、档案馆等部门提供了大量的资料，党委宣传部老领导也提供了2004年在“育锋”轮航行实习时拍摄的许多珍贵照片。

3. 内容丰富，可读性强

本案例的推送内容丰富，数据翔实，介绍了“育锋”轮从生产、运营到退役的各项基本情况，也介绍了船舶的航行基本数据；同时，推送中添加了由校友制作的回顾视频，图文并茂，和2004年学校2001级62名学生航海实习全过程的图片记录，有很强的可读性。

4.特色鲜明，情感共鸣

“育锋”轮是学校的航海实习船，具有鲜明的航运特色，同时也承载了三代人的航海情怀，在其运营28年后即将退役的时刻，勾起了海大人的青春回忆，广大师生校友自觉主动转发、点赞、评论，在情感共鸣中“引爆”海大人的朋友圈。

专家点评

本案例作为一篇高校官微10万+推送，在选题策划方面，能够抓住师生校友的关注点和情绪，及时收集整理素材并发布，有较强的实效性；内容丰富全面，图文并茂，还附有小视频和师生朋友圈截图，具有一定的科普性质，文字表达和阅读习惯也较为接地气，有利于促进读者转发分享。

进入新发展阶段，承载着14亿中国人民伟大梦想的中华巨轮继续劈波斩浪、扬帆远航，我们向着深蓝色的海洋起航，也正向着中华民族伟大复兴的中国梦进发。作为具有海洋特色的大学要发挥自身优势、特点不断打造学校品牌，引领学生增强海洋意识和海权观念，弘扬新时代航海精神，以海强国、向海图强，为建设海洋强国、交通强国、航运强国、教育强国，实现中华民族伟大复兴的中国梦，勇立潮头，建功立业！

（点评人：王震威）

AIEN“易班 + 党建”网络思政研究工作室

——上海海洋大学“易班 + 党建”网络思政案例

一、案例概述

为进一步贯彻全国高校思政工作会议以及全国教育大会等会议精神，落实《基于“三圈三全十育人”的德能双进提升计划》相关要求，上海海洋大学爱恩学院党委坚持把立德树人作为根本任务，把思想政治工作贯穿教育教学全过程，实现全程育人、全方位育人，提升爱恩学院网络思政骨干队伍的能力水平，以易班新媒体平台为依托，以学院党建工作为阵地，建立爱恩学院“易班 + 党建”网络思政研究工作室。

爱恩学院坚持加强党的全面领导，牢牢把握社会主义办学方向，贯彻落实新时代党的建设总要求。“易班 + 党建”网络思政研究工作室推进易班与党建工作深度融合，发挥党建带动易班，易班助力党建的相互促进作用，实现党员教育的多元化以及线上线下一体化发展。通过易班轻应用、轻问卷、轻博客、优课、动态、上传资料等形式，全方位发掘党建工作融入方式，塑造易班党建品牌形象，提升思政育人成效，实现易班发展和学院党建工作双赢的良好局面。

二、工作目标与思路

工作目标：工作室致力通过易班打造网上党的建设组织平台和教育平台，集学习研究与创新工作于一体，充分发挥工作室成员在网络思政、党务工作、教育管理、工作创新等方面的示范、引领、指导作用。针对网络思政工作发展管理中的重点、难点、热点问题进行专题研究，在工作室建设周期内完成相关调研，并取得相应的可推广成果，促进网络思政理论与实践的发展。注重工作室网络思政研究成果的包装与宣传，通过讲座、论文、专著、交流、研讨会、报告会、专题论坛、现场考察等多种形式在我院范围内宣传、介绍和推广，助推本工作室的建设经验与成果能发展为网络思政研究工作室品牌。

工作思路：围绕本工作室主旨，开展相关网络思政研究工作，根据我院易班与党建工作融合的实际情况，设计网络思政工作评价指标，对网络思政工作开展定性与定量评价。根据评价结果，探索网络思政教育的发展模式和教育教学方法，着力在主题创新、载体创新、模式创新上下功夫，力争每年完成一个校级课题，并在此基础上，申报国家级、上海市级课题。工作室基于“易班 + 党建”新模式，努力打造我院党建工作的新格局，坚持以“立德树人、以生为本、思想引领、协同育人”为理念，工作室成员结合自身工作实际，以具体现实工作为依托，开展理论研究，探索立体式网络思政发展的路径。工作室充分利用易班平台提升网络思政育人服务质量，通过构筑党建文化模块、培训学习模块、服务管理等模块建设，打造易班党建文化精品，构建实践育人体系，夯实易班党建政治功能和服务功能，强化党建工作人文关怀。

三、实施方法与过程

工作室紧密围绕立德树人根本任务，结合院系实际，充分利用易班平台拓展党建工作阵地，延伸党建工作深度，创新党建工作模式，“坚持一个理念、打造两支队伍、构筑三个模块”，切实推进学生党建工作立体化发展。

1. 坚持一个理念

坚持一个理念，即坚持“立德树人、以生为本、思想引领、协同育人”的工作理念，围绕立德树人，促进学生知识、能力和综合素质协调发展，为国家培养高素质的国际化专业人才这一根本任务，突出思想引领这一工作重点，抓党建，带团建，促教育教学质量提高，打造学院“易班网络思政文化”品牌，实现教学、服务、管理协同育人，积极推进党建工作与易班平台的深度融合。

2. 打造两支队伍

一是打造网络思政＋党建人才队伍。习近平总书记在党的十九大报告中强调：“新时代加强党的建设需要建设高素质的专业化干部队伍。”工作室利用易班开展大学生党员教育工作，需要一支既熟悉易班操作，又熟悉大学生党务工作的先进队伍。工作室致力于培养党建育人的“排头兵”，从党政管理干部、专业课教师与辅导员中遴选一批具备良好党性修养、扎实政治理论功底与熟练“易班”应用技能的人才，作为推进党建立体化的主要力量。同时，工作室广泛吸纳校内其他力量，培养熟悉“易班”操作的党务工作者，壮大工作队伍，形成全员育人局面。此外，加强对这支队伍的培训，一方面提高他们“易班”平台操作能力和管理能力，另一方面督促他们自觉用习近平新时代中国特色社会主义思想武装自身，不断提高党性修养和党务工作能力。

二是打造党建学生骨干团队。大学生党员作为广大党员队伍中的高学历和高知识水平群体，是党的新生骨干力量，是中国特色社会主义事业的建设者和接班人。工作室坚持德才兼备、择优选拔的原则，锻造党建育人的“后备队”。学院先后建立易班工作站、学业促进工作室、学生党员志愿服务团队等，加强学生骨干队伍的日常教育和培训，引领学生骨干积极参与思想政治理论学习，投身社会实践活动，参加大学生网络文化节和高校网络教育优秀作品推选展示等活动，鼓励学生骨干团队开发“党建”网络文化产品，不断提升学生党建形式的丰富性、内容的生动性与影响的广泛性。

3. 构筑三个模块

一是党建文化模块。工作室重视党建文化模块的建设，通过打造易班党建文化精品，以“线上+线下”相结合的形式，唱响党建育人主旋律。一要重视理论学习与宣传。通过在易班设置线上宣传主页，充分发挥党组织的宣传引领作用，坚持与时俱进，紧扣时代脉搏，把习近平新时代中国特色社会主义思想和党的理论创新成果纳入学生思想政治理论、党课培训之中，积极宣传普及习近平新时代中国特色社会主义思想、党和国家政策方针，加强对学生的爱国、爱党、爱社会主义以及爱校荣校教育。同时通过易班党建文化模块、易班党支部平台、易班“快搭”主题活动等立体展示优秀学生党员学习风采，发挥青年党员骨干朋辈引领作用，以党员的先进性凝聚和吸引大批团员青年积极向党组织靠拢，激励学生红心向党，营造党建育人浓厚氛围。二要构建实践育人体系。工作室结合学院实际，推动实施“贴合社会需求，突出专业特点，适应个性发展”的三位一体党建实践育人模式，工作室积极联动各党支部、团学组织，在五一劳动节、五四青年节、十一国庆节等重要活动时间节点，搭建各类主题快搭活动。同时鼓励学生参加各类网络文化比赛，积极投入易班超级梦想班级建设，通过志愿服务、社会实践、专业实习、文化活动等多元载体，实现实践育人和立德树人的工作目标，进一步增强易班党建育人功能，强化思想与价值引领。

二是培训学习模块。工作室致力于增强易班党建政治功能，通过多渠道、多方位、多角度的培训和学习，强化基层党支部战斗堡垒作用。党支部是党在基层的神经末梢，是党全部工作和战斗力的基础。工作室积极推动基层党建传统优势与现代信息技术深度融合，探索易班党建立体化架构与路径。一方面，借助易班虚拟班级功能，建立大学生网络党支部，通过易班微社区发布学习内容，支部成员跟帖发表学习心得，不仅解决了学生支部各年级各班学生时间难统一、人员参加难的问题，更将学习落到实处，支部每个同志可以不受时间限制，畅所欲言，随时发表交流学习心得，实现实时在线学习。此外，通过易班平台投票、问卷、博文等功能，可以将一些党内事务转移到线上，方便、便捷的同时也做到了信息公开、透明。另一方面，通过易班优课党建平台，建立线上党支部学习课群，将四史学习、党建教育等内容纳入工作室项目。学生不再受时间、空间的限制，利用视频、课件、文档等多种形式，丰富学习内容，并且还能通过在线作业、考试等加强、巩固学生的学习行为，保障学习效果，让支部成员深入学习的同时，还能通过有效途径检验学习成果。除了学生党员，积极分子、群众也可以加入线上党校学习，让学习对象的覆盖面更广，真正发挥党建工作思想引领的作用。此外，工作室邀请党政干部、优秀思政教师进驻易班，培育本校优秀教师通过短视频讲党课等形式建立校本党课平台，发挥易班网络党建工作的示范效应。学生登录易班网页端或者易班手机客户端，通过回帖、分享、上传图片和视频、在线测试等方式主动参与到网络思政课堂中，扩展自身的学习维度，大大提升了学习的主体性。此外，基于学生的主体地位，还可以采取共性课堂与个别辅导相结合的方式，既可以实施上千人的集体学习辅导，也可以根据个体需求，因材施教，进行一对一交流探讨，增强教育的针对性。这些措施提高了学院党建工作水平，也在易班平台推进党建工作的立体化进程。

三是服务管理模块。工作室通过设置“党员信息公告栏”“党员信息资料库”“党员成长记录袋”“党员之家”等服务窗口，不断增强易班党建服务功能，强化党建工作人文关怀。通过在易班平台设置“党员信息公告栏”，对支部内相关工作进行展示，比如党员发展相关事宜，“三会一课”开展情况等，不仅让党内同志知晓支部相关工作，也让党外同志通过此途径加强对学生支部工作、党员相关事宜等内容的了解，拉近党员与群众之间的距离，同时也能让群众对学生党支部工作、党员相关事宜进行监督、提出批评建议，更好地促进学生党支部的发展；建立“党员信息资料库”，通过精确的数据支撑和动态分析，推进党建工作的动态化、精准化管理，对于少数民族党员、实习见习在外的党员，可以设置人性化交流与考察形式，彰显党组织的柔性管理与对党员的人文关怀；形成“党员成长记录袋”，即在易班党支部中设置党员个人主页，将每位党员的成长历程以主页、博客、相册、视频等方式呈现出来，不断增强青年党员“比、学、赶、帮、超”的氛围，努力营造“一个典型一面旗，一批典型带全局”的生动局面。在易班党建服务平台中，设立“党员之家”服务窗口，掌握学生思想动态，听取学生意见建议，及时收集学生对我院党建工作、教育管理、教师教学的意见建议，并对应反馈给相关部门、教学单位以及教师个人，及时转达学生诉求，同时将处理结果传达给学生，不断强化服务育人实效。

四、工作成效与经验

自 AIEN“易班+党建”网络思政研究工作室成立以来，积极开展各类形式的易班建设和网络思政教育活动，学院学生的各项易班工作有了较大幅度的提高且得到了师生的高度认可。工作室积极探索易班育人路径，创新网络思政育人方式方法，因事而化、因时而进、因势而新，不断提升思政工作的吸引力，助力新时代青年成长成才。

1.加强理论学习，提升育人质量，践行思政育人

自工作室成立以来，全体成员始终保持较高的思想政治觉悟，坚决拥护中国共产党的领导，坚持党的四项基本原则，拥护党的各项路线方针政策，做马克思主义、共产主义、中国特色社会主义的坚定信仰者和积极传播者；始终秉持家国情怀，紧紧围绕“守初心、担使命，找差距、抓落实”的总要求，认真检视反思，精准查找差距，先学先改、即知即改，以实际行动践行初心和使命，贯彻落实习近平新时代中国特色社会主义思想和习近平总书记关于教育工作的重要讲话和重要指示精神；立足岗位实际，以“学生为本，立德树人，思想引领，协同育人”为教育理念，不断加强自我修养，坚持以德立身、以德立学、以德施教、以德育德，自觉增强立德树人、教书育人的责任感和使命感，学为人师，行为世范，引导学生学习中国共产党的政治智慧、责任担当以及高度的历史自觉和历史自信，有力指引青年大学生更好地把握历史大势、掌握历史主动、走好新时代赶考路。

工作室认真贯彻落实党的十九届六中全会精神，与党和国家事业发展同向同行，把牢理想信念的“方向盘”、筑就思想理论的“压舱石”，始终做到不忘初心使命，站在培养社会主义合格建设者和可靠接班人的高度，按照“四有”好老师标准和“四个相统一”的要求，坚持潜心立德树人；认真研读《习近平谈治国理政》第三卷、《习近平新时代中国特色社会主义思想学习纲要》、《深入学习习近平总书记关于教育的重要论述》、《新媒体下提升高校网络思政内容的传播价值》、《辅导员网络思政教育读书》等相关重要讲话精神与文章内涵，坚持全

面系统、联系实际地学，不断提高政治能力，提升易班指导水平，切实把学习成效转化为工作实效，做到笃行实干，踏实进取。此外，工作室成员积极参与易班相关业务知识的学习，除学习相关视频课程、品读易班业务知识相关报刊书籍外，通过易班平台，融合各类主题教育，积极参与学习培训，自 2021 年以来，工作室成员累计组织并参与 20 余场次培训。

部分培训学习凭证

2. 提升服务能力，夯实平台建设，创新工作举措

注重新时代爱国主义教育，深入开展党史、新中国史、改革开放史、社会主义发展史教育。充分发挥网络优势，动员学生积极使用易班平台，实现全院易班注册认证率 100%，各网络班级全部达到“七到位”标准，在各项活动中不断增强学习教育的吸引力和实效性，利用视频、音频、图片资料等生动丰富的网络教学资源，在尊重思想政治工作规律、学生成长规律的同时，不断加强对互联网发展、建设、应用规律的研究，使思想政治工作的传统优势同信息技术融合起来，发挥好各网络平台联动效应，更好地帮助学生充分了解中国共产党和中国人民的奋斗历程，深刻领悟为什么历史和人民选择了中国共产党和社会主义。

易班活动现场图片

打造网络素养优质教育。在错综复杂的国际形势和媒介生态环境下，进行规划设计、大力推进大学生网络素养教育，帮助大学生正确认识网络。本年度开展了6场易班应用及网络信息安全教育培训，教导学生理性分析信息，提高学生对不良信息的分辨能力、质疑能力、评估能力，进而增强学生对负面信息的“免疫力”，同时指导学生精准掌握易

易班应用及网络信息安全培训图片

班各项功能使用，通过易班轻应用、轻问卷、轻博客、优课、动态、上传资料等形式，组织学生参加“乘坐红色列车，寻访党史故事”活动。在学校易班总站开展的相关各类问卷、调研任务、网络投票中，均全力号召学生积极投入参与。在学校的重要相关主题活动中，积极推动易班分站参与其中，指导学生通过易班平台进行教育教学和日常生活服务管理，更为理性地参与网络行动，培养学生对学院、学校荣誉感和认同感，打造“有态度”“有厚度”“有温度”的网络文化育人体系，使得学生在活动中提升了网络应用能力和网络道德规范，全面提升了学生网络素养。

倾斜重点领域的网络内容供给。重点围绕职业规划、就业指导、创新创业、心理健康等方面加大优质内容的网络供给，借助易班平台提升学生活动的参与度，定期推送思政网文专题，发挥话题专栏的作用，积极开展网络互动；充分运用易班平台的各项功能，开展通告、

易班活动现场图片

问卷、团日活动、班会、文件共享资源、网盘存储等工作，提高了学生的积极性和参与度，取得易班活跃度高指数的优异成绩，同时帮助大学生提前找到职场代入感和人生事业追求。通过探索网络思政育人工作的新思路、新途径、新方法，引导学生多形式学习思想理论，鼓励学生以小我融入大我、青春献给祖国的坚强信念，以昂扬的精神状态、优异的学业成绩、出色的创新能力，投身强国伟业，绽放青春风采。

贴近学生思想、情感和生活实际，研究学生的认知规律和接受特点，充分发挥学生的主体作用，打造有温度的网络思政文化，满足青年学生成长发展的需求和期待。爱恩学院结合学院 90 后和 00 后学生特点，关注青年学生群体感兴趣的话题，设计学生喜闻乐见的栏目和作品，用青年话语体系、生动鲜活的事例、新颖活泼的形式，展现学生的生活状态，积极调动学生参与网络文化的生产和传播，鼓励引导学生主动参与短视频、网文、手绘、漫画等网络文化作品的制作与创作，强化他们在网络思政教育中的主体地位，同时鼓励学生们用自己创作的健康向上的网络文艺作品影响同学，引领校园文化风尚，传递主流价值。在本年度“年年有易”活动中爱恩学院易班工作站为校部提供 67 份优秀作品，其中 3 人荣获二等奖、1 人荣获三等奖。学生王心仪荣获 2021 年第五届“全国大学生网络文化节”网文作品优秀奖。

第五届“全国大学生网络文化节”网文作品优秀奖

“青春自信践使命，传播网络正能量”年年有易 主题活动获奖名单

王睿阳	爱恩学院	1892238	北京的变化	二等奖
曹舒凡	爱恩学院	1892240	从家长里短看上海40年变迁	二等奖
陈炜骏	爱恩学院	2092340	从旧语言到新语言	二等奖
严伊蕾	爱恩学院	1892210	上海浦东	三等奖

“年年有易”活动获奖情况

3. 深化“易班＋党建”品牌建设，推动网络育人提质创新

爱恩易班工作站在2020年底成功申报“易班＋党建”网络思政研究工作室。工作室自成立以来，始终坚持把立德树人作为中心环节，把思想政治工作贯穿教育教学全过程，实现全程育人、全方位育人。工作室旨在以易班新媒体平台为依托，以学院党建工作为阵地，通过“1+2+3”工作方法，构建网络育人矩阵、建强网络育人队伍、打造网络育人作品、努力提升网络育人工作质量，发挥网络育人引导作用；工作室充分利用易班等平台进行对接互动，拓展党建工作阵地、延伸党建工作深度、创新党建工作模式，坚持“立德树人，以生为本，思想引领，协同育人”的工作理念、打造“网络思政＋师资人才＋学生骨干”专业队伍、构筑“党建文化、培训学习、服务管理”三个模块，建立专业化网络队伍，培养网络育人“主角”，充分发挥党建带易班，易班助党建的相互促进作用，有助于推动党建工作中的传统政治优势与互联网技术优势深度融合，巩固常规性学生党建工作阵地，打破时间、空间等方面条件的限制，及时掌握学生的思想动态，为大学生的成长成才服务。

4. 加强思想引领，打造建党百年特色活动品牌

恰逢建党百年，爱恩学院易班工作站在2021年开展献礼国庆、歌颂五四、学习笔记大赛等各类主题活动，积极营造浓厚党史学习氛围，挖掘红色基因和精神“密码”，深植学生精神家园，打造百年党史

活动阵地，提升学生对党和国家的自信心与自豪感，增强了“四史”学习教育的亲和力，进而推动学生对“四史”教育产生政治认同、思想认同、情感认同和价值认同。

专家点评

易班是为在校大学生提供教育教学、生活服务、文化娱乐全方位服务的网络综合性互动社区，已逐步成为全国高校开展大学生网络思想政治教育工作的主阵地。它在发挥高校网络思想政治工作思想引领、价值导向上起到重要作用。高校党建是党的十九大报告提出的深入推进党的建设新的伟大工程的重要组成部分。随着“互联网 +”时代的到来，高校应围绕“立德树人”根本任务，以易班为依托稳步推进党建工作，构建“网络党建”新常态。

上海海洋大学爱恩学院利用易班搭建思政云平台，利用大数据技术发展创新，构建“易班 + 党建”学习模式，根据自身实际，将党建工作纳入思政云平台建设，以坚持立德树人为根本任务，以思想政治工作为主要抓手，创新开展党建文化、培训学习、服务管理，进一步推进党建工作“质”的跨越，有助于推动立德树人教育目标走深走实。上海海洋大学推动互联网的便捷性与党建工作的严谨性相融合，为全国易班共建高校打造了网络思政教育资源共建共享的生态圈，具有一定的借鉴作用。

（点评人：李吉彬）

有研（Yan）说　有言（Yan）说

——上海对外经贸大学有 Yan 研究生网络思政工作室案例

一、案例概述

上海对外经贸大学有 Yan 研究生网络思政工作室依托于上海对外经贸大学党委宣传部、文明办 2021 年网络文化工作室支持项目而建设，是一个面向我校全体研究生的交流平台。结合学校研究生思想政治教育和相关主题活动，以“研（Yan）究生有话说（言，Yan）”为核心思想，以人物访谈的形式进行内容输出，创新了学校思想政治教育工作方式，有助于研究生思想政治教育工作的开展。

二、工作目标与思路

工作目标：自建立以来，有 Yan 研究生网络思政工作室始终以“研（Yan）究生有话说（言，Yan）”为核心思想，以人物访谈的形式进行内容输出。通过推出多种主题、多种形式的内容，助力我校研究生思想政治教育工作。

工作思路：本工作室以人物访谈作为出发点，结合学校的研究生思想政治教育和相关主题系列活动，以视频、直播、推文的形式，通过拥有相关经历的研究生口述的方式推出以经历分享为主题的“Yan

享”、以人物专题为主题的“Yan 励”以及以热点话题讨论为主题的“Yan 谈”系列活动，进一步挖掘我校研究生思政教育工作抓手，为学校各部门提供优质学生和话题素材，形成持续性的内容输出。

三、实施方法与过程

1. 秉持“研（Yan）究生有话说（言，Yan）”的初衷向受众讲述 Yan 工作室创立初心故事

有 Yan 始于 2021 年 6 月 14 日。在我校研究生规模不断扩大、研究生质量不断提升的大背景下，结合我校研究生的关注和阅读特点以及其他网络思政平台的关注情况，秉持着“研（Yan）究生有话说（言，Yan）”的初衷，创立有 Yan 公众平台并发布了“创 · 立 | 见信如晤 有 Yan 初见”的第一篇推送，向受众讲述了有 Yan 工作室创立的初心故事。发布当天有 Yan 工作室即受到广泛关注，累计阅读量已超过 1 400。

2. 以人物访谈为主要内容输出形式，展现优秀毕业生事迹

有 Yan 以人物访谈为主要内容输出形式，一般采用第一人称（主要用于“Yan 享”和“Yan 谈”两个专题）或者第三人称（主要用于“Yan 励”专题）两种形式。相较于目前我校各大平台推出的人物访谈，有 Yan 的人物访谈是相对独特的。根据有 Yan 团队的整理和数据归类比较分析，我校目前的研究生人物访谈类推送主要聚焦于优秀毕业生群体。该群体一般具备三方面属性——在校生、校园经历丰富、去向确定。时间也就相对固定在学年的第二学期，时间持续期一般是每年的 3—5 月。但同时，这部分群体在宣传时也会形成相对的缺陷和不足——访谈对象因尚未进入下一阶段而对于自己的工作（深造）

认知较少且对于自身过往经历有效性认知较少。因此，“Yan 励”专题将关注群体放在已毕业工作的研究生群体中，突出人物经历的故事性，以帮助更多研究生了解工作（深造）的真实现状，辅助在校研究生进行自我生涯规划；而“Yan 享”则更关注在校生的突出或特别事迹，将事迹以第一人称叙述的形式向在校研究生进行讲述，即着重在“我在学校里还能做些什么？”这一问题的回答，以拓展研究生在校期间的更多尝试，并在明确生涯规划的前提下，帮助学生找到行动方向；“Yan 谈”专题则作为与在校生沟通的渠道，既能够了解在校生的想法，也能够输出在校生的观点。以此三个专题与我校各大平台推出的优秀研究生毕业生系列类型形成互补，在充分展示我校优秀研究生培养特色的同时，其经历和自我认知能够为其他在校研究生形成范例，具有较强的示范效应和指导意义。

3. 寻找合适且适合主题的分享人

在以上设定的前提下，寻找合适且适合主题的分享人成为有 Yan 工作室所面临的一大难题，但经过有 Yan 的共同努力，共推出以话题讨论为主题的“Yan 谈”2 期，以经历分享为主题的“Yan 享”2 期以及以人物专题故事为主题的“Yan 励”4 期。在坚持注重文字表达和实际意义的前提下，共收获超过 6 000+ 的阅读量。其中，结合学校各大平台对于其人物访谈的定位以及我校研究生的实际情况，“Yan 谈”聚焦于当下研究生的热点话题或相关疑问，例如在疫情期间推出的“Yan 谈 | 来自 SUIBER 的那些温暖一刻”，收集并分享了我校研究生眼中疫情期间一些感人瞬间并以文字形式进行表达输出，以期让更多研究生能够感受疫情期间的温暖；“Yan 享”定位于挖掘我校研究生中一些相对受人忽视却又极具闪光点的个人经历，例如“唐慧茹：在国际组织中发出中国青年声音”着重突出作为我校第一批参与联合国志愿者同学的选拔经历，让更多有志于参加国际项目选拔的同学了解选拔

过程和准备重点；“Yan 励”则定位于已经毕业且在工作或深造环境中有所建树的同学，其个人经历既有学生时代努力的闪光点，也有在下一人生阶段中的感悟，能够为在校同学展现更为全面的人物特性，同时也为在校研究生的职业规划方向提供更全面的借鉴，例如“Yan 励 | 袁杰：机会总是留给有准备的人，矢志坚定，春暖花开！”。

四、工作成效与经验

1. 开展职业规划线上调研，与在校研究生形成良好互动

开展“Yan 谈 | 调研：关于未来发展，你是否有许多问号？”的职业规划线上调研，就我校研究生关注的职业规划问题进行收集，并在之后的人物访谈中就问题进行解答，形成了与在校研究生的良好互动。基于此实践，有 Yan 工作室进一步与线下访谈结合共同推进完成学校机关支部与学院共建“我为群众办实事”项目——“基于新时代国际商务高层次人才需求的 MIB 学生职业发展路径调研”。

2. 完成多篇优质推送，提升平台影响力

完成多篇优质推送，阅读量 6 000+，相关稿件推送后，有 Yan 团队收到了学校在读研究生的咨询，在学校研究生群体里已形成一定影响力。

3. 挖掘人物特性，发挥价值引领作用

有 Yan 自创立以来，坚持以“挖掘我校研究生优秀典型，树立我校研究生引领形象，助力我校研究生思政工作”为工作目标，在强调内容质量的基础上，与学校工作实际相结合，突出我校优秀研究生的不同亮点，发挥价值引领作用。

专家点评

习近平总书记指出："读者在哪里，受众在哪里，宣传报道的触角就要伸向哪里，宣传思想工作的着力点和落脚点就要放在哪里。"近年来，互联网载体呈现出高度融合性、互动性、实时性的特点，当代青年展现出"无人不网、无处不网、无时不网"的鲜明特征，使得网络育人的重要性进一步凸显。

上海对外经贸大学因势利导、主动作为，坚守新媒体阵地，以"研（Yan）究生有话说（言，Yan）"为核心思想，以视频、直播和推文的形式开展了一系列特色新颖的探索与实践，打造出反映研究生生态的网络育人阵地。通过推出一系列研究生优秀典范的人物访谈，发挥优秀研究生的正面影响力，有助于加强对学生的思想引领，为学校提供优质的教育素材，从而推动学校研究生思想政治教育工作的开展。

（点评人：李吉彬）

构建网络思政共同体
赋能学生生涯成长路

——上海对外经贸大学“3F-职业志”生涯育人工作室案例

一、案例概述

就业是民生之本，是发展之基。该项目育人导向明确，从“思考着的芦苇”网络思政育人工作室中延伸扩大，发展到上海高校职业（生涯）发展教育工作室（示范点）“3F-职业志”生涯育人工作室（以下简称：“3F-职业志”工作室），联动校内外多个辅导员工作室开展网络思政育人工作，创新网络思政育人渠道、拓展网络思政育人场域、盘活网络思政育人资源、创造优秀网络文化作品，培育学生正确的世界观、人生观、价值观、就业观，创新构建“三全育人”网络思政平台，赋能学生职业生涯发展。

二、工作目标与思路

工作目标：案例以网络思政育人为重要途径，整合校内外多平台聚合构建新媒体矩阵，将生涯发展贯穿大学生涯全周期，助力四困生（学业困难、经济困难、就业困难和心理困惑学生）全面提升职场竞争力，有效彰显职业自信，实现就业纾困。工作室全面贯彻党和国家的高等教育方针，以习近平总书记关于教育的重要论述为指导思想，以立德树人为根本任务，着力开展生涯帮扶、价值引领、职业发展和自我造血的可复制可推广的网络思政育人模式，使得对外宣传呼声齐、观点明、力量强，进而使教育影响润物无声。

工作思路：构建网络思政育人共同体，高效联动做好生涯纾困；发挥网络思政育人品牌效应，扩大网络思政工作场域；充分调动生涯发展主客体，盘活网络思政育人资源；创新网络思政育人陪伴成长模式，创作网络思政育人优秀内容。

三、实施方法与过程

工作室的网络思政育人案例以生涯发展理论为指导，延续创新既往“思考着的芦苇”网络思政育人工作室的做法，聚焦解决学生“生涯志向不明确、不坚定”这个核心问题，按照工作室架构的“3F-职业志”双循环职业发展体系，联通新媒体矩阵外宣平台，互联互通，共建共享，分阶段、分项目为学生设置网络思政育人措施和内容，实施安排如下：

生涯发展阶段	网络思政举措	内容	核心素养提升
Freshman	“双带双培”计划	导生带学； 导师带教； 线下见面结对线； 上定期指导帮扶	认知自我； 夯实学业基础； 培育专业素养； 提升大学学涯初始自信
Forge	生涯训练营	松江大学城创业； 基地网络直播； 生涯课程大咖直播； 名企云”游竞宾”云分享	探索自我开阔眼界； 探索职业世界； 明确生涯志向提升可迁移技能； 铆合个人与工作世界

（续表）

生涯发展阶段	网络思政举措	内容	核心素养提升
Futures	生涯微课； 生涯指导“云”会议； 毕业生之星； VIM 微影工坊； VIM 融媒体素养培训基地	生涯百问视频（已产出 40 条，共计 300 余分钟）； 市级生涯工作室研讨会议； 毕业生访谈与生涯故事微视频； 视频制作带教培训	反复打磨； 自我精进； 提升积极性和主动性； 了解生涯学前沿发展； 学习视频技术； 参与拍摄制作； 助力职业世界起飞

1. 新生入学（Freshman）阶段

网络思政“双带双培”提供结对平台，实施“生涯引领双带双培”计划，让学生更加方便快捷求助导生导师，对学生进行学业和价值引领。为“四困”本科生配备生涯导师和导生，为“四困”研究生配备学术和企业导师，跟踪陪伴四困生生涯成长，制作《“双带双培”计划生涯导师指导学生成长手册》，线上定期进行生涯联络与辅导，通过虚拟现实相结合，探索生涯引领经验模式。在网络思政中，精准帮扶的“精准度”很重要，针对“四困生”个性化特点和差异化需求，学生可通过网络随时联系导生、导师，进行学业和思想引领，生涯导生对学生进行朋辈帮扶和关怀，让学生前路有人引领，身旁有人帮扶，使得新生的大学适应力得到显著增强。

2. 大二大三（Forge）生涯淬炼阶段

工作室开展网上和网下、校内和校外深度融合的彩虹生涯训练营项目，塑造了学生奋勇争先、不怕困难的网络文化群像。在该项目中为学生邀请校内外生涯导师和职场人士，精心设计讲座内容，通过线上直播生涯课程方式，将生涯发展理念、生涯发展形态、生涯思政教育贯穿其中；此外，工作室还为学生“云直播”实地考察企业（腾讯上海总部、哔哩哔哩、中译语通、樊登读书会、北斗产业园、尚法律师事务所、字节跳动等名企），对话企业高管，开展“云”红旅活动，参加行业“云”竞赛等“多位一体”的学习训练，全程配备校内外导师指导且提供各类资源。该阶段网络思政措施让学生不仅接触生涯进阶形态，还能够在云端磨炼个人本领，锤炼自身品格，让自己努力成长，该阶段学生的自我职业发展能力得到明显提升。

图 9：部分网络直播生涯课程照片或海报

学科“云”竞赛部分照片

部分网络直播生涯课程照片或海报

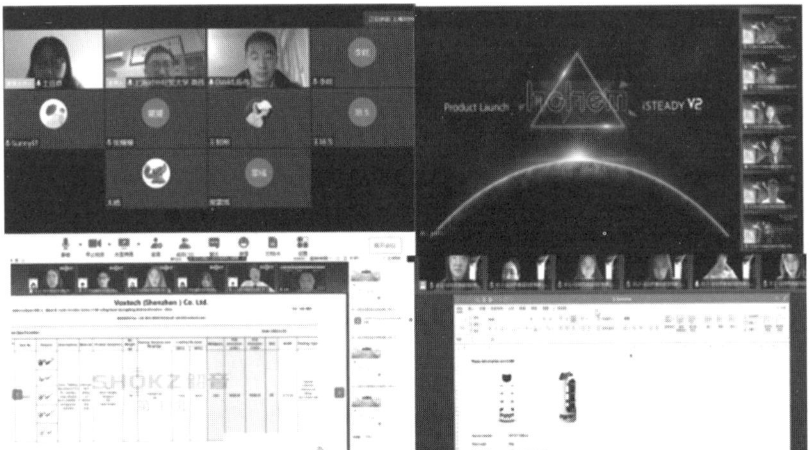

部分企业考察“云”直播

3. 大四（Futures）生涯决策阶段

网络思政育人发挥平台网宣优势，激发学生内生动力，开设了生涯微课、生涯指导“云”会议、毕业生之星、VIM 微影工坊项目。通过面向学生公开征集遴选各种生涯问题 + 微视频答疑的方式，正面回应学生关切，生涯百问针对性地帮助同学们解决生涯发展中遇到的疑惑与困难，辅以《“3F- 职业志”生涯行动指南》《“3F- 职业志”生涯工具指南》等文章，定期推送也起到了督促同学们进行生涯发展规划的作用。此外，生涯指导“云”会议，集合校内外，上海市内外高校生涯发展工作室研讨智慧，学生可观看云直播，收集前沿资讯，为决策提供更加科学的依据。工作室思政育人板块注重运用微视频的媒介力量，营造“第三视角”，创造主人公（社群伙伴）与自己交流的机会，让大学生在价值层面看见自己、释放潜能、发现本愿、显现真我。毕业生之星选取工作室帮扶优秀毕业生，由“VIM 微影工坊——大学生生涯启航伙伴”项目学生团队为大学生创客摄制个人生涯纪录片和文创产品宣传片，邀请所有主人公通过记录、创作和分享“生涯故事”，微信矩阵定期新闻推送，发挥朋辈引领作用，让优秀的学长学姐与学弟学妹深度联结、激励牵引，勇敢踏出生涯新一步，激励学生成长成才。

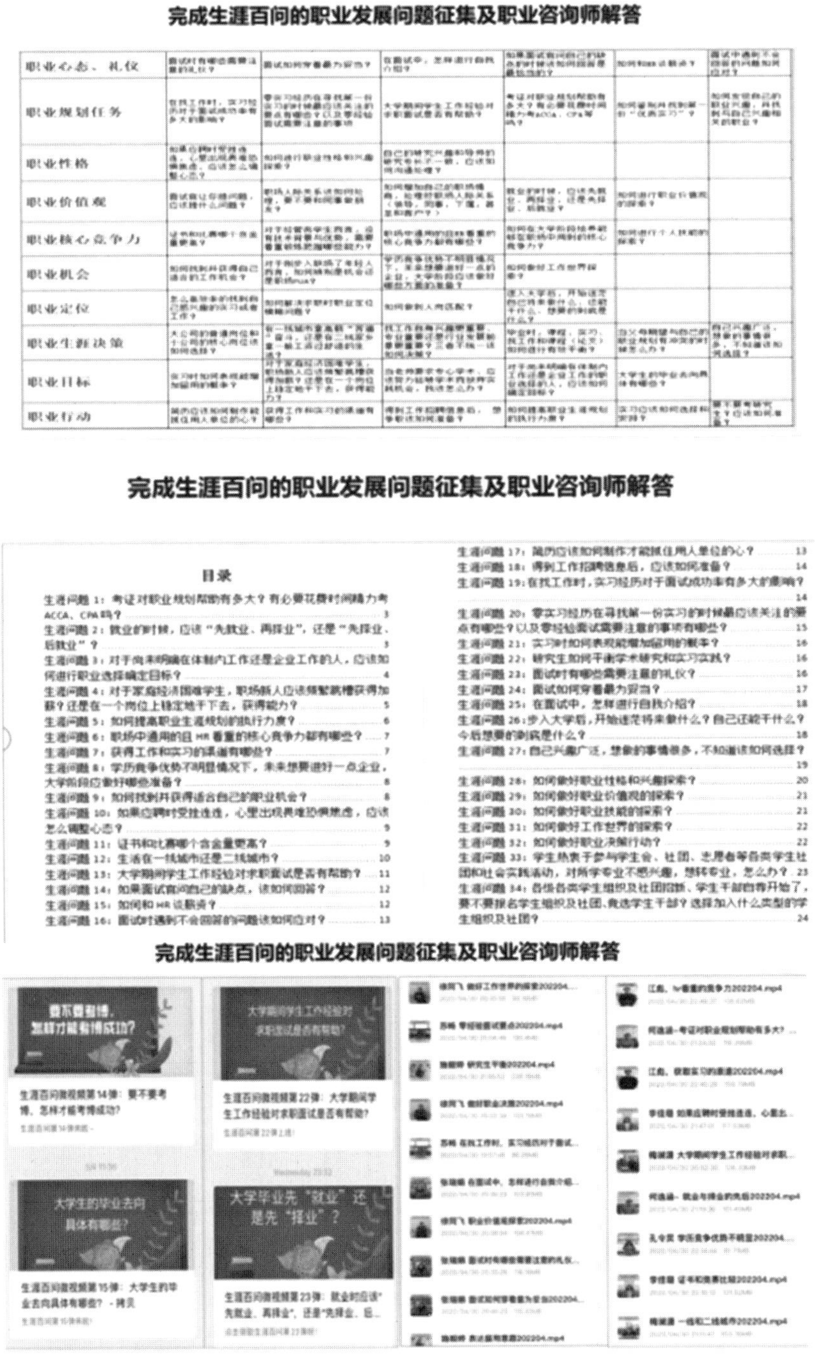
完成生涯百问的职业发展问题征集及职业咨询师解答
职业心态、礼仪
职业规划任务
职业性格
职业价值观
职业核心竞争力
职业机会
职业定位
职业生涯决策
职业目标
职业行动
完成生涯百问的职业发展问题征集及职业咨询师解答
目录
生涯问题 1：考证对职业规划帮助有多大？有必要花费时间精力考ACCA、CPA吗？ 3
生涯问题 2：就业的时候，应该“先就业、再择业”，还是“先择业、后就业”？ 3
生涯问题 3：对于尚未明确在体制内工作还是企业工作的人，应该如何进行职业选择确定目标？ 4
生涯问题 4：对于家庭经济困难学生，职场新人应该频繁跳槽获得加薪？还是在一个岗位上稳定地干下去，获得能力？ 5
生涯问题 5：如何提高职业生涯规划的执行力度？ 6
生涯问题 6：职场中通用的且 HR 看重的核心竞争力都有哪些？ 7
生涯问题 7：获得工作和实习的渠道有哪些？ 7
生涯问题 8：学历竞争优势不明显情况下，未来想要进好一点企业，大学阶段应做好哪些准备？ 8
生涯问题 9：如何找到并获得适合自己的职业机会？ 8
生涯问题 10：如果应聘时受挫连连，心里出现畏难恐惧焦虑，应该怎么调整心态？ 9
生涯问题 11：证书和比赛哪个含金量更高？ 9
生涯问题 12：生活在一线城市还是二线城市？ 10
生涯问题 13：大学期间学生工作经验对求职面试是否有帮助？ 11
生涯问题 14：如果面试官问自己的缺点，该如何回答？ 12
生涯问题 15：如何和 HR 谈薪资？ 12
生涯问题 16：面试时遇到不会回答的问题该如何应对？ 13
生涯问题 17：简历应该如何制作才能抓住用人单位的心？ 13
生涯问题 18：得到工作招聘信息后，应该如何准备？ 14
生涯问题 19：在找工作时，实习经历对于面试成功率有多大的影响？ 14
生涯问题 20：零实习经历在寻找第一份实习的时候最应该关注的要点有哪些？以及零经验面试需要注意的事项有哪些？ 15
生涯问题 21：实习时如何表现能增加留用的概率？ 16
生涯问题 22：研究生如何平衡学术研究和实习实践？ 16
生涯问题 23：面试时有哪些需要注意的礼仪？ 16
生涯问题 24：面试如何穿着最为妥当？ 17
生涯问题 25：在面试中，怎样进行自我介绍？ 18
生涯问题 26：步入大学后，开始迷茫将来做什么？自己还能干什么？今后想要的到底是什么？ 18
生涯问题 27：自己兴趣广泛，想做的事情很多，不知道该如何选择？ 19
生涯问题 28：如何做好职业性格和兴趣探索？ 20
生涯问题 29：如何做好职业价值观的探索？ 21
生涯问题 30：如何做好职业技能的探索？ 21
生涯问题 31：如何做好工作世界的探索？ 22
生涯问题 32：如何做好职业决策行动？ 22
生涯问题 33：学生热衷于参与学生会、社团、志愿者等各类学生社团和社会实践活动，对所学专业不感兴趣，想转专业，怎么办？ 23
生涯问题 34：各级各类学生组织及社团招新、学生干部自荐开始了，要不要报名学生组织及社团、竞选学生干部？选择加入什么类型的学生组织及社团？ 24
完成生涯百问的职业发展问题征集及职业咨询师解答
要不要留博，怎样才能考博成功？
大学期间学生工作经验对求职面试是否有帮助？
大学生的毕业去向具体有哪些？
大学毕业先“就业”还是先“择业”？

生涯百问材料与微视频

毕业生之星

在项目案例实施过程中，“立德树人”价值引领和思想塑造始终在“三全育人”的理念下贯穿各个环节，通过对“四困生”分阶段、分项目的育人模式，网络思政在整个工作室育人过程中起到了举足轻重的作用，辅以工作室线下活动，实现了全程内部闭环高效育人，内外双循环资源对流，即对应了“3F- 职业志”双循环职业发展体系设计框架，工作室自我造血，达到了良好的预期效果。矩阵中各外宣平台发声一致又各有侧重，如“阳光小筑”着重宣传优秀毕业生，“思考着的芦苇”着重推送《生涯百问》系列微课，“外院职业生涯发展工作室”侧重讲好生涯故事，取得了聚合传声、价值引领、百花齐放的效果。

四、工作成效与经验

工作室网络思政育人案例在运营期间产生诸多成果：发表各类生涯相关推文 305 篇，学术论文 5 篇，出版学术著作 4 本，教学科研获奖 5 项，竞赛获奖 10 项，组织和指导学生参加各类竞赛获奖 18 项，大创项目国家级立项 5 项，并形成工作室自身特色和经验，现总结如下：

1. 学生类别细分、学习阶段细分、板块细分

随着 VUCA（Volatility，Uncertainty，Complexity，Ambiguity）、后疫情和“互联网 +”时代的来临，学生在现实世界和虚拟世界（互联网为主）生活学习的边界越来越模糊，且投入虚拟世界的时间精力占比逐步增加，学生个性化倾向明显，这就要求网络思政教育需要更加细分化。本工作室网络思政采取的是按照学生类别细分（四困生）、学习阶段细分（Freshman，Forge，Futures）、板块细分（网络思政板块）执行。

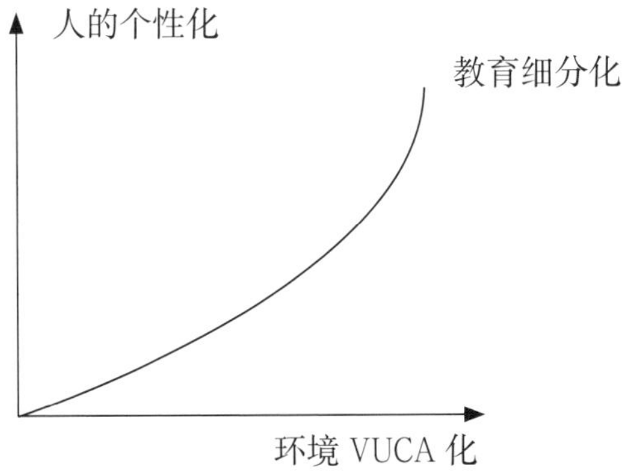

环境 – 人个性化示意图

2. 根据细分明确任务，与学生实际情况紧密贴合

在工作室形成的“3F- 职业志”双循环职业发展体系设计框架的指导下，网络思政需要根据培养目标细分项目，明确任务，与学生实际情况紧密贴合。针对刚入校的“四困生”新生（Freshman），“生涯引领双带双培计划”在实施过程中，为“四困生”配备生涯导师 + 研究生导生，常规情况须有线下辅导，但在疫情常态化情况下，须借助网络进而进行一人一策精准帮扶咨询，并取得良好效果。针对大二大三学生（Forge）开展的“3F- 职业志”生涯训练营线上项目，对“四

困生”起到了磨炼成长作用，两年期间共举办四期生涯训练营线上项目，邀请各行业四十余名大咖做客直播间，为学生线上授课答疑，观看学生累计超过万人次。针对大四学生（Futures）开展网络思政生涯百问答疑、生涯研讨会、生涯故事微视频等活动，帮助学生临门一脚顺利步入社会，也能够回顾学生自身成长发展，形成总结性经验。生涯百问相关推送平均阅读量达到120+，答疑视频录制主要由本校教师负责，除30名本校教师外，还有3名外校教师参与；参与该活动的学生约880人，其中本校500人，其余为外校学生。已推出答疑视频40期，累计超过300分钟；生涯研讨会邀请到全国各地高校生涯工作室近40家，群策群力，为生涯发展指点迷津；生涯故事微视频为优秀受资助学生摄制10部优秀事迹宣传片，带动校内3 500余名学生参与其中，工作室指导专业视频团队“VIM微影工坊”申报立项，项目在2021和2022连续两年获得大学生创新创业训练计划创业实践类国家级立项，并参与2021年“互联网+”大赛国际赛，荣获全国铜奖，讲好了中国学生的生涯故事。两年期间近50人已成功走向社会岗位或考取“双一流”高校研究生，其中不乏走入拼多多等互联网大厂的校友，进而又通过线上的方式进入工作室生涯共进俱乐部实体项目，反哺学弟学妹，形成长期共建帮扶机制，内外形成良性对流赋能，更能印证工作室的网络思政育人的科学性。

3. 防止去中心化的情况发生，统一步调，正面回应学生关切

当前形势下，网络新媒体越来越趋于构建景观社会，用视频的方式构建社会的拟态环境，“抖音”“快手”“哔哩哔哩”等视频社交网站内容对当代大学生的思想和行为产生了深刻的影响。越来越多的大众习惯于使用视频社交主动创造拟态环境，新媒体使社会主体中心从主流价值不断延展至多元价值，主流价值观由此被“去中心化”，这对于高校思想政治教育是一大挑战。例如，在生涯决策讨论考研还是工作

的问题，不同的生涯工作室对外平台发表带有不同倾向色彩的见地，很多主观色彩极其浓厚，并未做过多少研究的个人媒体也会误导学生，这就容易消解核心声音，因此建立新媒体矩阵意图就在防止去中心化。越多的对外发声平台声音一致，有科学的理论和实践指导，越能正面回应学生关心的生涯问题，越强的主流价值观就越容易被传递，建设微信矩阵和新媒体矩阵更有利于网络思政育人。

4. 秉持“三全育人”，创新发展虚拟现实教育

工作室始终秉持“三全育人”（全员育人、全程育人、全方位育人）的理念，创新式发展虚拟现实教育，将传统的只在网络上听课变成网络听课现实实践，这增强了学生的用户黏性，也起到了良好的教育效果。工作室编制各项训练手册，开发生涯百问、生涯视频的方式，极具灵活性，能够根据学生自身情况有的放矢安排，给足了学生自我学习的空间，又不失方向性引领和质量监控，这种灵活进行资源配置、服务学生生涯发展的方式，让线上线下育人资源“为有源头活水来”，学生眼界逐步打开，思维愈发发散灵活，主观能动性越来越强，逐渐从生涯发展的“必然王国”走向“自由王国”，做到了“授人以渔”。工作室构建出的这一职业内外双循环体系用于网络思政教育，也便于其余的生涯育人工作室参考，具有较高的借鉴性。

专家点评

习近平总书记在宜宾学院考察时对同学们说：“幸福生活是靠劳动创造的，大家要保持平实之心，客观看待个人条件和社会需求，从实际出发选择职业和工作岗位，热爱劳动，脚踏实地，在实践中一步步成长起来。”为避免学生职业定位不明确，缺乏职业目标，高校应尽早开展职业生涯发展教育。随着我国高校毕业生数量剧增，大学生就业面临严

峻挑战。与此同时，高校毕业生普遍存在就业期望过高、职业生涯规划模糊、专业实践能力不足、求职技能缺乏等问题，就业能力亟待提升。对高校而言，要从大学新生入学起就开始为其职业生涯和发展考虑，快速、准确、创造性地施展职业生涯教育，为大学生就业做好铺垫。

上海对外经贸大学成立了“3F-职业志”生涯育人工作室，项目育人导向清晰，与校内外众多辅导员工作室进行网络思政育人联动，创新网络思政教育渠道，拓展网络思政教育场域，激活网络思政教育资源，打造优秀网络文化作品，培养学生正确世界观、人生观、价值观、就业观及职业发展能力，把生涯发展融入大学生涯全周期，帮助“四困生”就业纾困，切实展现职业自信，充分增强职场竞争力，并创新搭建“三全育人”网络思政平台为学生职业生涯发展赋能。就业是民生之本、发展之基，“3F-职业志”工作室全面贯彻落实党和国家高等教育方针，在习近平总书记关于教育的重要论述的指导下，把立德树人作为根本任务，大力推行生涯帮扶、价值引领、职业发展、自我造血等可复制、可推广的网络思政育人模式，让对外宣传的呼声齐、意见明、力度大，让思政教育润物于无声。

（点评人：李吉彬）

从“新”媒体走向“心”媒体

——上海电力大学“青春 SUEP”微信公众号网络育人案例

一、案例概述

上海电力大学团委结合全国高校思想政治工作会议精神、《高校思想政治工作质量提升工程实施纲要》要求与学校实际，倾心打造“青春 SUEP”微信公众号，推进校园网络文化建设，构建健康网络精神家园。“青春 SUEP”微信公众号于 2014 年 5 月正式创建，将用户体验感作为平台建设的重要指标，创设“电荔兄妹”作为平台的吉祥物，立足青年学生成长，用青春的能量，做青年的代言者、上电的宣传者、青春的奋斗者、党的路线方针政策的积极践行者和传播者，力求打造有原则、有温度、有特点的网络教育新阵地。校团委通过整合资源，探索“2+X”模式，用学生喜闻乐见的方式打造多样的品牌活动，有利于巩固网络意识形态教育新阵地，提升网络育人实效性。

二、工作目标与思路

工作目标：为打造青年学生群体中有影响力的新媒体平台，上海电力大学校团委加大“青春 SUEP”微信公众平台的打造力度，旨在通过“2+X”模式深化青年学生的价值引领，拓宽新媒体平台建设的人才力量，提升网络意识形态教育传播力度。

工作思路：“青春 SUEP”微信公众号重点打造“榜样人物”“青年之声”“好老师特刊”“青年大学习”“党团史加油站”等品牌栏目；打造“电荔”元素，推广创意品牌，通过设计平台专属文字 logo 及吉祥物“小电荔”，开发“小电荔”文创产品，用学生喜爱的元素，呼应青年学生的需求，从而全力打造在青年学生群体中有影响力的新媒体平台，切实加强网络育人实效。

三、实施方法与过程

1. 整合资源，探索“2+X”育人模式

2015 年 8 月上旬，为全力打造青年学生群体中有影响力的新媒体平台，校团委整合资源，联合学生会和社团联，将“青春 SUEP”作为团学社三家唯一的微信公众平台。平台队伍建设采取“2+X”模式，把队伍建设作为工作重点。

“2”指的是：1 支“青春 SUEP”在编团队（由 1 名指导教师、2 名主任，2 名副主任、1 名技术部部长、1 名记者团团长，若干名干事组成）；1 支“青春 SUEP”联络员团队（由团委、学生会、社团联及二级学院相关部门的同学组成，主要负责提供相关部门的素材）；“X”指的是：“青春 SUEP”的文化品牌创建团队、记者团队伍及其他团队、新生新媒体体验营等。平台队伍的“2+X”模式，大大提升了平台对校园角落的渗透性，增强平台推送内容的时效性，有效整合了校园新媒体力量，保障队伍活力，确保日常运营有序进行。

2. 塑造品牌，构建“N 个专栏”青年沟通模式

作为一个贴近师生的公众号，“青春 SUEP”成立之初，就把服务功能放在微信运用的首要位置，重点打造两大平台 N 个专刊：

专栏一：“青年说”，以寻访“四大名捕”、校友经验交流、校园明星采访、榜样人物、好老师特刊等形式挖掘青年师生中的典型，塑造青年师生楷模，发挥青年学生榜样的力量，营造健康向上的积极氛围。“青年说”发布 30 期以来，累计关注量达 8.8 万多人次，在青年学生群体中引起了良好的反响。

专栏二：“青年之声”，倾听青年学生的声音，结合“街头采访”的推送，将维权意识宣传与维权服务窗口相结合，提升青年学生群体的维权意识。

专栏三：“看见你的声音”，每两周末开设专刊，以话题发布、线上征集、专刊推送的形式，倾听青年学生的内心世界，固定开设青年学生喜爱、关注的话题。自专栏开设以来，累计推送 9 期，阅读量达到 1.3 万人次。

3. 创造人设，打造“电荔”青年形象

在平台用户数量跨越式提升的同时，该公众号注重平台推送的质量及自身品牌建设，设计“青春 SUEP”微信公众号专属文字 logo、设计平台吉祥物“电荔哥哥”“电荔妹妹”，开发“小电荔”元素的相关文创产品，增加粉丝对平台的认同感和归属感，用青年喜爱的元素黏合粉丝。目前，依托平台开发的“青春 SUEP”文化衫、“小电荔”专属钥匙扣、明信片、便利贴等，受到广大青年学生的喜爱。公众号创建了 70 款“小电荔”形象来黏合青年需求，“学院版小电荔”“十二星座小电荔”“传统节日小电荔”“小电荔表情包”“小电荔年味壁纸”等，设计制作多款“小电荔”漫画，被广大青年喜爱，连续两年在

五四青年节当天发起“学院版小电荔”和“青年脸萌”头像接力活动，受到“青春上海”转发。如：今年迎新期间，“青春 SUEP”原创设计的十二星座定制矿泉水、土味情话可乐，将学校发展简史、“十二星座小电荔”、学生对上电校园热爱的土味情话等元素融入其中，成为青年学生群体中的“爆款”饮料，也成为青年学生“朋友圈刷屏”的内容。

4. 内容为王，融入青年学生的价值引领

牢牢把握内容是微信平台建设的生命线这一宗旨，依托建团百年的重大时间节点，平台制作《五四百年梦，青春正当时》主题推送，以“青春向团组织报到”短视频烘托青年爱国爱党爱团的情怀，以“小电荔”穿越五四百年历史长河，号召青年团员铭记历史，传承五四精神。尤其是今年疫情期间，平台立足校园一线，抓住校园各条线参与疫情防控的暖心事、感人事，设计“战疫青春”的特刊，用心用情讲好上电战“疫”故事，篇篇精品、鼓舞人心，专题推送累计阅读量达到 10 万 +，营造了积极向上的校园网络氛围。依托春季校园招生季，原创拍摄《上电一分钟》，将学校办学理念、校园故事和校园风景等内容完美融入，在校内各大电子屏滚动播放，营造爱校荣校氛围，单篇微信阅读量 5 600 人次。

四、工作成效与经验

1. 成为青年学生的网络聚集地

截至目前，后台拥有粉丝 24 320 人，基本实现全校师生的全覆盖，累计推送 1 147 期推文，阅读数总计 360 万余次，图文转化率达 12.5%，先后多次上榜团中央学校部、腾讯微校东部地区榜、南方周末中国高校微信公众号排行榜、青春上海等多个榜单。2015 年，“青春SUEP”获上海市新媒体工作示范项目奖；2016年，“青春SUEP”入围“团中央学校部高校共青团微信公众号全国百强”；2017年，“青春SUEP”获上海市共青团新媒体大赛飞跃创新奖；2018年，“青春SUEP”多次入围“团中央学校部全国高校共青团微信公众号百强榜”，最好成绩第8名，受团中央学校部推荐3次，获上海优秀校园媒体奖；2019年，获批成立“青春上海”上海市新媒体工作站；2021年，“青春上海”上海市新媒体工作站建成；2022年，获批上海校媒五星级媒体单位。

2. 成为新媒体人才培养的训练营

“青春SUEP”微信公众号，创建8年以来，通过“2+X”的队伍建设模式，建设以选题会、内容编辑、配图编辑、排版编辑、运营编辑、后台推送及数据分析等6个步骤的运营机制。人才培养上，加强新媒体人才横向与纵向上的平台运营体验，全方位培养新媒体人才。创建“新生新媒体体验营”以来，采取专业教师“指导”与有经验学长“带教”结合的形式，在新媒体意识培养、新媒体技术训练、新媒体素养培训、新媒体平台建设等方面加强培训，每年培养了300多名新媒体人才，向学校各级新媒体平台输出优秀人才。同时积极选拔优秀的新媒体人才，累计推荐50名学生赴“上海学联”“青春上海”等校外微信平台实习、实践，为校外单位输出人才。

专家点评

党的二十大报告提到：“我们要建设具有强大凝聚力和引领力的社会主义意识形态，牢牢掌握党对意识形态工作领导权，全面落实意识形态工作责任制，巩固壮大奋进新时代的主流思想舆论，加强全媒体传播体系建设，推动形成良好网络生态。”守住意识形态主阵地，事关党的前途命运，事关国家长治久安，事关民族凝聚力和向心力，事关团结和凝聚最广泛的青年力量。在2021年致首届中国网络文明大会的贺信中，习近平总书记指出，“要坚持发展和治理相统一、网上和网下相融合，广泛汇聚向上向善力量。”当前，网络思想政治教育已然成为加强思想引领、培育青年向上的重要抓手，我们必须主动抓住网络空间这一重要阵地，不断推动网络思想政治教育内容、方式和评价系统性范式建设，从而不断培育当代青年的时代责任感，助推其成为实现中华民族伟大复兴的先锋力量。

上海电力大学立足学生成长，深化价值引领，创建“青春SUEP”微信公众号平台，充分探索“2+X”模式，扩大了平台对于校园的渗透力，增强了推送内容的时效性、针对性；通过打造“榜样人物”“青年之声”等多个品牌栏目，强化与学生间的交流沟通，创新思想政治教育工作的方式；对学生人群进行定位与设计，打造贴近学生的“电荔兄妹”卡通形象，增强学生的认同度；在建团百年、疫情封控、春季校园招生季等特殊节点上坚持内容为王，传递社会主流价值观，实现思想引领，提升了网络育人的实效性。

（点评人：王震威）

“网络思政教育”创新实践

——上海电力大学电信学院团队优秀工作案例

一、案例概述

党的十八大以来，党中央高度重视网络阵地建设和网络宣传思想工作，习近平总书记多次就网络安全和信息化发表重要讲话、作出重要批示，强调要根据形势发展需要把网上舆论工作作为宣传思想工作的重中之重来抓，深刻阐述网络安全和信息化工作的重大意义、战略目标和重要举措，这是我们做好新形势下的网络建设和管理、创新高校网络思想政治教育工作的重要指南。

上海电力大学电子与信息学院积极贯彻落实国家教育信息化建设要求，全面推进信息化战略，推动信息技术与教育方式有机融合，以信息化推动学校网络育人平台建设，实现了“互联网 +”背景下具有学院鲜明特色的学生网络化思政教育工作的发展创新。

二、工作目标与思路

工作目标：近年来，学校学生网络化管理顺应时代发展潮流，紧跟网络信息技术发展步伐。电信学院为响应国家号召，加强学生思想政治教育，创新网络思政，发挥网络思政育人功效，坚持打造“有态度、有厚度、有温度”的创新网络思想政治教育平台体系，迈开了“互联网 +”时代学生网络化思政教育发展的步子。

工作思路：当前，网络生活已成为当代大学生的常态，对大学生思想行为也带来了全方位、深层次的影响。学院将紧贴学生思想实际，遵循互联网发展规律，加强思想引领，切实推进网络思想政治教育深入发展，筑牢学生思想根基。大学文化是开展网络思政教育的重要内容，是青年学子凝心铸魂、固本培元的重要途径。对大学生来说，固本培元就要从他们身边的实际做起，从培养爱校情怀出发，进而培育他们的爱党和爱国情感。电信学院充分挖掘校本文化资源，将中华优秀传统文化、革命文化、社会主义先进文化融入校本文化的日常宣传教育中，将校本文化的“水库”转化为思政育人的“活水”，将大力弘扬中华优秀传统文化与校园文化建设相结合，深植学生精神家园。随着网络的全球覆盖、全员覆盖、全时覆盖，网络时代的大学校园生活，时空无限。学院网络思政工作将进一步贴近学生思想、情感和生活实际，充分发挥学生的主体作用，调动学生积极性和主动性，打造有温度的网络思政文化，满足青年学生成长成才发展的需求和期待。

三、实施方法与过程

1. 立足思想引领，遵循“内容为王”

网络新媒体建设内容为王，对于创新网络思想政治教育工作而言，教育资源则是它的“王牌”所在。为此，必须充分发挥高校组织资源优势，抓住学生学习的刚性需求，最大程度汇聚课内外、校内外优质资源，并从优化学生体验出发，遵循互联网等新媒体传播规律进行内容再造，用碎片化、互动化、交互性的方式来传播学习内容，让学生通过长短课程、生动视频自然而然学习，同时把思想教育内容以潜移默化的方式融入其中。

2022 年 1 月，电子与信息工程学院微信公众号“上海电力大学电信学院”完成官方注册认证。3 月 19 日电信学院创新网络育人载体，开启了微信公众号同平台绑定的视频号“鱼书雁信 Pro”。

2. 拓展网络形式，丰富学生生活

随着网络的全球覆盖、全员覆盖、全时覆盖，网络时代的大学校园生活，时空无限。学院充分发挥学生的主体作用，连续七年在宁夏回族自治区固原市开展暑期社会实践，传播电商思想，开展电商培训班，依托“互联网 +”，用青年力量直播带货农特产品，助力当地乡村振兴。

此次青春助农直播带货活动以消费助农行动为抓手，以销售助农产品为重点，推动了线上线下消费助农行动的良性循环，有助于巩固脱贫成果，推动乡村振兴。实践队作为首个大学生实践团体与国务院扶贫办全国试点单位——中国消费扶贫生活馆固原馆合作成立“电商孵化基地”，构建电商生态圈，发挥校企双方优势，扩大助农效益覆盖面。

除此之外，实践队员在当地开展了电商培训。在宣讲前了解当地实际情况，调研当地常用电商软件，根据不同软件，调整丰富宣讲内容，并增加一些符合当地情况的现实案例，同时根据不同地区培训对象的文化程度，将所讲内容调整为更加直观、浅显易懂的语言。在电商培训宣讲现场为培训对象分发实践队员前期制作的《电商培训手册》，在宣讲过程中多留意观察学员感受，与其进行适当的互动。总结实践队前期带货直播过程中出现的问题，总结经验，在电商培训现场为培训对象进行直播经验分享。为使参加培训的学员更加直观地了解直播带货的具体操作流程，实践队员现场开设直播间，现场演示直播话术用法以及直播注意流程，并与在场学员一起展开直播活动。

3. 遵循网络规律，深化思政教育

学院紧贴学生思想实际，遵循互联网发展规律，利用线上直播的方式推进信息化建设，不断深化学生网络思想政治教育。

实践队认真学习习近平总书记发表的文章《用好红色资源，传承好红色基因，把红色江山世世代代传下去》，依托宁夏固原当地红色文旅景点，走进将台堡红军长征纪念碑、单家集革命旧址、梁云文化大院，面向群众开展了两场文旅直播，传承伟大红军精神，凝聚起奋进新征程的强大力量。

四、工作成效与经验

1.“鱼书雁信 pro”官方视频号

视频号启用至今发布短视频 30 条，阅读量已达 85 000 余次，获得了我校上百名师生的广泛关注。在 2022 年上海疫情防控之际，视频号抓住青年学生思维活跃的特点，采用学生喜欢观看、乐于参与的短视频形式，创新了网络传播的内容和语态，使思政教育更接地气、聚人心，增强了青年学生在情感和行动上的认同，有助于凝聚青年力量，充分发挥网络思政引领作用。

视频号发布了“师生共抗疫”的暖心视频。学生们“同心抗疫手势舞”的精彩演绎，营造出了轻松活泼、积极向上的氛围，缓解了同学们面对疫情的紧张情绪，该视频也代表我校在团市委“团在校园 上海学联”公众号推送；“云端健身房”视频带领足不出寝的同学们在寝室运动起来，一同云端健身，共建健康体魄；在“期待摘下口罩相见”的慢动作视频中，同学们坚定眼神下的温暖笑容，蕴藏着我们每个人对疫情尽早结束的美好期盼；在“男 / 女生寝室趣问答”视频中，同学们轮流回答有趣的网络题目，笑声连连、趣事不断，展现出准封闭期间电信学子乐观向上、积极响应号召的青年风采；“百变大白辅导员”更是让同学们感受到来自老师们深沉的守护和关爱，充分展现了“只要师生同心，我们一定能够早日迎来春暖花开”的决心。除此之外，视频号也及时发布了有关考研调剂、相关赛事等活动的信息。

2. 电信学院赴宁夏固原实践队

在共青团固原市委员会、原州区委宣传部、原州区文明办、原州区民政局、彭阳县妇联、西吉县妇联等多家单位指导协助下，实践队先后在原州区安和村、盐泥村、彭阳县和西吉县各地开展了多场电商培训活动。通过电商培训，使老乡们接受电商，看到电商平台的潜力，激发了当地广大农户在电商直播领域创新创业的热情，为乡村振兴注入活力，同时推动懂知识、专业能力强的“新农人”成为振兴乡村的“支点”，撬起农业农村现代化乡村振兴战略的总目标，推动农村经济的不断发展与进步。

3. 观念更新是前提

“互联网 +”时代背景下新媒体的快速发展和应用使育人环境产生了深刻的新变化，对育人方法和途径提出了新要求，各高校要紧跟网络时代发展的步伐，更新传统教育理念，善于借助和发挥信息技术的独特优势，因势利导，不断增强网络思政教育平台的实效性和影响力。

4. 队伍建设是基础

网络时代的思政教育体系依赖的不仅仅是技术工作，还需要一支高素质的管理队伍。高校思想政治教育工作者只有具备优秀的信息素养和网络修养，有效开展思政教育活动。一方面高校思想政治工作者要坚持正确的舆论导向，强化网络意识，加强主导信息的发布，把握思政教育的主动权；另一方面思想教育工作者要尽快提高自身适应和运用网络的能力，掌握信息技术手段，始终走在网络时代思政教育的前列。

5. 改革创新是关键

信息技术发展日新月异，社会多元化呈扩大之势，这使得高校教育管理工作和大学生思想政治教育工作面临着严峻的挑战。高校一定要适应时代发展的新要求，以改革创新的精神拓展工作内容，突出工作特色，不断增强工作的针对性和实效性。要敢于和善于利用博客、微博、移动互联、智能终端等新兴传播形式，开展富有时代特色的学生教育管理工作，不断扩大学生工作的影响力和覆盖面。要创新学生工作新载体，认真办好学生工作网站，开展好主旋律教育，增强对学生的吸引力，使学生网站成为重要的工作平台。要注意改进工作方法，强化服务意识，以服务实现管理的目的，使各项工作更加贴近学生。

专家点评

当前，互联网已经成为意识形态斗争的主阵地、主战场、最前沿。加强网络思政建设，是顺应信息时代发展潮流、在网络空间深化拓展思想政治工作的必然要求，是壮大网上主流思想舆论、牢牢把握意识形态工作主导权、主动权的迫切需要。党的二十大对做好新形势下思想政治工作作出了重要部署。我们要统筹做好网络思政建设这篇大文章，用主流思想舆论宣传、教育、引导、凝聚大学生。

上海电力大学电信学院为加强学生思想政治教育，顺应互联网发展趋势，不断创新网络思想政治教育的方式方法，充分挖掘优秀校本文化资源，将其转化成网络思政鲜活生动的教育素材；立足于学生现实需求，发挥学生的主体作用，通过打造丰富的网络思政文化来满足学生成长成才需求。这种依托信息化技术推动学校网络育人的模式为各高校创新网络思政育人方式方法提供了借鉴。

（点评人：李吉彬）

以易班为载体，让党史学习教育活起来

——上海立信会计金融学院旗帜“E”线·易班党建工作室案例

一、案例概述

2021年迎来党的百年华诞，全国上下掀起了党史学习教育热潮。如何在大学生群体中深入扎实开展党史学习教育，让党史学习教育入脑入心，走实走深是每位思想政治教育工作者需要思考的课题。党的十九大深刻指出，在互联网时代，党建工作的开展模式也面临新形势新任务，互联网技术对党建的影响，始于工具应用，成于思维转变。上海立信会计金融学院财税与公共管理学院以旗帜“E”线·易班党建工作室为统领，以易班工作站为主体，利用易班网络平台优势，打破教育时空壁垒，开展了学生喜闻乐见的多种形式、多重维度的党史学习教育，实现了易班与党史学习教育的深度融合，推动党史学习教育常态化、长效化。

二、工作目标与思路

工作目标：坚持以立德树人为根本任务、以学生为主体，充分发挥易班在网络思想政治教育中的主体作用、网络文化建设中的引领作用，推动易班与党史学习教育的深度融合。

工作思路：以网络育人为工作落脚点，围绕党史学习教育要求，整合校内外资源，完善易班网络平台“思想引领、学生服务、文化传承”教育内容，充分发挥网络思政优势，挖掘红色资源，传承红色基因。把握重大历史节点，有效结合当下时事热点，发挥易班网络思想政治教育优势，加强对学生价值观的引导，实现网络思想政治教育和大学生党建工作的双提升。聚焦网络思政工作体系，注重顶层设计，夺取网络思政高地。召开研讨会，明确制定党史学习教育计划和任务，明确实施阶段的工作任务和重点：第一，设计易班党史学习教育平台具体子项目，制定实施改革总体方案；第二，积极探索党史学习教育工作规律，完善工作机制，增强工作实效，形成可复制可推广经验。

三、实施方法与过程

旗帜“E”线·易班党建工作室依托学院易班工作站开展党史学习教育，在学院易班工作站建设基础上进一步深化“易班＋党建”的有机结合，立足学校情况，结合自身特点，聚焦时政热点，采用线上网络育人和线下活动教育相结合的方式，重点突出易班网络空间搭建，调动学生参与热情，推动党史学习教育蔚然成风。

1. 在微社区学习中让党史贴近思想实际

工作室充分发挥易班微社区的优势，开辟“党史百年·历史回眸”专栏，每周转载中央党史和文献研究院网站《党史百年·天天读》栏目内容，全景式回顾了党的伟大历程和辉煌成就。专栏迄今已推出党史学习系列推文 50 余篇，阅读总浏览量近千人次，充分发挥了互联网在宣传普及党的历史知识和理论创新成果上的重要作用。各学生党支部于易班平台开展“遇见红色，永远跟党走”“同读‘四史’，共悟担当”等“悦读经典”活动，阅读《中国共产党90年》等红色书籍，通过易班的线上学习使学生们对党史有了更全面的了解。

2. 在快搭创作中让党史可听可看

工作室指导学生党支部充分利用易班网络空间快搭应用，开设“学习有声”专栏，设有“学习金句”“学习感悟”等板块，发布“学习有声丨悦读经典《中国共产党简史》”“学习有声丨悦读经典《中国共产党党章》”两个主题帖。学生们录制习近平总书记精彩讲话和党史书籍阅读中最有感悟的章节诵读音频；通过线上录制、制作视频、易班打卡的形式，打造了互学互帮、互相促进的党史学习“云课堂”，变传统输入型学习为有声有色的主动输出型学习。悦读经典活动共收到同学们304篇阅读感悟、425条学习金句和18个Vlog视频，进一步激发了同学们坚守初心跟党走、砥砺前行担使命的青春斗志。

3. 在实地寻访中让党史传播融合

工作室积极响应并参与上海市“网络青春力量献礼百年华诞”大学生“红色寻访专列”活动，开展“回望百年路，易代筑梦人”暑期社会实践、“重走建党百年路，学史力行青年说”创作活动。学生们实地参观打卡了中共一大会址、孙中山故居纪念馆等上海红色场馆，进一步亲身感受中国共产党风雨兼程的百年历史和中国共产党领导中国人民取得的伟大历史成就。学生们还将红色寻访打卡活动作为“酵母”，挖掘引进背后的红色故事和蕴含的红色精神，制作成视频，以通俗易懂的方式呈现给其他学生，做党史学习教育的传播者，让党史学习真正“活起来”。

4. 在线上线下结合中让党史学习教育边界延伸

工作室线下开展了“迎百年华诞，献易心向党”献礼主题征集、财税易班红歌大赛、“旭日”大学生党史宣讲、支部志愿服务等丰富的党史学习教育，线上借助“立信财税易班”微信公众号等官方平台，利用公共群社区、轻应用快搭、优课、上墙等多项功能，与线下活动相结合，将党史学习教育延伸至每位学生。

四、工作成效与经验

1. 党史学习教育得到深入开展，成效良好

自党史学习教育开展以来，学生累计参与近万人次，活动覆盖面广、互动性强，既帮助广大同学利用碎片化的时间学习了党史，又帮助大家增强了对党史的理解与感悟，进一步提升了理论素养。学院党史学习教育也取得了良好的社会反响，多个活动推文被教育部易班网转载并荣登教育部易班网“今日头条”。

2. 易班平台不断延伸，易班网络思想政治教育作用充分发挥

党史学习教育多依靠易班功能开展，如易班平台中优课、轻应用、易瞄瞄、班级网络空间等功能，学生对于易班使用度和熟练度逐步提升，达到学生和易班平台的深入融合。党建工作与易班平台的融合不仅加强了网络思想政治教育工作的生动性、趣味性和时代性，让党建工作更接地气、更贴近学生，同时也增加了易班平台的思想性内容，提高了易班平台整体的思想高度。工作室开展综合性网络空间建设，进一步促进易班平台的完善，助推易班轻应用功能的开发，进一步增强易班活动的吸引力，激发同学们活动参与的热情，更有效地发挥易班网络思政的多功能作用。

3. 易班品牌知名度不断提升，打造多项网络优秀作品

新一轮旗帜“E”线·易班党建工作室在原有建设的基础上，工

作内容更加充实，工作机制更加完善，工作实效更加加强。工作室旨在提升党史学习教育的实效性，以做好大学生思想政治教育为宗旨，以大学生党建为内容，以易班网为载体，将大学生党建拓展到易班网络空间，促进网络思想政治教育和大学生党建工作的双提升，实现易班与党史学习教育的深度融合，形成可复制可推广经验，打造易班名师工作室品牌和“同心守‘沪’春暖花开”抗疫主题网络文化原创作品等多项网络优秀作品。

4. 线上线下相互融合，一体化育人作用进一步凸显

工作室采用以线上为主、线下为辅的新模式开展各类党史学习教育。工作室轻应用快搭平台专设“榜样力量”栏目，展示支部“榜样的力量——老党员系列采访”，分享他们的入党初心。同时，教师们把自己学习、工作中的深刻感悟与各项党史学习教育相结合，借助于易班的网络平台作用，使教师网络育人的作用进一步得到凸显。搭建的网络思想政治教育一体化平台，充分调动并发挥出了广大师生的能动性，实现线上线下育人矩阵化，推进相关工作的流程网络化、沟通交互化、服务人性化、信息数字化，扩大了网络育人的覆盖面和服务面，实现网络思想政治教育“润物细无声”。

5. 打破教育壁垒，开展多重维度党史学习

工作室推进易班快搭平台线上“云”展示教师与学生学党史的感悟，每周定期推送“党史学习・信仰之基”栏目内容，充分发挥线上宣传普及党的历史知识和理论创新成果的重要作用。“易”之“易”起学党史专题教育组织学生线上观看党史教育视频、完成党史知识问答，同时组织学生线下自行前往红色基地打卡或演唱红色歌曲。多维度的活动让学生从各方面了解党史，提高学生学习趣味，在潜移默化中占领网络思想政治教育阵地，实现思想政治教育线上与线下深度融合。

6. 围绕党建工作突出需求，形成三位一体易班党史学习模式

发挥易班平台优势，建立易班党支部，形成“班级－支部－学院”三位一体的易班党史学习教育模式。围绕党建工作突出需求，实现学习党的精神、党建业务规范、分享基层党建动态、宣传先进典型事迹、党员线上学习交流、促进管理服务等方面核心功能，将党支部建设延伸到网络，实现线上线下一体化管理，构建网上网下同心圆。结合学生党支部特点，围绕易班共享功能，建立易班网络党支部优课群，党员、入党积极分子通过易班进行线上交流，营造线上“传帮带”的良好氛围。

7. 打通线上线下，形成“上下结合”的新模式

积极探索了思想政治教育的“线上－线下”融合新模式。线上做好网络思政教育，积极利用易班这个集教育教学、生活服务、文化娱乐于一体的网络空间平台，主动占领网络制高点；线下定期开展学院易班常规性活动以及结合时政热点的特色活动，增强现实思政工作的亲和力与教育性，将思政教育延伸至每位学生，充分彰显易班线上线下多途径互动的优越性。

专家点评

习近平总书记强调，我们党历来重视党史学习教育，注重用党的奋斗历程和伟大成就鼓舞斗志、明确方向，用党的光荣传统和优良作风坚定信念、凝聚力量，用党的实践创造和历史经验启迪智慧、砥砺品格。党的十八大以来，党中央高度重视学习党的历史，提出了一系列要求。因此高校要以习近平新时代中国特色社会主义思想为指导，牢牢掌握网络意识形态工作主动权，引导推动党史学习教育“主力军”进

入网络平台这个庞大阵地，牢牢占据舆论引导、思想引领、文化传承的传播制高点，使网络正能量更充沛、主旋律更高昂，让党的主张成为网络空间最强音。

上海立信会计金融学院财税与公共管理学院以旗帜“E”线·易班党建工作室为统领，以易班工作站为主体，利用易班网络平台优势，打破教育时空壁垒，开展了学生喜闻乐见、形式多样、多重维度的党史学习教育，实现了易班与党史学习教育的深度融合，推动党史学习教育常态化、长效化。依托易班推进党史学习教育的信息化和智能化，激发了学生传播党史学习教育的热情，把党史知识与思想教育相结合，实现了宣传效果的最大化和最优化，让党的声音传得更开、传得更广、传得更深入。

（点评人：李吉彬）

“百年辉煌——党史故事绘”打造立体式红色育人阵地

——上海应用技术大学艺术创作党史故事案例

一、案例概述

百年恰是风华正茂。2021 年正值中国共产党成立一百周年，党的百年是矢志践行初心使命的一百年，是筚路蓝缕奠基立业的百年，是创造辉煌开辟未来的百年。习近平总书记指出，在一百年的非凡奋斗历程中，一代又一代中国共产党人顽强拼搏、不懈奋斗，涌现了一大批视死如归的革命烈士、一大批顽强奋斗的英雄人物、一大批忘我奉献的先进模范，形成了一系列伟大精神，构筑起了中国共产党人的精神谱系，为我们立党兴党强党提供了丰厚滋养。

习近平总书记曾在党史学习教育动员大会上提出：“要鼓励创作党史题材的文艺作品。”党的十九届五中全会明确提出 2035 年建成文化强国的远景目标。在建设文化强国的进程中，需要继承传统，需要立足时代，需要创新发展。新时代语境下，党史故事创作如何将引领力转化为吸引力，化大道理为身边事，融论述与抒情于一体，焕发出新的生机亟待思考。将党史作品可视化表达是艺术作品所特有的方式，同时也是广大创作者喜闻乐见的形式。中国共产党的百年伟大实践是最好的精神养料，也是最好的创作题材。

二、工作目标与思路

工作目标：在迎接中国共产党百年华诞之际，艺术与设计学院开展“百年辉煌——党史故事绘”活动，为党史故事创作艺术作品，以艺术作品的丰富表现形式，歌颂一代又一代中国共产党人顽强拼搏、不懈奋斗而形成的一系列伟大精神，歌颂视死如归的革命烈士，歌颂顽强奋斗的英雄人物，歌颂忘我奉献的先进模范，以艺术作品特有的可视化表达方式和广大师生喜闻乐见的形式，引导师生深入阅读党史，在学习党史中领悟中国共产党为什么“能”、马克思主义为什么“行”、中国特色社会主义为什么“好”，让红色基因、革命薪火代代传承，赓续共产党人精神血脉，鼓起迈进新征程、奋进新时代的精气神。

工作思路：艺术学院“百年辉煌——党史故事绘”活动围绕中国共产党党史中的重要历史时刻、重要历史人物和事件进行艺术再现，发动广大师生积极参与艺术创作，通过师生共创、共享、共悟，从党史故事汲取智慧和力量，将党史学习推向高潮。

百年百人百幅作品，作品创作融入党史故事，融入思政元素，贯穿于课堂内外，打造立体式、沉浸式红色育人阵地。自建党百年倒计时 100 天开始，启动“百年辉煌——党史故事绘”线上展示，每天在“上应艺术”微信公众号《百年辉煌——党史故事绘》专栏推出一个党史故事和 1~2 件艺术作品，创新党史叙述方式，使党史之实与艺术之美交相辉映，献礼百年华诞。

三、实施方法与过程

在“百年辉煌——党史故事绘”活动推进过程中，前期梳理党史历史脉络和党史故事，加强对学生作品的专业指导；中期在积极推进艺术创作的同时，严格审稿，推送作品；后期推进活动成果落地宣传，开展作品展览。

1. 顶层设计精心组织，创新党史叙述方式

自2021年3月初艺术与设计学院开始进行项目策划和组织，推出“百年辉煌——党史故事绘”活动，最终确定了“开天辟地、改天换地、翻天覆地、惊天动地”四个篇章以及100个党史故事推介，面向全校师生广泛征集作品。活动共收到包括本研学生、特教学生、少数民族学生、留学生在内的500余名学生的300余件作品，最终118幅作品入选。作品题材多样，包含绘画、海报、视频、综合材料、雕塑等多种艺术形式。

作品内容丰富，既有我国革命、建设、改革中的重大事件，也有新时代中国特色社会主义实践取得的历史性成就；既有对实现中华民族伟大复兴中国梦的讴歌，也有对中华民族坚定文化自信走向美好未来的展望；既有关于理想信念的宏大叙事，也有身边小事小景的体验感悟。作品构思巧妙、寓意深刻，展现了师生们思考问题的独特角度和思想深度。

《人民英雄永垂不朽》《秋收起义》《乒乓勇士》等众多优秀作品脱颖而出。“为了表达出东方红一号卫星发射升空后人们的欢呼雀跃之情，我每天去图书馆查找文献资料，尽可能真实生动地再现当时的激动与荣耀。”蔡蕴颖同学说。俞周和懿和她的小伙伴们则以中国非遗文化——剪纸艺术来呈现2008年北京奥运会的盛况，作品长达2.5米，气势恢宏，“我们一边创作，一边学习，认真领会其中的奥运精神、中国精神，思想也得到了升华，更加激励我们要顽强拼搏、争取进步”。

2. 聋聪合一普特互渗，手语讲述党史故事

中国共产党百年历史蕴藏着丰富的可歌可泣、启人思考、催人奋进的故事。学院还有一支特殊的宣讲员队伍——“聋生讲党史，手语

说故事”。他们走进红色地标，通过用手语讲述红色故事、用手语唱响国歌等形式展示聋人大学生们对党的热爱和拥护。五四青年节推出的手语版“歌唱祖国”当日转载600余次，点击量超过10 000次，特教班的无声歌唱令无数人动容。

特教党支部与上海市聋哑青年技术学校、上海启音小学、南京聋人高级中学开展党建带团建活动，引领聋人青少年学生宣传党的理论，讲述党史故事，接受红色精神洗礼，用自己特殊的方式，做好党史宣讲。

3. 深入挖掘活动形式，红色精神辐射社会

在“百年辉煌——党史故事绘”作品创作和线上展示宣传的基础上，学院深入挖掘和拓展活动形式，加强宣传力度，推动实践成果落地。作品展走进校园，走进社区，走进街道，自2021年6月以来，“百年辉煌——党史故事绘”先后在上应大奉贤校区、华师大、田林街道、梅陇三村等地成功举办6场巡回作品展，1场红色文创展，活动成果汇编成2本作品集，活动成果受到社会各界的广泛好评。

四、工作成效与经验

“百年辉煌——党史故事绘”活动，创新党史叙述方式，以润物细无声的方式引导学生深刻领会中国共产党百年奋斗历史经验。学院结合学科特色和专业优势，以能力培养与价值引领有机融合的方式，打造具有特色的红色育人阵地，立体化、多方位、全覆盖地讲好红色故事，传播红色文化，传承红色基因，推进党史学习教育走“新”又走心。

“百年辉煌—党史故事绘”活动推出后反响热烈，微信点击人次累计6万，在校园内得到“现象级”传播，还获得光明日报、学习强

国、新华社、青年报、上海教育电视台等主流媒体的关注。“百年辉煌——党史故事绘”项目获得2021年“知行杯”上海市大学生社会实践大赛特等奖，刷新学校在此赛事中的最好成绩。

1. 发挥网络育人功能，夯实品德文化基石

充分利用新媒体力量，加强网络思政宣传阵地建设，以大学生喜闻乐见的传播方式讲好红色故事，传播红色文化，如通过抖音、哔哩哔哩等平台推送师生作品、主题活动，扩大了特色活动的覆盖面，提高了活动的社会影响力。

2. 拓展育人空间广度，红色精神辐射社会

积极推动主题画展、主题活动、志愿服务进街道、进社区、进学校。加强社校联动，社区联动，共学共建，拓展红色育人平台和育人维度。

3. 校园文化德润无声，环境育人陶冶情操

进一步打造沉浸式校园文化环境，营造积极向上的文化氛围和文化环境，发挥环境育人作用。将校园文化、红色文化融入学生学习生活的各个方面，将社会主义核心价值观润物细无声地根植于师生心中，在潜移默化、润物无声中感染人的情绪、陶冶人的情操。

专家点评

文艺是时代前行的号角，最能引领一个时代的风气。“文艺是铸造灵魂的工程”“任何一个时代的文艺，只有同国家和民族紧紧维系、休戚与共，才能发出振聋发聩的声音”。习近平总书记在党史学习教育动员大会上特别强调了党史题材文艺作品创作，广大文艺工作者要更好地运用艺术的方式

讲好党史故事，让人们触摸“历史的厚度”，体会“红色的热度”，感受“文艺的温度”，为实现第二个百年奋斗目标、实现中华民族伟大复兴的中国梦提供强大的价值引导力、文化凝聚力、精神推动力。

上海应用技术大学在中国共产党成立100周年之际开展“百年辉煌——党史故事绘”活动，面向学生征集多种艺术形式的党史作品，成立特殊的宣讲员队伍，用特殊的方式讲述红色故事，彰显聋人大学生对党的热爱与拥护。深入挖掘和拓展活动形式，推动党史作品进校园、进社区、进街道，拓宽红色精神立体化、多方位、全覆盖的育人模式，使广大师生在党史学习教育中做到学史明理、学史增信、学史崇德、学史力行，为新时代高校创新党史学习教育方式、将党史内容有机融入艺术创作中提供了积极有益的探索。

（点评人：杨鸣）

学术引领，研本同行工作法

——上海工程技术大学研本同行工作法案例

一、案例概述

近年来，我国教育界已经充分认识到学生科研潜力的挖掘、科研能力的训练对创造性人才培养的重要性，对学生科研兴趣的培养越早越好，因此，开展本科生科研训练在我国已经成为一种趋势。同国外大学本科生进行科研训练比较起来，我国组织本科生进行科学研究起步较晚。尽管近几年发展较快，但仍未形成一定的规模和成熟的运作模式，尤其是在学生群体自主进行系统科研训练方面的探索几乎是一片空白。因此，进一步对我国高校大学生科研训练开展理论和实践探索，丰富创造性人才的培养模式，具有重要意义。

上海工程技术大学机械与汽车工程学院现有硕士研究生 744 人，本科生 3 328 人，从学生数量规模上看，学院具有一定的研究生资源优势，也有更多的本科生可以带动和影响，因此有必要发挥研究生学术研究优势，由科研能力强的研究生指导本科生，加强对本科生在科研比赛、论文写作、学术交流等方面的指导，培养本科生科研兴趣和创新意识，以点带面，从而提升学院学生整体科研能力与素养。

二、工作目标与思路

工作目标：打造研本成长共同体，充分发挥研究生资源的优势指导本科生，通过开展多种类型的学术活动，提升本科生的科研能力和创新意识，以期促进研本共同进步。

工作思路：成立以研带本、学术领航——打造研本成长共同体，以学生会与研究生会为载体，通过“青春学术加油站”“智慧机汽人”学术沙龙、年度研本学术风采展等活动形式，发挥研究生学术研究优势，加强对本科生在科研比赛、论文写作、学术交流等方面的指导，培养本科生科研兴趣和创新意识，实现“研带本、共成长”。

三、实施方法与过程

以研带本、学术领航——打造研本成长共同体，以学生会和研究生会为载体，开展“青春学术加油站”“智慧机汽人”学术沙龙、年度研本学术风采展活动，围绕“学习能力提升计划”“团队合作培养计划”两大计划展开，活动管理上由学生会指导老师和研会指导老师组成，在实施中由专业指导老师作为技术指导，具体设计思路如下图：

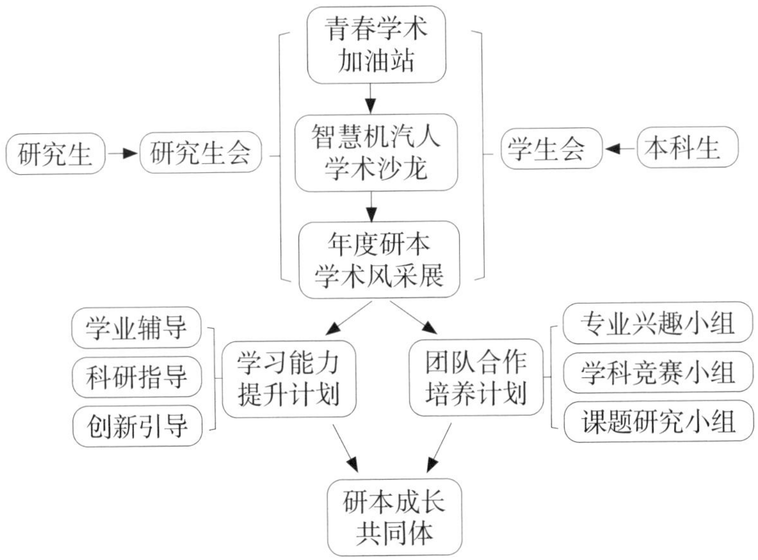

以研带本、学术领航设计思路图

1. 学习能力提升计划

学习能力提升计划主要是指研究生围绕本科生学业辅导、科研指导和创新引导而开展的一系列活动计划。本科生，尤其是大一大二低年级学生的学习方式还是习惯于通过教师传授来获取知识，但这种方式获取的知识只能应付考试。因此，通过有学术优势的研究生来指导本科生是很有必要的。通过让研究生用科研、论文前沿成果启迪本科生思考，使本科生在科研比赛、大学生创新项目实践中将知识学以致用，有助于进一步激发本科生的自主学习能力、创新能力和科研能力。

2. 团队合作培养计划

团队合作培养计划，旨在通过建立专业兴趣小组、学科竞赛小组和课题研究小组，加强研究生和本科生之间的团队合作意识，提升团队合作能力。在科研或比赛中，往往需要不同专业、不同年级的学生组成一个团队共同参与大学生科研项目、科创比赛、学科竞赛等，这就需要培养研究生和本科生之间的合作意识和团结互助精神。一个团队的意义不仅仅是合作，最关键的是做到分工合理、优势互补。以一个由研究生及若干名本科生组成的团队为例，研究生负责主导，本科生负责文献资料收集、设备调试等工作，有共同的专业老师作为指导，这有利于加强研本互动，打造研本成长共同体。

四、工作成效与经验

1.青春学术加油站

为更好地帮助本科生们在学习和科研过程中答疑解惑、开拓视野、学习了解专业前沿，本着“完成学业、提升能力、引领发展”的宗旨，“青春学术加油站”由学院选拔优秀研究生组成加油站队伍，其中包括获得国家奖学金的研究生、发表高水平论文的研究生、参加多项学科竞赛并获奖的研究生。通过采取线上讲座和线下指导的方式，致力于服务学院全体本科生，为本科生的学业和学习保驾护航，同时也有助于为学院学生提供能力提升和线上交流分享的宝贵平台，引领学院全体学生的自我教育与成长。

2.“智慧机汽人”学术沙龙

通过举办研究生学术论坛、专家讲座、研究生学术沙龙、研究生科创赛分享会等活动，让有一定学术和科创成果的研究生和本科生进行交流分享，相互观摩。学院目前已经开展了20余场学术论坛、专家讲座、研究生学术沙龙，与会研究生和本科生在学术碰撞中彼此学习，增进交流，不仅进一步提高了自己的理论水平，更有助于深入地了解行业的发展动态和前沿技术。

3.年度研本学术风采展

以典范树学风，以榜样促学风。2020年学院重点推出了学术榜样人物马广义同学，其论文发表在中科院SCI期刊分区数学大类一区Top期刊，目前影响因子为4.115。通过加强宣传，集中展示研究生和本科生的科研学术成果，有助于充分发挥优秀典型的示范引领作用，引导学院广大同学在榜样力量的带动下继续努力科研，不断奋进，进而营造学院优良学风。

专家点评

要发挥高校在科研中的重要作用，调动各类科研院所的积极性，发挥人才济济、组织有序的优势，形成战略力量。这段话出自2020年9月11日习近平总书记在科学家座谈会上的讲话。高校是人才培养的摇篮、科技创新的重镇、文化传承的高地，始终站在推动科技进步的最前线。习近平总书记在中央人才工作会议上强调："要走好人才自主培养之路，高校特别是'双一流'大学要发挥培养基础研究人才主力军作用，全方位谋划基础学科人才培养，建设一批基础学科培养基地，培养高水平复合型人才。"这一重要论述为做好新时代高校人才培养工作指明了方向。

上海工程技术大学采用研本同行工作法，致力于构建研究生与本科生成长共同体，充分发挥高水平研究生学术研究的优势，通过举办多种类型的学术活动，提升本科生的科研能力和创新意识，培养他们的科研兴趣，以点带面，促进研本共同进步，全面提升学院学生的科研能力和素养。近年来，随着国家对基础研究投入力度不断加大，我国基础研究领域取得了长足进展，但同时也面临着一些挑战。为了发挥培养基础研究人才主力军作用，高校必须积极承担起责任，不断推陈出新，追求实际效果。上海工程技术大学通过以研究生为引领，带动本科生的发展，不断壮大人才队伍，使得学校青蓝相继、人才辈出，营造了良好的学风，具有一定的借鉴意义。

（点评人：杨鸣）

高校“新三同”园区育人STEP建设工作法

——上海工程技术大学园区育人STEP建设工作案例

一、案例概述

高校大学生生活园区是大学生求学期间的另一个“家”，逐步成为高校德育工作的重要阵地和全新平台，也是培育和践行大学生社会主义核心价值观的重要场所。该工作法旨在探索并建立适合新形势下高校思政工作进园区的长效机制，通过园区STEP建设，即服务厅（Service Hall）、教研室（Teaching and Research Office）、朋辈室（Peer Education Room）、实践室（Practice Room）的建设，在生活园区开展理想信念教育、学生思想政治教育工作，将“园区家园”变为“思想家园”。该方法将大学生德育教育由教学区向生活园区拓展和延伸，将思想政治教育融入园区使其成为德育教育的有益形式，通过充分发挥学生在园区的主观能动性，实现大学生自我管理、自我教育和自我服务的目标。让园区成为打开思想的场域，让园区成为同频共鸣的地方，让学生在园区找到成长的根基。“三室一厅”样板间打造的园区党建品牌曾得到了上海基层党建网的专题报道，打造的松江大学城第一个园区创新创业服务站孵化多项国家级和市级项目，得到搜狐网、澎湃网、上观新闻等多家媒体报道。园区变为“区域共建”的桥梁，共建活动被松江报和新民网进行了专题报道，学生服务社会的意识和能力得到了普遍认可。

二、工作目标与思路

工作目标：该工作方法本着实事求是、创新的原则，以大学生生活园区为基础，开展理想信念教育、学生思想政治教育和意识形态引导工作。通过将大学生德育教育从教学区扩展到生活园区，将思想政治教育纳入德育教育的有效形式中，并与劳动教育结合起来。充分发挥学生在园区的主观能动性，实现大学生自我管理、自我教育和自我服务的目标。同时，在建设学生第二个“思想家园”的同时，避免思政教育在生活园区的空白，使思政工作贴近生活，让德育工作更加具有亲和力，探索并建立适应新形势下高校思政工作进园区的长效机制。

工作思路：辅导员要实现在“三圈三全十育人”工作体系下与学生“同场域、同频率、同成长”，生活园区的思政工作成为不可或缺的一环。因此，只有利用大学生生活园区的特点，建立规范有效的工作架构，结合思政工作的育人方法，探索生活园区思政工作的有效途径，才能牢牢把握住园区这一重要教育场所，让园区成为思想的扩展空间，让思政工作在园区形成共鸣，让学生在园区找到成长的根基。

三、实施方法与过程

1. 打造园区“教研室”（Teaching and Research Office），上好理想信念、思想政治、意识形态三堂课

思政教育要因时而化、因时而进、因势而新。目前大多数高校为了满足学生需求，都在学生生活园区建造了“学生之家”“园区自习

室”“园区工作室”等供学生学习和交流的场所。这些场所不仅为我们开展谈心谈话提供了便利，更为园区的“第三课堂”提供了条件。园区“教研室”包括：

思政微讲堂。微讲堂的内容聚焦社会主义核心价值观，讲世界和中国发展大势、中国特色和国际比较、时代责任和历史使命，以及远大抱负和脚踏实地。讲青年人的责任与担当，讲民族梦和个人梦的逻辑关系，以此来提高学生的思想水平、政治觉悟、道德品质和文化素养。

园区微党课。园区微党课的主讲人包括学生党支部书记、优秀党员先锋代表、学生党员讲师团。在增强“四个意识”、坚定“四个自信”、做到“两个维护”的基础上，开展爱国主义、集体主义、社会主义等教育。充分发挥榜样示范、典型引路的作用，定期邀请学生身边的党员先锋进行分享，用身边人、身边事激励学生学习先进、赶超先进，树立对标争先意识，激发学生争先创优的激情。

园区直播间。园区直播间通过学生们熟知的网络直播开展，结合时事政治、社会热点、热议话题等，组织学生骨干到直播间参与研讨，与广大师生网友互动交流。从内容创新、方式创新、渠道创新入手，提高学生主动参与的热情，提高思政教育的有效性。

2. 打造园区“朋辈室”（Peer Education Room），引导学生自我教育、自我管理、自我服务

成立“园区学生业委会”。以“社区网格化管理”为新思路，组建以学生公寓为单元点，多点联动的网格化自治管理体系，组织、培训学生网格员，积极参与到学生社区服务诉求反馈、便民服务、文化建设、交流互助、应急处置等环节。本着“从学生中来，到学生中去”的中心思想，引导学生自我教育、自我管理和自我服务。

组建“园区党员管家”队伍。为实现学生党建和思政工作在学生

生活园区的全覆盖，搭建学生党员和入党积极分子实践锻炼、教育管理、接受监督的新平台，从学院各支部精心挑选优秀的“学生党员管家”进驻新生宿舍楼，为新生答疑解惑的同时协助学院开展入党启蒙教育，在新生的心中播下信念的种子。在新生宿舍楼的大厅内开辟党员管家信息墙，“党员管家”所在的宿舍门口也贴有党员身份铭牌，一个党员一面旗帜，从思想上、学习上和生活上开展全方位的指导和服务，进而引导和帮助新生们尽快适应大学生活。

3. 打造园区“实践室”（Practice Room），用好劳动教育、区域共建、社会实践三把斧

举办“园区劳动体验日”。将劳动教育融入园区育人工作，让学生掌握劳动技能、体会劳动不易、感悟劳动之美、参与劳动创新，引导学生从劳动过程的旁观者、被动参与者，转变为劳动的主动实践者、积极推广者。与学校后勤共同设计并发布每次体验周的劳动主题，例如宿舍区清扫消毒、引导生活垃圾分类、校园草坪养护及绿化修剪、宿舍设备维修维保、食堂食材采购清洗等。学生在园区自愿报名参加，亲身体会到劳动者的不易，也增进了对学校一线劳动员工的理解。

举办“园区劳动工具改造征集活动”。立足生活园区，推出劳动工具创新设计活动，鼓励学生的科研创新成果应用于劳动工具的改造和教育载体的迭代中。“除草机器人、水果采摘机、自动垃圾分类桶”等应运而生。同学们的创造发明广泛应用于园区的劳动场景，检验科研成果的同时，推动更多学生用专业的力量提升劳动效能。同时，通过该活动鼓励和引导学生围绕“校园园区物流如何优化？”“园区停车棚如何建设？”“寝室空间布局如何设计？”“垃圾分类如何推进？”等问题开展研究实践，提升学生的劳动参与感。

开展“区域共建”活动。立足学校所在区域，走出园区开展“区域共建”行动，与街道社区、社会公益组织、共建教育基地联合开展

社会服务，为学生搭建社会服务载体，以社会实践活动培养学生良好的道德品质。结合学院专业优势，开展电脑维修、维护，电子产品科普、网络安全宣传等社会服务活动，与松江区爱心助困志愿者协会、爱心跳蚤会合作，共同组织各类社会公益活动，开展“爱心助老”“爱心周末公益跳蚤会”“爱心义卖”等活动，以此开展大学生的理想教育、劳动教育、社会公德教育，培养大学生“为人服务”意识，使其具备一定的社会责任和担当。

4. 打造园区“服务厅”（Service Hall），提供朋辈辅导、就业帮扶、创新创业一站式服务

设立园区朋辈辅导“服务站”。党员学生带头组织各专业的优秀学生，每月定期在园区的“学生之家”进行集中辅导和答疑活动。他们会形成互助小组，一对一结对辅导，帮助学业上遇到困难的同学提升学习成绩。

建立园区就业及心理“帮扶站”。该服务站设在园区的“易班体验中心”，一方面提供个体心理咨询、团体心理辅导、心理测量、心理沙龙、心理讲座等活动；另一方面，围绕职业性格分析、职业兴趣探索、职业价值观分析和就业心理辅导，开展职业生涯规划和指导活动。

创建园区创新创业“服务站”。与校友合作，引入创业资源，建立“党员创新创业服务站”。通过实践培训与创业校友的对接，帮助孵化大学生创新创业项目，提升园区大学生的创新创业氛围和实战技能。

四、工作成效与经验

1. 园区微党课成为园区党建的堡垒

园区微党课成为园区党建的堡垒，曾得到上海基层党建网专题报

道，园区授课场次达150场，听课人数超过6 000人。

2. 成立园区创新创业服务站

成立了松江大学城第一个园区创新创业服务站，至今孵化的创业项目达18个，其中国家级3项、市级10项，创立公司、申请专利，学生的创业梦在园区得以实现。服务站还得到搜狐网、澎湃网、上观新闻等多家媒体报道。

3. 园区变为“区域共建”的桥梁

立足校区所在的松江大学城，园区招募的党员和志愿者足迹踏遍了“中山”“方松”“广富林”三个街道、25个小区、10余家单位，开展联建活动30余场，签订党建合作项目3个。其中，两次共建活动被松江报和新民网进行专题报道，学生服务社会的意识和能力得到了认可，所在上海工程技术大学电气学院学生第二党支部也依靠在园区党建工作中的突出贡献，被上海市教卫工作党委授予“党支部建设示范点”称号。

专家点评

2020年，教育部等八部门印发的《关于加快构建高校思想政治工作体系的意见》提出，“要推动‘一站式’学生社区建设，依托书院、宿舍等学生生活园区，探索学生组织形式、管理模式、服务机制改革，把校院领导力量、管理力量、服务力量、思政力量压到教育管理服务学生一线，将园区打造成集学生思想教育、师生交流、文化活动、生活服务于一体的教育生活园地。”宿舍园区是学生在学校学习生活的另一个主阵地，将思政教育融入园区，全面深入地引领青年大学生跟党走，是打通全员、全程、全方位育人的另一个重要站点。

上海工程技术大学着力推进思政工作融入学生园区生活，坚持从学生内生发展出发，充分发挥学生自我教育功能，不断优化“一站式”育人空间，使园区成为师生交流、学生成长、全员育人的乐园。近年来，学校通过园区STEP建设将“园区家园”变为“思想家园”。通过打造园区“三室一厅”教研室、朋辈室、实践室、服务厅，持续加强对学生思想政治教育、理想信念教育及意识形态的引导，不断丰富新时代大学生思想政治教育“打开方式”，不断让思政“场域”在学生园区扩建、让育人“频率”在学生园区共鸣、让学生“成长”在学生园区生根。

（点评人：杨鸣）

少数民族大学生“三场域四平台五阶段”思想政治教育体系的创新与实践

——上海工程技术大学构建思想政治教育体系案例

一、案例概述

习近平总书记在党的十九大报告中提出，“全面贯彻党的民族政策，深化民族团结进步教育，铸牢中华民族共同体意识”。民族团结是我国各族人民的生命线，需不断巩固中华民族共同体思想基础，铸牢中华民族共同体意识。少数民族大学生的民族团结教育就显得尤为重要，少数民族青年大学生是关系国家和民族未来的关键力量。近年来，西方敌对势力利用所谓的民族、宗教问题实施“西化、分化”，试图破坏我国的统一和稳定。因此，加强习近平总书记提出的“五认同”教育，防范和抵御分裂势力的反动图谋，构筑爱国主义、民族团结、祖国统一的思想防线显得尤为紧迫。

上海工程技术大学管理学院作为国家民宗委指定的内地少数民族大学生培养学院，目前已经培养了12届近千名少数民族大学生，现有各类少数民族在读学生近700人，是上海市少数民族大学生人才培养的重要基地。学院的民族风·家乡情·和谐美：校园民族团结文化建设项目获得教育部高校校园文化建设品牌优秀成果，在上海市理论宣讲微课程大赛等赛事中也屡获大奖。在加强中华民族共同体意识和总体国家安全观背景下，学院依托学校“吸铁石”民族团结工作室，通过“三场域、四平台、五阶段”的思想政治教育，提高少数民族大学生的“五个认同”，增强思想政治教育的实效性，这将有助于巩固少数民族大学生对祖国统一和民族团结的理解和认同，确保他们能够健康成长并为国家发展贡献力量。

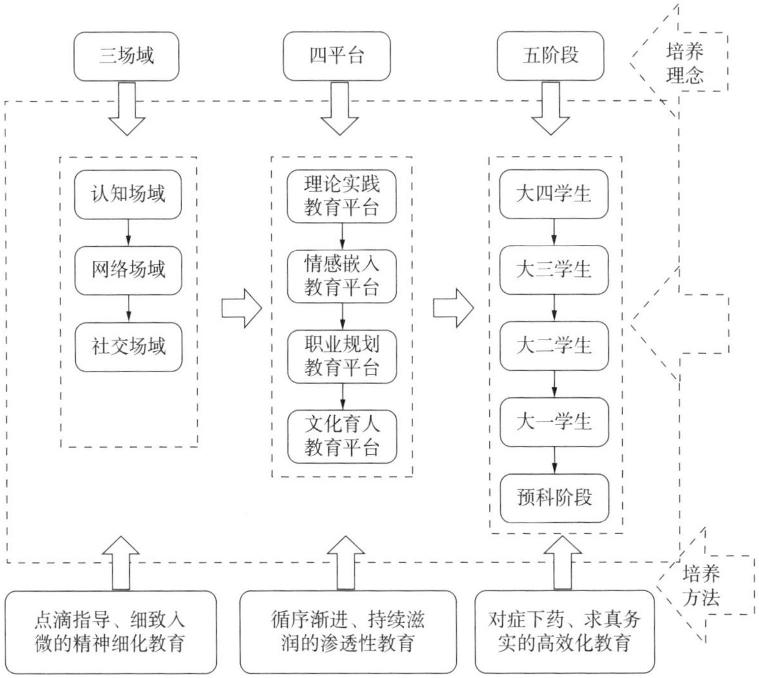

少数民族大学生思想政治教育“三场域、四平台、五阶段”模式图

二、工作目标与思路

工作目标：主要解决内地高校少数民族大学生思想政治教育实效性的问题。当前的少数民族大学生思想政治教育存在着统一化、批量化，过分强调一蹴而就和追求效率、忽视差异性等问题，思想政治教育的实效性不强。“三场域、四平台、五阶段”思想政治教育体系，以

“顶层设计”为指导，结合少数民族大学生思想特征、行为特点和成长规律，增强思想政治教育的实效性。

工作思路：一是少数民族大学生思想政治教育的理念转向问题。随着教育理念的不断转变，针对少数民族大学生族群多样、文化多元、民族心理各异等特点，需要采取更加细致入微精细化教育、持续滋润渗透性教育、对症下药个性化教育，增强教育的针对性和实效性。二是少数民族大学生思想政治教育的阶段划分问题。根据少数民族大学生成长和认知规律，将思想政治教育阶段划分为以集体主义等基本理念学习为主的预科阶段、以道德和法律基础知识学习为主的大一阶段、以中国特色社会主义理论知识为主的大二阶段、以专业精神和科学精神为主的大三阶段、以政党认同和国家认同为主的大四阶段等五个阶段。三是少数民族大学生思想政治教育的实效性问题。当前少数民族大学生思政教育存在着统一化、批量化，重共性忽视差异性等问题。构建“三场域、四平台、五阶段”思想政治教育体系有助于提高少数民族大学生思想政治教育实效性。

三、实施方法与过程

1. 在“三大场域”中开展少数民族大学生思想政治教育

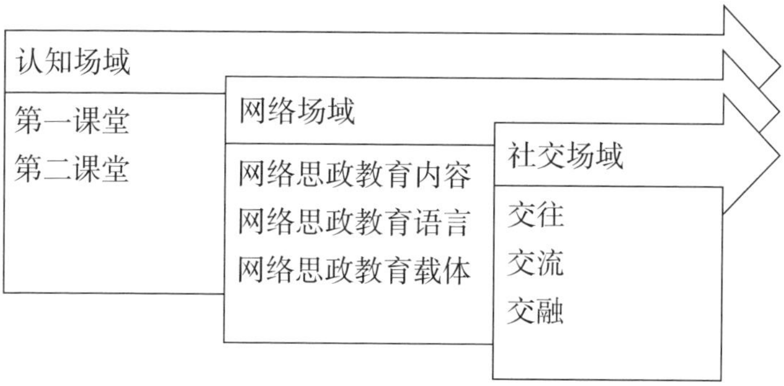

少数民族大学生思想政治教育“三大场域”图

（1）认知场域

充分打造适用少数民族大学生特点的第一课堂和第二课堂，实现课程思政与思政课程的有机结合，展现少数民族的奉献史、奋斗史，提高少数民族大学生党的民族团结教育的实效性。

（2）网络场域

加强少数民族大学生网络党的民族团结教育场域的建设，精心设计符合少数民族大学生的民族团结教育内容，运用网络语言和新媒体载体，推送给少数民族大学生群体，拓展育人的时间与空间。

（3）社交场域

在社会交往场域，将党的民族团结教育嵌入“交往、交流、交融”的各个环节，营造民族团结、守望相助、温暖和谐的育人氛围，使各民族同学能够在了解差异、尊重差异以及包容多样性的基础上实现彼此的共情和交融。

2. 搭建“四大育人平台”，提高少数民族大学生思想政治教育的实效性

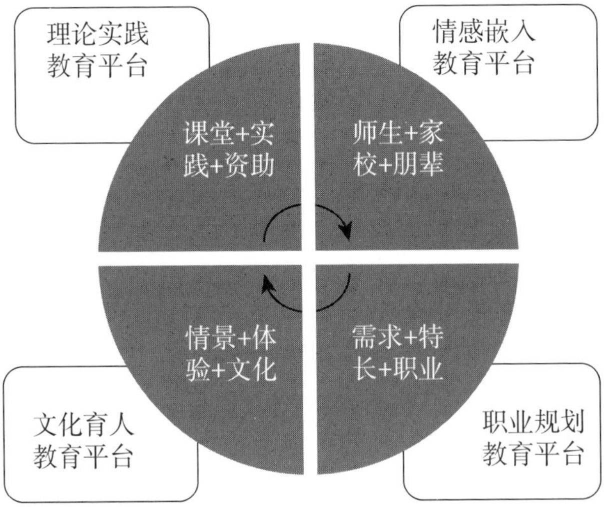

少数民族大学生思想政治教育“四大平台”图

（1）理论实践教育平台

加强理论和实践学习，助力少数民族大学生德智体美劳全面发展，提高党的民族团结教育的实效性。

把握课堂育人主阵地，实现思想价值引领。实现思政课程与课程思政的有机融合，聚焦少数民族大学生党的民族团结教育的主渠道。四门思想政治理论课在传授马克思主义理论以及党的民族理论的同时，挖掘少数民族史等知识元素，在思政课堂上增强少数民族大学生的“五认同”。在为少数民族大学生在开设的“交通中国”“共享中国”“‘一带一路’发展史”等课程中，充分展现少数民族的奉献史、奋斗史，进而激发少数民族同学的自豪感。

以实践育人为载体，助力少数民族大学生践行、体验、深化“五认同”的党的民族团结教育。每个学期学院都会组织少数民族大学生围绕“民族工业”“民族团结”“志愿服务”“祖国西部三下乡社会实践”等主题，赴红色基地、民族企业、基层社区等开展红色教学、现场学习、志愿服务、顶岗工作等社会实践教育活动，让他们充分感受到祖国的发展，激发他们的爱国情怀，从而产生强烈的归属感。新疆维吾尔族帕提木·阿布都塞买提同学基于个人的实践体验，参加2020年上海市高校学生理论宣讲微课程大赛，荣获二等奖。

以学业帮扶为切入点，打造少数民族大学生资助育人平台。针对经济困难、学业困难等多种困难交织出现的少数民族大学生，学院打造全方位育人平台：设立专门的少数民族学业奖学金和助学金；组织优秀学生与有困难的少数民族学生结对子，提供学业帮扶；推进劳动教育，优先为少数民族大学生提供各种勤工俭学的岗位和机会，鼓励学生通过劳动收获幸福。学生资助“扶贫”更要“扶志”，让学生摆脱困难，励志成才更为重要，这一项目也荣获上海市教委优秀学生资助案例项目。

（2）情感嵌入教育平台

构建少数民族大学生党员导师制，导师走访边远地区少数民族学生家庭，让学生和家长切实感受到学校和国家的关心，实现师生共情。教育是撬动人的灵魂、走进学生内心的工程。在这一制度中，可以聘请书记、院长等党员干部作为少数民族大学生的导师，为他们提供学业辅导、心理疏导和人生指导。比如，在春节期间，对于不能回家过年的新疆少数民族学生，导师可以邀请他们回家，并为他们准备清真菜，让学生感受到温暖与关爱，这样的举动对学生来说将意义非凡。

为了解少数民族学生的家庭状况，老师们利用暑假时间，跋山涉水，奔赴贵州、新疆等地，乘坐多种交通工具到达学生家中。当老师们到达时，学生的家长感到惊喜和激动，因为他们没有想到老师们会远道而来，这让他们放心孩子能够在外面好好学习。这样的行动将进一步加强学生家庭和学校之间的联系，促进家校合作，为学生提供更好的成长环境。

（3）职业规划教育平台

学院从少数民族大学生入学开始，就为其制定职业生涯规划，进行专项能力培养，系统性做好生涯规划教育培养工作。根据每一位少数民族大学生的职业意愿、职业能力和人格分析，提供专项就业规划。按照少数民族学生的需求，帮助学生对接企业，提供创业孵化平台和学业发展指导等职业生涯咨询。

（4）文化育人教育平台

习近平总书记强调，要以文化人、以文育人。学院积极营造良好学院民族文化氛围，通过一次主题班会、一次社会考察、一场民族联欢晚会、一次民族学生骨干培训班、一次民族学生访谈的“五个一”工程，使少数民族大学生在人文感化情境中提高党的民族团结教育效果。注重利用端午节、中秋节、国庆节等中华民族传统节日和古尔邦节等少数民族专属节日，积极开展党的民族团结教育。学院领导老师们与少数民族大学生一起包粽子、吃月饼，畅聊民族文化，营造良好的民族团结学院氛围。每年举办一次大型晚会，让各民族的大学生充分展示自我，促进各民族大学生的交往、交流，营造了各民族大学生和谐共处的校园文化。

打造网络育人氛围，运用“互联网 +”，加强融媒体时代少数民族大学生“五认同”思政教育的时代感、传播力、吸引力、影响力。充分借助学校易班思政教育平台、学院微信公众号等网络平台，将党的民族团结政策、活动等专题内容定期推送到少数民族大学生手机终端，并举办少数民族网络文化节等活动，丰富网络场域中少数民族大学生党的民族团结教育内容。举办全校性的微视频大赛，以“民族团结”“新中国成立 70 周年”为主题，广大少数民族学生拍摄微视频，全方位覆盖网络空间，积极传播正能量。2019 年学院少数民族微视频大赛作品“变与不变：少数民族的家国情怀”获得学校网络微视频大赛二等奖，获得学校“吸铁石”民族团结辅导员工作室、网络文化建设辅导员工作室等荣誉称号和载体，少数民族大学生思政教育取得了良好的效果。

充分利用高校教师资源，营造浓厚的学术氛围。学院安排副教授以上的高级职称教师每学期为全体少数民族大学生至少安排 10 场学术报告，涉及党的政策、思政教育、专业前沿、读书指导、人生导航、心理健康等多个主题，极大拓宽学生的知识面。聘请资深教授，为学生讲授中国民族史等核心专业课程，让少数民族学生受益颇多。

3. 在少数民族大学生培养的“五个阶段”中嵌入一体化的思想政治教育

根据少数民族大学生成长和认知规律，将思想政治教育阶段划分为以集体主义等基本理念学习为主的预科阶段、以道德和法律基础知识学习为主的大一阶段、以中国特色社会主义理论知识为主的大二阶段、以专业精神和科学精神为主的大三阶段、以政治认同和国家认同为主的大四阶段等五个阶段。

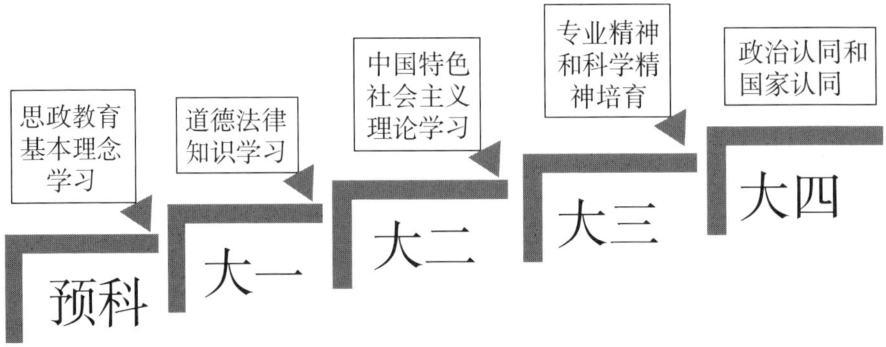

少数民族大学生“五阶段”思想政治教育一体化模式图

四、工作成效与经验

实践“三场域、四平台、五阶段”思想政治教育模式以来，极大地提高了学院少数民族大学生思想政治教育的实效性，取得了一系列喜人的成果。截至目前，学院共培养了12届近千名少数民族大学生，他们分布在祖国各地的各行各业，为我国的脱贫攻坚、西部发展、民族团结等作出了重要贡献。

1.探索出了少数民族大学生思想政治教育的全新模式

为提高少数民族大学生党的民族团结教育育人效果，构建“三场域、四平台、五阶段”的党的民族团结教育新模式，即结合少数民族大学生从预科到大四五个阶段，实现党的民族团结教育覆盖少数民族大学生学习场域、网络场域和社交场域，搭建理论实践、情感嵌入、职业规划、文化育人四大平台。

2.探索出了少数民族大学生思想政治教育的有效方法

强调点滴指导、细致入微的精细化教育、循序渐进、持续滋润的渗透性教育、对症下药、求真务实的高效化教育。即结合少数民族大学生的思想特征、行为特点，精准确定教育内容、精准设计教育方式，创新党的民族团结教育手段和方法，努力提高教育的针对性和实效性。

3. 探索出了少数民族大学生思想政治教育的新路径

根据少数民族大学生成长和认知规律，将党的民族团结教育阶段划分为以集体主义等基本理念学习为主的预科阶段、以道德和法律基础知识学习为主的大一阶段、以中国特色社会主义理论知识为主的大二阶段、以专业精神和科学精神为主的大三阶段、以政党认同和国家认同为主的大四阶段等五个阶段。

专家点评

铸牢中华民族共同体意识是新时代党的民族工作的“纲”。秉纲而目自张，对民族高校而言，铸牢中华民族共同体意识就是教学、科研、育人要贯彻好的“纲”。习近平总书记在讲话中指出，要正确把握共同性和差异性的关系，增进共同性、尊重和包容差异性是民族工作的重要原则。这要求我们在具体教育教学和人才培养工作中，要加强各族学生的交往交流交融，要全方位服务各族学生的成长成才。要坚持正确的，调整过时的，创新民族教育理念，努力为各民族学生创造共居环境、共学平台、共事机会，营造共乐氛围。

上海工程技术大学管理学院在铸牢中华民族共同体意识和总体国家安全观的大背景下，依托学校“吸铁石”民族团结工作室，通过“三场域、四平台、五阶段”思想政治教育，增强少数民族大学生“五个认同”教育，以“顶层设计”为指导，结合少数民族大学生思想特征、行为特点和成长规律，针对少数民族大学生思想政治教育的理念转向问题、阶段划分问题、实效性问题，力图破解当前少数民族大学生思政教育存在着的统一化、批量化，重共性忽视差异性等问题，从而提高少数民族大学生思想政治教育实效性。作为国家民宗委指定的内地少数民族大学生培养高校，上海工程技术大学在实现中华民族伟大复兴的关键时期，要把铸牢中华民族共同体意识融入培养时代新人的全过程，教育和引导青年学生树立正确的世界观、人生观、价值观，坚持正确的中华民族历史观，坚决维护国家主权、安全和发展利益，主动担当起民族复兴的时代责任，为实现中国梦贡献自己的青春和汗水。

（点评人：杨鸣）

深化“四进四联”工作模式 优化创业协同育人生态圈

——上海工程技术大学“四联四进”工作案例

一、案例概述

习近平总书记强调，创新是社会进步的灵魂，创业是推动经济社会发展、改善民生的重要途径。大学生是国家和民族的希望，是整个社会思维最为活跃、最具创新力的群体，是新技术和新潮流的引导者和受益者。“大众创业、万众创新”号召的深入推行，为青年大学生的创新创业实践带来了更多的启迪、激励和支撑。相对于一般的创业者而言，大学生群体拥有更多的知识、较强的创新意识和良好的创业潜能。因此，大学生创新创业意识和能力的培养是高校创新型人才培养的重要使命。

大学生创业指导教育工作需要师生共同参与、团队化协作、内外部资源优化融合，因此，做好青年大学生的创业育人工作，能够很好地落实“三全育人”要求；同时，也是“新三同”（同场域、同频率、同成长）教育理念下，师生创新素质和能力“同成长”的体现。

“四进”指的是：进课堂、进园区、进系室、进班级；“四联”指：联企业、联空间、联校友、联社区。“四进四联”教育工作模式，是对已在学院持续推进的大学生创业教育的实践总结和凝练，以更好助力创业育人生态圈的优化和升级，赋能创业教育工作。

二、工作目标与思路

工作目标：打造“四联四进”教育工作模式可以形成师生共同参与、乐于参与的创新创业氛围；提升师生合作团队和学生创业群体的紧密度、活跃度；优化学院创业资源平台，为大学生创新创业成长融合更多的优质资源；积累和拓展大学生创业成果，形成更好、更大的校园和社会影响力。

工作思路：“四进四联”教育工作模式，响应“三全育人”的育人要求和“新三同”中师生“同成长”的教育理念，立足学院创业教育的探索实践，深入构建多触点、全链条式的可持续创业人才培养格局，助力创业育人生态圈的优化升级。

三、实施方法与过程

1.“四进”之进课堂，筑牢青年创新的教育启蒙

创业教学是增强大学生创业意识、培养创业精神、提升创业素质、强化创业能力的重要途径。西方发达国家一直非常重视创业教学教育工作。我国从20世纪末，逐步引入和优化创业教育的课程建设。从2015年开始，学院辅导员积极开设校级公选课《大学生创业指导教育》（60人/学期，32学时）、创新课程《创新创业思维与实践》（60人/学期，32学时）、《职业生涯规划与就业指导》等，通过课堂教学，让同学们更加系统地学习创新创业知识、养成创新创业思维、掌握创业方法和技能，做好创新创业的知识储备。

2.“四进”之进系室，强化创业师资的多元融合

大学生的创新创业教育工作得到了教务处、学生处、团委等多部门的支持和指导，但在实际工作中可能也会造成一定程度的“资源割裂”，甚至会出现多方“各自为战”的局面。学院创业指导老师不仅需要把创业教育的对象定位于各专业的学生，同时，还应积极对接各系室的专业老师，形成一支稳固的专业面广、技术力强、创新热情高的指导、评审专家团队，为学生创业拓展师资保障，从机制上承担好创业跟踪指导的师生纽带作用。

3.“四进”之进园区，延伸创业指导的贴合服务

生活园区是思政育人工作的重要场域，是培育和践行大学生创新创业能力的重要场所。学院积极开辟生活园区的创新创业育人场所，让创新创业指导在园区一样“同频共振”，通过设立“学院大学生创新创业服务站”和“5G 创新活动室”等，定期开展创业项目指导和团队研讨等活动，让园区同样成为创新创业思想和实践训练的“热地”。

4.“四进”之进班级，助力创业人才的持续孵化

第一，宣传教育进班级。国家、地方、学校最新的创新创业支持政策通过主题教育和在线群、学院公众号专栏等进行宣传，进一步创新了宣传的形式，拓展创业政策宣讲的覆盖面，让教育内容更接“地气”。第二，“育苗”培育进班级。学院构建“4（创新社团）+1（创业社团）”的人才孵化格局，同时，形成以创新为核心，以创新社团的技术积累为创业社团输送骨干人才的“递进式”创业育人导向，增强班级同学对五大社团的认知，并从各个班级选拔优秀学子进入社团进一步孵化培育，深化创业项目的班级合作申报。

5.“四联”之联企业，强化创业形成期的现实参照

深化同企业在创新型人才培养上的互助合作是进一步推进产学研工作的重要举措；同时，能够为创业人才的培养提供更加具有现实操作性的实践实习平台。通过建立创新创业实践基地、联合创新实验室、共建创业课程等形式，进一步加强对企业资源的融合引入；同学们也可以在企业通过见习或项目训练的机会，进一步增强对专业应用的直观认知，学习实用的技术和技能，了解企业管理制度和架构等。

6.“四联”之联空间，助推创业启动期的顺利孵化

这里的“空间”指的是创业孵化器、众创空间、创客空间等。深化同创业“空间”的合作，着力点在于注册运营公司的法律知识和流程培训、创业人才集训营、创业嘉年华素质拓展活动、创业投资机构对接等内容，能够切实增强在校大学生的实战创业素质和眼界。

7.“四联”之联校友，赋能创业成长期的快速进步

校友是学校、学院发展的重要财富，能够在人才培养上提供平台、经验、视野等宝贵资源。在校生的创新创业教育工作同样需要校友资源的支持。除了开展常规性的定期走访和接待创业校友来访、分享讲座、报告等之外，还通过“大学生青年创业论坛”“聘任校外创业导师”“学生创业奖学金”等形式，形成定期的交流反馈机制，进一步稳固和深化校友对学生创新创业教育的资源支撑、孵化指导。

8.“四联”之联社区，激发创业发展期的社会使命

要培养当代大学生通过自己的智慧、能力创新创造，解决实际问题的担当意识和行为，引导大学生关注社会、服务人民，引导和组织创业同学进社区，通过开展“科普进社区”、创业项目成果演示和体验等活

动，培养同学们正确的创业价值导向，为社区的发展贡献智慧和力量。

四、工作成效与经验

1. 涌现创业教育师资队伍骨干

创业指导老师和学生“同成长”。辅导员在创业指导教学教育工作中，既帮助了同学，也提升了个人创新创业指导能力。部分辅导员获得上海市创业指导师（高级）及“创业教练”认证，获得学校课程建设项目，形成了精品创新创业“微课”和创业案例库等；辅导员牵引“双创”多元师资队伍稳步形成。这带动了更多的辅导员老师和专业老师关注并从事创业教学教育工作，学院开设的创业课程也由原来的 2 门拓展到 6 门左右，课程内容和师资越发丰富化、精细化和交叉化。

2. 培育出明星创业者

学院成立创新创业指导师资队伍、专家咨询队伍，通过 4 大创新社团和 1 个创业团体的建设，使师生在创新创业项目建设中凝聚合力、开展合作，形成了创业指导教师覆盖各系室、创业社团发展覆盖各班级的良好局面。学院大力扶持“青年创业俱乐部”发展，建立稳定的师生“双创”人才库，活跃人数保持在 150 人左右。

培育出具有示范性的创业学子典型。学院每年获得的创业项目立项数量一直占据学校当年的 20% 左右；同时在“互联网 +”“创青春”“三创赛”等重要赛事中，获得市级以上荣誉的团队和人次逐年递增；培育的创业学子邓洋洋曾在 2019 年被中国青年报社、KAB 全国推广办公室评选为“2018 年度大学生创业英雄 10 强”，唐家勋同学获评学校“创业之星”，张豈明同学在一年之内同时斩获“互联网

+”“创青春”“三创赛”市级奖项等。

3. 打造创业育人品牌

形成有品牌效应的指导服务平台。学院与创业校友企业合作在园区建立“淘洗洗”党员创新创业服务站和实践基地，是松江大学城的首个园区创新创业服务站，集项目孵化、创业指导、政策咨询等多项功能于一体，得到搜狐网、澎湃网、上观新闻等多家媒体的关注和报道；学院和创新企业合作建立“恒安‘三全育人’创智工作室”，是“三全育人”试点学院建设的重要育人平台，工作室定期开展科创前沿课程，依托学院迎新、科技节开幕、社团巡礼等重要场合展示学生作品，得到师生的广泛关注。

开发有持续活力的交流拓展活动。学院持续举办“大学生青年创业论坛”，每年定期开展，目前已经成功举办了六届。参加人员覆盖校外创业孵化器、各学院创业校友代表、学院专业教师、在校大学生创业团队等，累计参加人数达到500人次；学院和松江4A级创业孵化器“羚跑家园”，每年联合开展“青年创业嘉年华素质拓展”活动，把创业素质训练和红色元素相融合，每年参加人数在100人左右，相关活动也得到《松江报》等媒体报道。

专家点评

习近平总书记在给2013年全球创新周中国站活动组委会的贺信中指出，“青年是国家和民族的希望，创新是社会进步的灵魂，创业是推动经济社会发展、改善民生的重要途径。青年学生富有想象力和创造力，是创新创业的有生力量。”加强创新创业教育，是推进高等教育综合改革、提高人才培养质量的重要举措。近年来，高校不断加强创新创业教育，对提高高等教育质量、促进学生全面发展、推动毕业生创业就业、服务经济社会发展发挥了重要作用。新形势下，高校必须着眼长远、聚焦聚力，下大力气解决存在的问题，进一步加强创新创业教育。上海工程技术大学为落实“三全育人”要求和“新三同”教育理念，通过打造“四进四联”即进课堂、进园区、进系室、进班级、联企业、联空间、联校友、联社区的教育工作模式，构建了全方位、多角度的创新创业人才培养体系，有助于激发学生的创新精神和创业意识，提高学生的创新创业能力，推动创新创业育人生态圈的优化升级。

（点评人：杨鸣）

汽车中国，党员先行：党建进社团工作案例的实践与探索

——上海工程技术大学社团党支部建设案例

一、案例概述

为深入学习习近平新时代中国特色社会主义思想和党的十九届六中全会精神，全面理解和准确把握《中国共产党普通高等学校基层组织工作条例》的精神实质，学习党支部标准化规范化建设、基层党组织工作创新等政策、经验和方法，上海工程技术大学车迷俱乐部党支部充分发挥自身优势，推动主题党日与专业相结合，加强支部理论学习，以“汽车中国，党员先行”品牌为主线，自觉增强“四个意识”、坚定“四个自信”、做到“两个维护”，充分发挥大学生党员的先进性，引导学生在习近平新时代中国特色社会主义思想指引下，努力成长为能够担当民族复兴大任的时代新人。

二、工作目标与思路

工作目标：2021 年上海工程技术大学机械与汽车工程学院在实验室建设的大学生创新创业实践教育基地被上海市科委授予上海市科普教育基地，学校党委将学生支部车迷俱乐部党支部设立在大学生最活

跃的地方——大学生社团，发挥党建对社团发展方向的“引路人”作用，更好地培育青年力量，为社团发展注入和奠定扎实的政治底蕴和基础。支部以提高人才培养能力为核心点，结合学生特点和车队比赛实际，大力发展党建引领作用，为支部学生“正思想”“立志向”，为车队比赛“定目标”“理思路”，发挥大学生党员的先进性，通过培养学生党员的责任意识、担当意识，把党建和科创有机融合，以党建促科创。

工作思路：车迷俱乐部党支部始终以习近平新时代中国特色社会主义思想为指导，坚持育人导向，把支部建在学生科创社团上，延伸党建和思政工作触角，让党旗飘扬在学生最活跃的细胞上。支部以“基础要扎实，特色要鲜明，效果要明显”为建设思路，着力打造“小支部、大作为”学习型、服务型党支部特色品牌，高质量完成“七个有力”重点任务。全面提升党支部组织力，形成“强引领、重创新、塑品牌、出成效”的工作模式，发挥党建对社团发展的引领作用。

三、实施方法与过程

1. 强引领、明方向，党建工作基础扎实

学院率先优化党支部设置，依托学科团队和学生社团建立师生党支部，率先将学生支部设立在大学生最活跃的细胞——大学生社团上，发挥党建对社团发展的“引路人”作用，更好地培育青年力量。学院推进每个支部一支一品建设，学生党支部进行功能群孵化，覆盖率达100%；率先推进“党员先锋岗”计划，历时6年，受到全校师生好评。2021年，车迷俱乐部党支部被上海市教卫党委系统评为上海市示范党支部建设点。

细化发展流程，规范操作程序。支部严格遵循《中国共产党党

章》《中国共产党普通高等学校基层组织工作条例》要求，坚持“控制总量、优化结构、提高质量、发挥作用”的发展原则，严格党员发展程序，在保证数量的前提下，注重质量，合理优化支部机构，做到个别吸收原则，制定一人一册时间表，成熟一个发展一个，提升党员质量；党建工作有计划、有落实、有总结，台账齐全、资料完整；按期换届程序规范，党务公开制度健全；发展党员程序规范，党员组织关系转接及时到位。

2. 建制度、重创新，突出支部鲜明特色

建立并完善制度，提高“三会一课”质量。支部从制度入手，以解决问题为突破口，探索可操作、能持续的现实方案。支部不断完善组织生活会制度、主题党日制度、民主评议党员制度、党员服务日制度。组织生活做到三规划，即“主题有规划，时间有规划，形式有规划”，制作《“三会一课”纪实册》，从活动内容、报备程序、记录规范、督导检查、结果运用等方面从严要求；基层党组织结合实际，科学制定“年度”“月度”计划安排，为扎实有序开展“三会一课”提供切实保障。实施支部闭环管理，完善议事规则，构建年初计划、年中改进、年末考核的闭环体系。

创新“主题党日 +”，提升支部组织力。通过开展“学习日”“议事日”“调研日”“奉献日”“比赛日”等主题党日活动，坚持“四个一”的党员日常教育，即一次专题理论季度学；一次启程导师讲堂；成立企业导师、党员导师计划，邀请校友、企业开展党性教育；一次专题调研，开展脱贫攻坚、乡村振兴调研走访；一次 30 分钟接力志愿服务，接力做好一项社会工作。主题党日实行品牌 CEO 轮值制度，两个突出，突出学院特色和专业特点，每个季度开展一个系列主题党日活动。

3. 强科创、固专业，打造支部品牌

打造品牌工作站，强化科创育人功能。支部依托专业，努力实现“智造 +”人才培养目标。支部品牌工作围绕“党建 +”专业，结合车队学生专业特点，车队特色活动，紧扣时代脉搏，进一步发挥专业特长，打造“汽车中国，党员先行”品牌工作站。针对党员思想工作实际，开展“交通中国”系列主题党日活动，支部党员参加全国大学生 Honda 节能竞技大赛、方程式汽车大赛（FSC），分享做车、赛车经历，发挥支部引领作用。突出“人人上党课”，将活动开展到汽车实验室中，以现场教学、案例分析的互动形式，将专业史与党史有机融合，将专业素养提升与党性修养提升有机结合。

树立先锋岗，突出党员模范作用。坚持“服务师生需求、凝聚组织力量、发挥先锋作用”的服务理念和“服务队伍精细化、服务形式多样化、服务管理规范化”的工作要求，把党建工作中心建设成党员的教育之地、交流之所、服务之窗。以党建带动团建，指导社团建设，社团管理开展全过程育人模式，下设若干科创基地，制定社团管理办法，根据不同科创工作小组设置党小组，主要开展各项实践活动、公益活动、素质拓展、党课教育等工作，有效解决了党支部与学生社团衔接不畅的问题；每年初支部设立科研先锋岗、学习先锋岗、志愿先锋岗等建设目标，党员各自申请“先锋岗”，支部年中和年末对每位党员先锋岗执行情况进行考核评价。

四、工作成效与经验

党建 + 专业品牌工作，培养“智造 +”人才，结合社团学生专业特点，车队特色活动，打造“汽车中国，党员先行”品牌工作站，品牌示范基地，在学业、实训、竞赛、双创等社会实践平台逐步发挥战斗堡垒作用，获得2018年Honda节能竞技大赛EV组第一名，2019年获第五届中国“互联网+”大学生创新创业大赛上海赛区银奖、2020年全国大学生机器人大赛二等奖等。发挥专业特长，落实“立德树人”根本任务，遵循“组织共建、资源共享、活动共联”的原则，与街道、企业支部共建，开展志愿服务社区居民，宣传行车安全等科普讲座。支部发挥学科在“中国制造2025”、工业4.0、智能智造领域的优势和作用，弘扬志愿者精神，积极参与“小叶子”志愿者服务进博会、开展革命老区脱贫攻坚、“人民城市人民建”垃圾分类、“绿水青山就是金山银山”科普环保讲解、“智能助老”设备研发服务等社会实践。2019年调研项目荣获“挑战杯”上海市“特等奖”，车队近三年累计获市级以上奖励100人。党建+专业品牌工作，在学生最需要的地方成立党组织，并结合专业特色活动，紧扣时代脉搏，进一步发挥学生专业特长。支部党员根据自身专业知识，开展志愿者服务，在参与的过程中，增强了自身的思想政治素养和专业技术能力。

1. 做优“三个”学习平台，做到学习有力

做优“红色教育”学习阵地平台。建设“三专”（专家指导、专题建设、专业服务）“启程讲堂”红色教育基地。成立“服务学生成长企业导师团”，发挥校企合作优势，遴选企业中优秀的党员担任大学生导师，定期开展党性教育和职业生涯规划等活动。

做优“互动宣讲”学习交流平台。创建“微党课”平台，组建“新时代智造+”宣讲团，通过“人人上党课”“我把党史唱给你听”“伟大工程”系列示范党课等活动，发挥先锋模范作用，深入解读新时代汽车人的使命担当，确保宣讲内容深入人心。

做优“网络信息”学习共享平台。创建“程园机械汽车人”微信公众号，推出线上学习平台，通过宣传主旋律，弘扬正能量，引领师生坚持正确的政治立场、政治方向、政治原则、政治道路。同时组建

网络宣传员和评论员队伍“两支队伍”，凝聚骨干力量，针对热点问题定期组织宣传和评论，实现网上自我教育、自我管理和自我服务。

2. 做实“三大”服务项目，深化服务有力

做实“科学商店”公益志愿服务项目。成立大学生科普讲解团和科学商店，依托红色教育基地平台，与企业、社区共建联建，向师生和全市学生提供“一站式”的“四史”讲解、科普知识讲解服务。

做实“彩虹桥”科技支农服务项目。打造“彩虹桥”科技支农服务团。服务团深入全国农村，开展调研，巩固拓展脱贫攻坚成果，助推产业升级乡村振兴。

做实“学风工作站”联系学生服务项目。立足学业帮扶、学风建设和就业促进，在宿舍园区开展流动工作站。帮助学生解决困难，制作科普图片宣传栏，展示制造业的“昨天、今天、明天”，润物细无声地全方位激发学生的求知欲。

3. 做强“三项”创新载体，做到创新有力

做强“汽车人”大学生创新创业实训中心，实现党员立足学科专业成长成才的载体创新。依托学院创新实验室、车队、科创类社团三大实践基地，积极组织同学进行实训参赛，以赛促学，科创育人。

做强“红色寻访”党员党史社会实践团，实现大学生入党后再教育的载体创新。支部连续 5 年选派党员参加了“红色寻访”全国暑期实践专项活动，寻根红色基地，感悟共产党员的精神力量。

做强“生命绿洲”校友林，实现党员传承传统文化培育感恩精神的载体创新。支部在学校的平台下建成“生命绿洲校友林”，宣传毕业校友党员的家国情怀，发挥示范榜样作用。

专家点评

习近平总书记在党的二十大报告中指出，“增强党组织政治功能和组织功能”“坚持大抓基层的鲜明导向”“把基层党组织建设成为有效实现党的领导的坚强战斗堡垒”“激励党员发挥先锋模范作用”“保持党员队伍先进性和纯洁性”。党支部是党的基础组织，是党组织开展工作的基本单元，是党在社会基层组织中的战斗堡垒，是党的全部工作和战斗力的基础。因此，抓好基层党组织建设，必须抓好党支部建设。党的十八大以来，习近平总书记多次就党支部建设发表重要论述，深刻阐明了党支部建设在党的组织体系建设中的重要地位和作用，体现出党的一切工作到支部的鲜明导向，为新时代党支部建设指明了方向。

上海工程技术大学将党支部设立在大学生最活跃的地方，即大学生社团车迷俱乐部上，发挥党建对社团发展方向的“引路人”作用，有助于更好培育青年力量，为社团发展注入和奠定扎实的政治底蕴和基础。车迷俱乐部党支部始终以习近平新时代中国特色社会主义思想为指导，坚持育人导向，把支部建在学生科创社团上，延伸党建和思政工作触角，以提高大学生创新能力为抓手，让党旗飘扬在学生最活跃的细胞上。同时支部以提高人才培养能力为核心点，结合学生特点和车队比赛实际，大力发展党建引领作用，培养学生党员的责任意识、担当意识，发挥学生党员示范作用。把党支部建在学生社团，是新形势下对“思政＋社团”工作模式的新探索，把党建和科创有机融合，以党建促科创，有利于进一步发挥学生社团对学生思想引领和价值导向作用，在营造浓厚的校园文化氛围的同时，增强了党组织对学生社团的渗透力、辐射力和凝聚力。

（点评人：杨鸣）

“三特三延三全育警”忠诚教育实践项目

——上海公安学院“三特三延三全育警”实践案例

一、案例概述

“三特三延三全育警”忠诚教育实践项目在上海公安学院党委的大力支持下，作为学院“三全育人”品牌项目加以扶持培育，由政治处、学员管理处、思政教研部、各专业系、团委多部门配合协作，得到了学院所在地浦东新区高桥镇以及公安一线实战单位、上海公安博物馆等地区资源和行业资源的大力支持，形成了资源供给充足、多方协同保障的完善体系。经过三年多的建设探索，本项目充分依托上海作为党的诞生地和初心地的红色资源优势、紧密围绕公安教育培育党和人民的忠诚卫士这一目标、充分挖掘与共和国同龄同成长的身边校史，围绕“四史”宣传教育、党史学习教育等重点，培养了政治坚定、理论扎实、素质全面的学警讲师 100 余名，开发了汇聚党史、公安史、校史等内容，集传统宣讲、视频宣讲、情境宣讲等多种形式互补的微宣讲成果 30 余件，打造了包含红色碉堡遗址等爱国主义教育基地在内的校内“忠诚铸魂”红色路线和校外“党的诞生地”志愿服务平台，在融媒体加持下，思政教育不仅覆盖至全院师生，还有力推动了具有鲜明红色文化标识的大中小一体化思政育人。

二、工作目标与思路

工作目标：自2018年以来，上海公安学院充分依托上海作为党的诞生地、初心始发地、社会主义建设重要阵地、改革开放前沿阵地的红色资源优势，深入挖掘行业资源和地区资源，探索开展“三全育人”综合改革背景下公安学警“三特三延三全育警”忠诚教育实践项目，有设计、有体系、有特色的实践教育模式有效补充了人民警察忠诚教育，更有力地赋能思政教育，有助于培养党和人民的忠诚卫士。

工作思路：“三特三延三全育警”忠诚教育实践项目紧扣公安特色、高校特点和地区特征的目标定位，充分挖掘与共和国同龄同成长的身边校史，围绕“四史”宣传教育、党史学习教育等重点，构建“从课堂延伸到课外”“从教师延伸到学生”“从线下延伸到线上”的工作体系，形成了全员、全过程、全方位的忠诚教育思政工作新模式。

三、实施方法与过程

1. 紧扣“三特”定位，深耕内容供给

学院聚焦公安特色，将人民警察忠诚教育作为培养“绝对忠诚、绝对纯洁、绝对可靠”的公安学警的重要载体。本项目在实施中，将“忠诚”文化贯穿在学习和实习实践全过程中。以“公安史寻访”为主题，借助上海公安博物馆丰富的行业资源，组织学警赴公博馆开展公安史寻访、志愿讲解、红色微话剧表演等实践活动，以多种形式寻访、体悟、宣讲红色公安史中蕴含的忠诚精神；以“红色行走从警路 接续奋斗铸忠诚”为主题，组织开展青年学警结对公安离退休老干部学“党史”及宣讲活动等。通过寻访、宣讲、演绎等方式，使青年学

警在亲身体验和身体力行中增强对"忠诚"文化的认同感，将红色精神作为人生的价值标准和行为准则，最终在实践中汲取巨大的精神力量，内化成自身优秀品质。

学院聚焦高校特色，作为与共和国同龄的上海唯一一所公安高等院校，见证了近4万名毕业生成长为守护平安中国的忠诚卫士，除此之外，学院拥有众多标志性的地标建筑、典型人物。学院通过充分挖掘身边的校史故事、人物，开发"四史在校园"系列微课，激发学生的内在情感，厚植爱国主义情怀，增进学生对"四史"的了解，引导学生传承校史中蕴含的革命传统。

学院聚焦地区特色，主动加强区域合作，发挥主校区位于浦东新区的区位优势，充分发掘、开发在地方发展史中的红色资源，通过资源共享，发挥共建基地的实践育人作用。目前，学院依托地处解放上海战役中"高桥之战"所在地的区位优势和深厚的红色历史文化底蕴，对浦东校区内保存较为完整的红色碉堡遗址进行保护性开发，着力打造青少年爱国主义教育基地，通过以小见大的沉浸式情景微课，推进"开门办思政"。

2. 构建"三延"体系，丰富手段载体

将实践阵地从课堂延伸到课外。精心策划"红色行走接续奋斗"忠诚教育主题实践活动，将"红色行走"作为"人民警察忠诚教育"理论课的课堂作业、纪念五四运动的实践活动和青年学警的团日活动，组织学警探访反映青年思想启蒙、建党建国、抗日救亡、改革创新的旧址以及革命先烈、公安先烈纪念馆等沪上红色历史基地，全面梳理红色文化发展脉络。在此基础上，指导学生围绕公安史、校史、地区史进一步延伸行走足迹，引导他们拓宽视野、研究历史。

将育人主体从教师延伸到学警。在"红色行走"实践活动的基础上，学院教师进一步引导学警立足新时代青年的独特视角，用"沉浸式”的方式学史力行，以第一人称视角书写所见所闻所感所悟，形成一篇篇素材丰富、饱含热情的纪实报告，并依托思政课堂或团日活动，以演讲形式进行展示，充分激发学警学习实践的主体性和主动性。在此基础上，学院通过教师推荐、学警推选等方式，遴选出思想有深度、演讲有力度、感情有热度的学警，组建学警讲师团，通过集中备课、专家指导、试讲等环节，精心打磨宣讲课程，帮助他们用青年喜闻乐见的方式讲述公安史、校史和地区史故事，通过“可亲、可感、可传”的朋辈宣讲，在全体学生中营造重温历史、致敬历史的浓郁氛围。

将作用发挥从线下延伸到线上。为讲好红色故事，一方面，学院依托传统的线下宣讲形式，面向校内外发布宣讲课程清单，开展校内外巡讲。另一方面，由学警讲师作为授课人，拍摄制作宣讲微课程，用“青言青语”传递学警在行走中的体悟和声音。通过原创情景报告剧等方式，以更为生动的形式将宣讲素材在线上线下展现，不断掀起解读忠诚基因、传播红色文化的热潮。

3. 对标“三全育警”目标，切实提升实效

形成了全员忠诚教育的思政模式。2018 年以来，学院已组织学警 2 000 余人次探访了中央科特旧址、中共一大会址、二大会址和龙华烈士陵园等 300 余处革命遗址和地标，先后成立了三批由 100 余人组成的学警讲师队伍，并被市教委纳入“上海市大学生理论宣讲联盟”、团市委“百团知百年”上海大中学生党史宣讲团，拥有 30 余门宣讲微课程的课程清单，先后开展校内巡讲场 40 余场，受众人数达到 2 000 人次。组织开展校外巡讲 10 场，先后赴上海工程技术大学、上海建桥学院、上海市贸易学校等十家大中小学进行宣讲，得到市教委和相关学校的认可与好评，相关工作举措也先后被《新民晚报》、“上海教育”、《人民公安报》等主流媒体多次宣传报道，并获得公安部“践行新使命、忠诚保大庆”实践活动创新成果评比二等奖。宣讲报告剧《初心

启航》获“百年党史强国有我”上海公安机关政治练兵微宣讲决赛三等奖，学院“三全育人”综合改革工作成效辐射至全体学警乃至公安机关。

走出了全过程忠诚教育的特色路径。在学生寒假期间，开展“践行青年担当献礼建党百年”社会实践活动，组织学警分专题开展“红色行走”，形成实践报告；在学警参与实习期间，组织学警近距离采访王瑞芳等公安英模典型，面对面体悟革命传统和公安精神；在学警参与安保任务期间，组织学警利用岗歇开展紧贴实战的学习实践活动，引导学警挖掘身边的历史、体悟伟大建党精神……通过校内外公安史、校史、地区史三个维度的分区域切换和有机结合，让学习实践贯穿于学警学习、训练、实践的全过程。通过理论与实践的不断融合，形成了“隐蔽战线的红色英雄”“中共地下警委”“走进中央特科”“警服的变迁”等公安史系列宣讲课程和“前进忠诚卫士”“崇景初心铺就从警路”等校史系列宣讲课程，通过线上线下宣讲，有效拓展了宣讲的覆盖面和影响力。

实现了全方位忠诚教育的育人格局。学院立足校区内保存较为完整的红色碉堡遗址，对内建成了以学警讲师为主体、以爱国主义教育和法治教育为核心的“忠诚铸魂”教育路线；对外，与所在地浦东新区高桥镇共同打造了“探寻红色‘记忆’研学之旅”共建共学共享的学习教育载体，由学警讲师团开发了“解放高桥的历史见证——高桥镇碉堡、工事留存的由来”“肝髓流野舍身殉难——碉堡群前的壮烈牺牲”等主题微课。目前已服务了本市大学学生骨干和周边中小学生200余人，充分发挥了“开门办思政”的协同育人效应。此外，组织学警讲师团组建志愿服务专班，分赴国歌展示馆、中共一大纪念馆担任讲解志愿者。在中共一大纪念馆开馆期间，40名学警讲师连续9周，利用周末时间赴中共一大会址和中共一大纪念馆担任讲解志愿者，通过知行结合，有效夯实了宣讲的厚度和深度。

四、工作成效与经验

1. 以行业和地区特点为着力点，创新了理念模式

经过近四年的探索实践和不断完善，“三特三延三全育警”忠诚教育实践项目始终立足于结合行业特点、高校特色、地域特征，遵循突出忠诚教育这一主题的思路进行顶层设计与优化升级。目前，已逐步形成了以“立德树人、育警铸魂”为目标，以学警讲师为主体，以第二、第三课堂为阵地，以公安史、校史、地区发展史寻访、研究及宣讲为内容的实践模式。能够针对公安学警特色发挥大学生思想政治教育作用，具有可示范、可引领、可辐射、可持续的推广价值。

2. 以教师和学生为共育主体，改革了育人体系

项目建设过程中，积极争取了校内相关部门以及师德修养好、理论素质高、教学能力强的优秀教师的大力支持与配合。同时，也为青年教师提供了提升育德意识和育德能力的平台。活动中，教师伴随学生、学生反哺教师，形成了共同提升的紧密共同体。学警讲师团成员的综合能力也通过“实践－理论－实践”的反复磨炼得到提升，部分成员在毕业后受到用人单位高度认可。

3. 以校企和校地合作为突破口，打造了工作品牌

项目以学警讲师团为主体，围绕“开门办思政”理念，打造了多个品牌化项目，如：集红色碉堡、禁毒馆、校史馆、忠诚卫士广场于一体的“忠诚铸魂”思政教育路线，“探寻红色‘记忆’研学之旅”共建基地，“党的诞生地”志愿服务项目等。通过品牌化运作，为参与学警注入了源源不断的动力。

4. 以传统和可视化新形式有机融合，提升了辐射效应

项目充分整合资源，开展校地合作、行业内合作，将传统的演讲式宣讲拓展为视频宣讲、舞台剧宣讲、沉浸式情景宣讲等多种可视化宣讲形式。如《初心启航》原创宣讲报告剧先后被搬上舞台展演 2 次，受众达 1 500 余人次，进一步丰富了宣讲内容、创新了宣讲形式。此外，在疫情期间，学警讲师团充分发挥线上宣讲的优势，持续开展云宣讲实践活动，覆盖了 15 个区、44 所中学，有效提升了红色文化传播的辐射面和吸引力。

专家点评

二十大报告指出，教育是国之大计、党之大计。培养什么人、怎样培养人、为谁培养人是教育的根本问题。公安大学作为公安系统最高学府，是培养公安事业后备力量的主阵地，肩负着服务教育强警、驱动科技兴警、实现人才强警的重要职责，要把学习贯彻党的二十大精神与贯彻落实习近平总书记关于公安工作、教育工作的一系列重要论述精神紧密结合起来，以高质量党建引领公安教育事业高质量发展，为以中国式现代化全面推进中华民族伟大复兴作出公安大学的贡献。

上海公安学院打造的“三特三延三全育警”忠诚教育实践项目，在学校党委与各部门支持下，联系学院所在地公安一线实战单位、上海公安博物馆等，充分运用地区资源和行业资源，形成了资源供给充足、多方协同保障的完善体系。紧密围绕公安教育培育党和人民的忠诚卫士这一目标、充分挖掘与共和国同龄同成长的身边校史，围绕“四史”宣传教育、党史学习教育等，培养学警讲师、开发微宣讲成果、打

造志愿服务平台，在融媒体加持下，思政教育不仅覆盖至全院师生，还有力推动了具有鲜明红色文化标识的大中小一体化思政育人。这一项目坚持引领公安高等教育现代化，忠实履行立德树人、忠诚育警根本任务，不断深化教育教学实战化改革，着力构建德智体美劳“五育并举”公安一流人才培养体系，不断培养输送德才兼备的党和人民的忠诚卫士，为加快建设教育强国、科技强国、人才强国提供了有力支撑。

（点评人：杨鸣）

“ARC-HIT”三角优化供给侧体系网络思政教育模式实践探究

——上海公安学院创新网络思政教育模式案例

一、案例概述

在推进网络思想政治教育工作过程中，上海公安学院通过主动学习并融入教育心理学相关理论，开创了“ARC-HIT”三角优化供给侧体系网络思政教育新模式：即（需求侧－学生方）注意力（attention）→关联性（relevance）→信心（confidence）;（供给侧－辅导员方）先期教学统筹（pre-harmoniousness of instruction）→教学动机（incentive of instruction）→教学时间（time）。以上为需求→供给双轮驱动、同时进行的施教→学习流程，由供给侧作为主要变量，与次要变量需求方相互作用影响、相互支撑，在达到在总体态势稳定的条件下，依然能灵活机变。

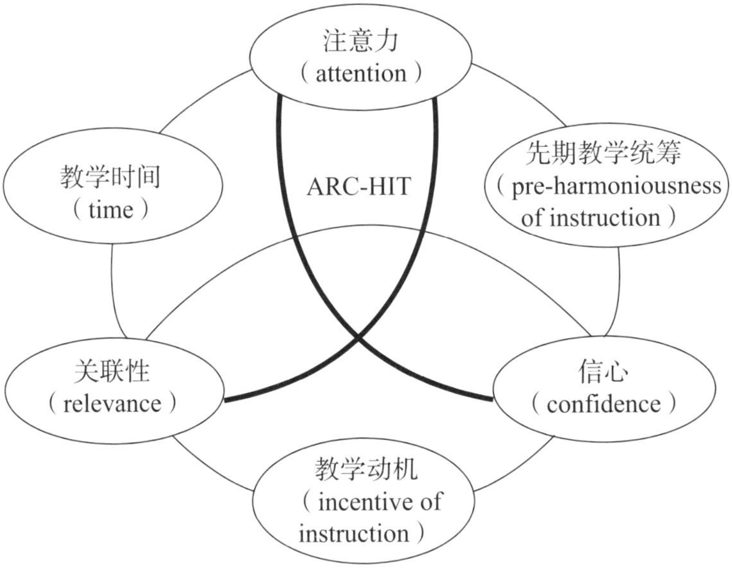

“ARC-HIT”模式循环图

二、工作目标与思路

工作目标：“ARC-HIT”是英文“Architecture”的缩写，含义为“建筑、架构、体系结构”，思政教育不是走走形式，而是具有完整体系的教育架构。新形势下的网络思政教育担起全面贯彻党的教育方针、落实立德树人根本任务，更应当建成严谨、全面、创新的教育体系，开发网络思政的主干渠道和核心课程，有效提升学生在思想政治理论课上的获得感。“ARC-HIT”三角优化供给侧体系网络思政教育新模式是在原有的“GRACE”闭环式模式上再思考、创新、发展而来的，是在智慧警务建设赋能，以及后疫情时代大力发展线上教育的号召下所形成的，是借助“供给侧改革”思维通过结构改革和运用新兴科技手段来提高供给的，是能够使辅导员和学生沉浸式教育和学习的创新教育模式。

工作思路：该模式将具体的网络思政教学过程分为“需求侧”和“供给侧”两方面，抽象成三个教学环节点和三个学习接受点，由点出发，精确施策；点点对应，提高效率。网络思政教育是一个严谨的建筑模型，每一个环节都起到各自的支撑作用，例如：学生的注意力是否集中反映在有效参与教学时间的长短，由教学先期统筹是否完备造成；相反地，要想提高学生的注意力，首先，教学统筹必须考虑各方因素，善于融入时下新资讯，利用诸如直播 App、有声读物、短视频等网络资源抓住学生的眼球，使内容通俗化、接地气。其次，在教学时间方面弹性化，善于分配时间、管理时间，借助移动终端，将思政学习分散至生活的方方面面，潜移默化地将原本刻板的思政内容利用网络打造精准传播、有效覆盖的思政教育云上空间，让思政教育落到实处。

三、实施方法与过程

“ARC-HIT”三角优化供给侧体系网络思政教育新模式主要内容包括：“需求侧”在于关注学生的兴趣爱好，增加令学生感兴趣的实践类活动，加强对于那些吸引力较强的全媒体内容的建设→注重相关性教育，激发并维持动机，通过互联网络进行融合传播，并能够通过全媒体完成信息的接收，从而实现学生随时随地获得信息→注重因材施教，开始就针对不同的学生设置不同的难度，使学生能够补齐自己的短板，了解自己的不足，从而开始就能够拥有充分的自信，将个人发展和社会发展结合起来，从而实现思想政治教育的功能，并促进思政教育良性循环。“供给侧”由学生的关联性（relevence）和信心（confidence）作用于辅导员的先期思政教学统筹（pre-harmoniousness of instruction），牢牢把握学生的兴趣点和成就感，在此基础上再深入拓展→学生在课堂上的注意力（attention）和课后反馈的信心要素

（confidence）共同决定思政教学动机，帮助辅导员设置思政教学激励点，帮助学生高效完成网络思政教学→学生的注意力（attention）和关联性（relevence），也就是课程参与率和完成度，体现在学生有效参与课程时间，也被辅导员设置的思政教学时长所影响。

1. 借助全媒体赋能教学统筹，激发学习兴趣和活力

全媒体时代的网络思政工作的供给侧优化需激发各方面的活力，主要由“中心化”向“去中心化”转变。“中心化”从某种意义上说就是以辅导员开展思政教育为中心，限定学习内容和方式，此类教育方式已不能完全适应当前新形势下的教育环境。“去中心化”就是要充分激发学生对网络思政学习的积极性，鼓励他们发挥主观能动性，主动去开展学习、讨论话题、开展研究，而不是被统一安排相关学习内容，被动式地去学习。学习兴趣的有效激发不仅有利于调动学生的学习积极性，更能因材施教，更好地发挥学生的聪明才智。适逢百年建党之际，辅导员通过让学生借助全媒体平台自我学习习近平总书记“七一”重要讲话精神，选择其中一个点结合自身人民警察的职业属性讲述自己的体会，学生借助网络交流平台构建新的思政交流通道，熟练使用学习通、政务微信、钉钉等软件，利用视频、PPT、朗诵等多种形式展现，而辅导员可以借助学习通平台中的论坛进行关键字搜索，借助大数据整合，学生的兴趣和薄弱知识点一目了然，有助于后期因材施教开展思政教育。

2. 利用科技创新保持关联，制定个性化思政教学

科技创新能有效促进网络思政供给侧结构性改革，提高供给体系的质量和效率。网络思政教育依托互联网新兴媒介，通过MOOC、微课程、微信平台等网络载体广泛有效地进行传播，在学生和辅导员之间架起紧密桥梁，力争将思政内容通过网络延伸到任何时间和地点。

例如，党史学习专场思政课，在习近平总书记“党史学习教育要落到学史力行”的号召下，加之暑期一线实战单位实习的真实经历和经验，以及在日常学院党史课程、活动、讲座中的亲身体验，辅之以党史、战“疫”故事等正能量的熏陶感染，利用“学习通”平台的“选一选”功能，“钉钉”群的“面对面开课”功能，微信、微博、抖音直播等等，开展“我为群众办实事，学史力行践初心”主题活动。活动贯穿整个暑期基层实习，涵盖内容丰富，包含了党史故事、实践心得等等；表达形式新颖，借助全媒体平台，利用“线上线下”双结合的形式，有效增强辅导员和学生之间的互动性和信任感。实践成果证明，这种创新型的个性化网络思政教学更能够提高学生的关注度，使学生沉浸式地融入思政学习，增加学成后的自信心，学生听后普遍反映：课程不说教，不灌输，内容充实，营养丰富，讲述生动，干货满满。

3. 积极增加教学诱因，评价改革促进自信

诱因（incentive），又称激励，指辅导员能够使学生积极地完成所学材料信息的程度。学生完成学习任务所受激励的程度，正是辅导员调动学生自我调节能力的程度。辅导员和学生的积极参与对网络思政而言是必不可少的两个环节。学生的获得感（confidence）能够激发网络思政的教学活力，进而充分发挥其创造性。网络思政具有十分重要的价值导向作用，不仅能够传授与思想政治教育相关的理论知识，更能通过思政教育让学生体会到其在实际生活中的全面进步。因此，网络思政实际效果不是仅仅强调书面的成绩，评价标准更应侧重理论解释、探索过程和实际运用。网络思政要通过平时碎片化的时间、模块化的理论，层层堆砌，用思想的魅力、逻辑的力量引导学生对网络思政做到“真学、真懂、真信、真用”。例如：暑期实习期间，在开展线上主题班会以及后续调查问卷的统计数据显示，发现学生对于“纪念警界楷模——钱海军”“我的从警法医路——法医董利民事迹报

告”“致英雄，学楷模”等主题十分感兴趣。为此，辅导员推出“警指学警暑期工作实录”共享文件夹，学生在其中新建专属电子实习日志，用照片、文字或视频的形式每日上传“我的实习体悟”“寻找自己身边的警察榜样”“社区之声”。此外，辅导员还应注重良性评价，通过了解学生思政教育学习全过程，并借助学习通中的“学生互评”“小组互评”“辅导员评价”各个角度进行客观评价，每天随时更新“优秀感悟”“业务知识”“回应问题”等板块内容，切实提高学生的参与度和成就感。

四、工作成效与经验

1. 学党史、固信念、跟党走——党史网络云宣讲

为不断深入学习贯彻习近平总书记在党史学习教育动员大会上的重要讲话精神，学院紧密围绕“学党史、强信念、跟党走”这一主题，整合线上多维度学习教育资源，组织全体学生开展一系列形式多样、内容深刻的网络党史云宣讲活动，通过录制学警党史宣讲课程，以“政务微信”“崇景青澜”等新媒体为载体，组织学生线上学习观看，并以组建学习小组、开展寝室研讨、线上课程回看等形式，促进学生做到学史明理、学史增信、学史崇德、学史力行，营造了浓厚的学习氛围。相关党史宣讲课程在市教委举办的线上党史宣讲比赛中脱颖而出，成功入围决赛并获奖。

2. 榜样激励，垂范引领——网络正面典型云学习

以树立榜样的方式进行激励教育是思想政治教育卓有成效的方法之一，也是促进学生培养自律意识的重要手段。与此同时，榜样激励教育的模式和内容也发生了与时俱进的变化，如何将时代特征与新

型榜样激励教育模式相适应，充分发挥“尖子”学生的示范带头作用，如何加强对发挥正面典型学生引领作用的方法研究具有十分重要的意义。对此，我们充分挖掘优秀学警的先进事迹、个人风采等，制作微信推文进行宣传与学习。如制作了“市级优秀毕业生丨全能·突破·自强——吴昕”“关爱生命，‘救’在身边，专业学生急救赛场显风采”“劳动创造美好生活！‘学生劳动教育宣传周’活动纪实”等微信推文，组织学生学习先进典型，领略榜样风采。鼓励学生要时刻对标学习优秀学生，时刻牢记使命，不断努力学习，积极参与院内外各项活动竞赛，注重日常积累，做到多学、多问、多思考，力争早日成为一名优秀的人民警察。

3. 关注大学生个体思政观——网络平台云交流

高校是开展青年思政教育的重要阵地，对高校学生思想政治素养的培育不只包括传道授业解惑的智识教育，还必须包括建立正确的社会感知能力、扎实的网络舆情判断能力。辅导员在开展学生思想教育过程中，注重对学生“个体”思政观的培育，借助“TAPE”App，开通“解忧杂货铺”烦恼信箱，克服学生“面对面”时的恐惧和拘谨，有效为学生搭建互动式的交流平台，学生可以畅所欲言的同时，也让辅导员实时了解学生的近况，及时调整思政教育的方向和重点，并结合时事热点，定期更新网页动态，发布党史小故事，将红色教育渗透于学生生活的各个角落。此外，辅导员课后积极参与学生活动，融入学生生活，和学生共同参与“不忘初心跟党走，百唱不衰展未来”合唱比赛、“践行学警担当，献礼建党百年”思政课成果宣讲等，寓教于乐，一举多得，既增进辅导员与学生间的关系，又在一次次的彩排练习中实现了爱国爱党教育。

专家点评

加强和改进学校思想政治工作是新时代教育工作的重要内容，是落实为党育人、为国育才任务的关键环节。当前，网络已成为我们开展思想政治教育的重点空间。面对“无人不网、无时不网、无处不网”的大趋势，高校思想政治教育须登高望远、因势而谋、应势而动、顺势而为，主动把握媒体深度融合发展契机，努力让思想政治教育“活”起来，不断提升其实效性。

上海公安学院通过结构改革和运用网络技术探索“ARC-HIT”三角优化供给侧体系网络思政教育新模式，借助全媒体打造党史宣讲云平台，激发学生党史学习热情。利用网络平台构建“线上＋线下”思政教学，有效增进了师生间的互动，提升了思想政治教育的亲和力和感染力。同时，学校通过增加教学诱因，借助网络打造立体、覆盖式的云思政，有效提高了学生的参与度和成就感，为新时代创新网络思想政治教育工作提供了借鉴。

（点评人：彭东恺）

以“工匠精神”铸魂育人

——上海电机学院基于“微思政”网络育人模式的实践探索

一、案例概述

2020年11月，习近平总书记在全国劳动模范和先进工作者表彰大会上关于弘扬新时代工匠精神的系列重要论述，为以卓越工匠精神为引领，产教融合促进实践育人工作提供了根本遵循。“十四五”开局之年，大力弘扬卓越工匠精神，不仅有助于建设一支重知识、善技能、创新型的产业人才大军，更能够为推动我国实现高质量发展和实现第二个百年奋斗目标提供精神动力。上海电机学院长期隶属于工业行业，在工匠精神的培育与打造中具有良好的基础，学校特别针对高校学生网络“原住民”的群体特点，见微知著，微言大义，探索出了独特的“微思政”网络思政人才培养模式，以润物无声的方式浸润、传播、弘扬、传承工匠精神。

二、工作目标与思路

工作目标：上海电机学院是一所典型的产教融合、校企合作开展人才培养的应用技术型高校，在培养模式探索、师资力量打造、实习实训基地建设、劳模工作室设立等方面积累了一定的基础。学校着力培育“五位一体”的新时代工匠精神：情感上“爱岗敬业、无私奉献”；学习中“一丝不苟、精益求精”；行动上“崇尚劳动、勇于实践”；意识里“执着专注、不懈创新”；核心是“道技合一、追求卓越”。通过守匠情，内化工匠精神；炼匠技，融入工匠精神；践匠行，打造工匠精神；创匠艺，强化工匠精神；铸匠魂，升华工匠精神。学校将工匠精神的铸就以“微思政”润物无声的方式推进，即从微观视角出发，践行即时渗透的思想政治教育工作模式，使得新时代工匠精神在学生之中广泛得以接受、认同、践行与传承。

“微思政”网络育人模式目标上突出一个“准”字，精准定位大学生的需求，提供细致入微的匹配内容与服务，以学生喜闻乐见的形式，开展潜移默化、触动心灵的思想政治教育工作；内容上突出一个“微”字，比以往的思想政治教育更加关注细微处，聚焦细节，充分满足多样化、个性化、自主性的需求，迅速回应大学生群体的所思、所想、所感、所悟，更加体现情感关怀；时空上“微思政”网络育人模式突出一个“破”字，突破了以往时空的限制与连贯性，工作场所更加多样化，时间更加灵活自由；对象上“微思政”网络育人模式突出一个“广”字，目前大学生以“00”后为主体，通过层出不穷的网络用语和最新网络技术面向学生，校内外教师也通过丰富优质的网络资源，切实发挥育人的目标与效果；速度上突出一个“快”字，随着5G时代的到来，高校在万物互联、智慧校园的轨道上愈行愈快，“微思政”网络育人模式顺应时代潮流，迅速满足学生实际需求，助力成长成才。

工作思路：依托网络媒介，开展“工匠精神”系列教育、以“工匠精神”铸魂育人是基于两点思考：一是出于对“工匠精神”大力弘扬倡导的“国情”“因产而生，随产而进”的上海电机学院“校情”，以及当今时代的大学生是网络“原住民”客观事实的“生情”三者结合的综合考虑；二是青年学生个性化、多元化的特征显著，需要聚焦定位，进而开展精准思想政治教育引领的工作部署。因此，通过网络平台开展“微管理”教育，引导和帮助大学生更好地学习专业知识，增强理论实践合一，培养更多的大国工匠是工作的重点所在。

首先，通过大数据调研分析，精准排摸学生对工匠精神的了解、情感指向、专业基础等基本情况，进而从需求端瞄准学生的真实诉求。其次，立足网络育人渠道，通过动静结合的媒体平台，发挥文化浸润作用，及时有效对学生进行引导，营造宣扬“工匠精神”的良好氛围。最后，联通校内与校外，发挥好校内现有的优秀资源，打造“一院一品”特色品牌，与此同时汇集校外在“工匠精神”学习教育方面的特优资源，开门办思政，借助企业名家、工匠校友的合力，夯实学习内容，拓展教育形式。通过以上三个环节，贯穿线上与线下，联结校内与校外，打通理论与实践距离的“最后一公里”。在线上学习环节，丰富课程主题，科学引导网络舆论，掌握网络话语权，使学生能沉浸式、自主性地学习“工匠精神”；线下实践环节，促进学习转化，增强学生学习的主体性，完成从学习输入到表达输出等环节，形成“学习内化——实践外化——创新运用——宣扬传承”四维一体的学习闭环。

三、实施方法与过程

上海电机学院工匠精神的培育与打造依靠网络助力，精准、及时、有效将敬业专注、精益求精、创新奉献等精神融入育人的每一个环节，实现由重“量”到提“质”再到塑“魂”的突围，通过精心打造，最终形成一种潜在的、无形的、不可替代的品牌特色。

1. 深入排摸，精准聚焦，内化工匠精神

学校通过研制“大学生工匠精神”调研问卷，依托网络平台，精

准排摸在校学生对工匠精神的了解、践行程度。在对全校学生的网络抽样调研显示，85% 以上的学子对学校开展工匠精神培育工作表示认可；77% 的学子能够把握新时代工匠精神的内涵特征，对工匠精神的认知度较高；72% 的学子对自己或他人行为是否符合工匠精神要求进行评价和选择时产生了满意、肯定等主观体验；63% 的学子产生了“在实干中增长技艺与才干，在服务奉献中实现人生价值”的情感认同；51% 的学子能够将对工匠精神的认同转化为社会实践、创新创业、志愿服务等具体行动。大部分学生增进了对工匠精神的理解与认同，实现从“认知认同”到“情感认同”再到“行为认同”的递进式动态发展。

学校还针对临港五校专科、本科、研究生 1 500 余名学生开展“工匠精神”专项问卷调研，采用 SPSS 19.0 统计软件进行数据的录入和分析，初步得出培养结论：若从培养的时间节点来看，大一、大二、大三年级最为合适，即工匠精神的最佳培养时机；若结合工匠精神的各维度来看，大一可以开展工匠精神的启蒙教育与基本知识的学习，大二开展工匠精神的技能训练与实践践行，大三开展匠情的培养与匠艺的创造。

由此，学校将工匠精神的培养贯穿于学生从大一入校到毕业离校全阶段，渗透于学生生涯教育和人才培养全过程，开展分层分类的“订单式人才培养”。在课程建设方面，学校成立校企合作课程建设工作组，以“工匠精神”为内核，以专业能力为主线，深耕课程教学，充分利用网络丰富资源，共同完成课程体系规划、教材编写和课程开发，学生自主选课并参与相应的专题讲座之中。在素质拓展方面，学校通过思政实践、社会实践、科创实践、劳动实践等实现全方位渗透，学生既可全面发展，又可根据自身兴趣，有所侧重，突出重点，发展自身专长。

2. 动静结合，互联互通，宣扬“工匠精神”

“微”时代下的网络媒体与思政教育结合需要开辟一系列思政教育网络育人阵地，进一步互联互通，丰富育人形式，上海电机学院把握时代脉搏，进行了探索尝试。

一方面，构建三维静态网络育人媒体矩阵。根据网站、微信公众号、微博、易班、QQ 空间等不同特征及其传播方式，从三个维度打造立体新媒体矩阵。第一个维度积极推进学校教育官方网站、微信公众号、微博等新媒体建设，宣传“工匠精神”的讲座、报告、校友信息等，充分体现时代热度、人文温度、思想深度。总体设计上一目了然、分类清晰，便于学生快速、方便查阅相关信息。在第二个维度上各下属分支院系网站在与校级网站保持一致性的同时，形成各自学院特色。根据学生留言、反馈，迅速回应学生所思所想。在第三个维度上联接校外较有影响力的新媒体资源，进一步丰富和拓展网络育人阵地，发出电机“工匠”声音，以此形成各个维度既相互联系又交流沟通的立体网络。另一方面，融入新颖丰富的“动态”网络元素，结合网络中最为流行的直播、短视频、微电影等新型传播方式，采取拍摄短片、制作动画、拍摄特色微电影等形式，在网站、微信公众号、易班等平台插入播放，提高了学生的吸引力与关注度。

此外，考虑到文化浸润的作用，学校在校园内利用网络对古今中外著名工匠的图片、雕塑、视频进行宣传，还通过话剧、文章、视频、漫画等多种形式，讲好“大国工匠”故事，进一步增强大学生对“工匠精神”的理解。

3. 见微知著，突出品牌，强化“工匠精神”

上海电机学院各二级学院根据各自学科特色、专业特点和工作特性，聚焦立德树人根本任务，通过项目化、特色化、优质化培育，初步形成“一院一品”实践育人特色品牌。如机械学院开展了“工程教育专业认证背景下应用型工科大学生工程创新能力平台建设”品牌项目；电气学院开展了“新工科背景下校企协同育人探索与实践”品牌项目；高职学院开展了“二共三双三协同”深化宝钢订单式高技能人才培养品牌项目等。

此外，学校组建了一支跨学科、跨领域的育人团队，搭建了“智能造”“蓝天梦”“中国芯”3 个“大国匠苗”培育工程研习营。首届研习营共计 208 名学员，分布在 6 个学院。在夯实专业理论的同时，加强实践环节锻炼，建立数字成长档案，通过线上线下结合方式，实时分析、关注每一位学生的成长情况。同时也注重对学生、团队、教师典型的培育，发挥引领示范作用。

疫情期间，研习营通过云端方式，共邀请了来自航天、芯片、制造领域的专家、企业管理者等 10 余位主讲人，带来专业领域最前沿的大国工匠类、企业管理类、专业领域类、优秀校友类等 4 个类别讲座。如首场讲座邀请了来自上海市总工会兼职副主席、上海航天设备制造总厂有限公司特级技师、全国劳动模范王曙群作为主讲人，作《新时代的奋斗者》报告；在企业管理类讲座中，两位专家以《“芯”路历程》《传承百年梦青春砥砺行》为题，帮助学生了解企业发展脉络、企业科学管理、企业创新模式等企业基本状况及企业文化构建基本情况；专业领域类《中国智能制造产业研究与分析》《浅析当代大型民用飞机的气动布局》《集成电路产业链介绍》展示了专业领域前沿的科技成果及典型案例；优秀校友类讲座中，82 届校友金德华、07 届校友逄格波、15 届校友王勇三人传承“老中青”三代“匠心”，激励引导在校学生向优秀校友、行业榜样学习，搭建一座连接梦想、通向未来、传承电机“自强不息、追求卓越”精神的“彩虹桥”。

四、工作成效与经验

1. 学生培养“微”中见效：毕业生就业质量高，社会评价好

学校通过“微思政”网络育人模式推进学生工匠精神培养，以“精准育人”的方式无形中提升了学生的核心竞争力。学生在志愿服务、科创竞赛等方面表现突出，典型涌现，就业质量高，社会评价良好。学校 2020 年力克新冠疫情影响，毕业生整体就业率达到 96.89%，1 800 余名毕业生在先进制造领域就职，其中技术型、应用型岗位近 70%，近 200 人扎根服务临港新片区建设，400 余人投身西部大开发建设、长三角一体化示范区建设等。2021 届 3 329 名毕业生毕业去向落实率为 97.93%，学校整体就业工作平稳中稳步提升。校友中涌现出一批爱岗敬业、争创一流、勇于创新、甘于奉献的杰出代表。如 2018 年上海市大学生年度人物孔元元在校期间获得第 44 届世界技能大赛优胜奖；毕东媛、刘莉、杨克莉三名同学既是同一宿舍亲密室友，又是国家励志奖学金获得者、多项荣誉在身的“奋斗战友”，她们毕业时主动支援西藏、新疆建设，将“自强不息，追求卓越”的工匠精神之花绽放在了祖国最需要的地方。

2. 网络宣传“微”中发力：开展实践育人受到广泛关注

学校在大力培养学生“工匠精神”的过程中，对校级、院级等网络平台将国家大政方针、其他高校有益做法进行了宣传，进一步学习借鉴。与此同时，通过长时间的探索与积累，电机校本特色的相关探索又得到了兄弟院校和媒体的广泛关注和好评，从而达到通过点滴“输入”实现优质“输出”的目标。近年来学校相关新闻报道多达 30 余篇：如“学习强国”《上海电机学院：着力‘四个精准’，全力促进

毕业生更加充分更高质量就业》;《光明日报》《开门办思政课，上海电机学院马克思主义学院探索全方位育人新格局》;《文汇报》《临港新片区将共建产业大学》；东方网《中国装备与工匠精神：共同发展的上海电机学院》；光明网《上海电机学院：因“产”而生随“产”而进》等。

3. 理论实践“微”中相融，相关学术成果取得积累突破

学校以卓越工匠精神为引领，推动“微思政”网络育人模式在实践和理论方面的探索，形成《“大学生工匠精神”调研问卷编制与问卷质量分析》《“大学生工匠精神”现状调研研究报告》《工匠精神典型人物访谈实录》等问卷调研报告与访谈实录以及《工匠精神融入大学生思想政治教育的内涵、特征与价值》等相关论文 6 篇；从工匠精神认同、工匠专业基础、工匠实践能力、工匠创新能力和工匠道德情操五个维度初步构建“工匠精神培育质量评价体系”，并在持续改进完善之中；获批多项市级及以上项目，如“以‘卓越工匠精神’为引领，构筑‘五位一体’实践育人体系”获批 2021 年上海大学生思想政治教育示范培育项目，上海电机学院“心灵花园”建设项目获批 2020 年度上海市教委校园文化特色品牌扶持项目，“劳动教育视角下的高校生活园区自主管理模式研究”获 2020 年度教育部人文社会科学研究等等。

4.“微”中有“宏”，强化整体统筹

学校通过网络媒介推进工匠精神，在“微”中发力的同时注重“宏观”整体的统筹布局，强化全校联动，成立“上海电机学院工匠精神实践育人特色项目建设”工作组和专家咨询组，定期邀请相关领域的资深专家、研究者开展指导，对项目设计、开展、成果提炼等提供咨询意见。学校建立上海电机学院“实践育人特色项目建设”校内例会制度，定期召开工作会议，定期对“微思政”网络育人成果进行凝

练、宣传、推广，定期对建设中的难点进行重点攻关。

5.“微”中有“破”，突出师生主体

学校充分发挥师生主体的积极性和创造性，将育人重点放在“供给端”传统模式，从“需求端”出发，在精准调研的基础上，充分发挥学生与教师的重要作用，在授课方式、训练营建设、“一院一品”品牌凝练等方面开展了生动的实践探索。

6.“微”中有联，注重宣传联动

学校积极协调宣传部门和各类媒体资源，制定方案广泛宣传，提升工作吸引力和影响力。充分运用新技术新应用，创新媒体传播方式，不断增强宣传效果，共同营造良好氛围。

专家点评

习近平总书记将新时代工匠精神的深刻内涵高度凝练为“执着专注、精益求精、一丝不苟、追求卓越”16个字。其与劳模精神、劳动精神都是党和人民在长期实践中形成的，是以爱国主义为核心的民族精神和以改革创新为核心的时代精神的生动体现，是鼓舞全党全国各族人民风雨无阻、勇敢前进的强大精神动力。工匠精神是高校校园文化建设的重要组成部分，它具有显著的育人功能。在高校校园文化建设中，要积极向高校校园文化体系中引入工匠精神，发挥高校在文化育人方面的主导作用，让学生们深刻理解工匠精神的内涵，引导学生在学习、生活和未来工作中树立正确的态度，以精益求精的理念去做好该做的事情。

上海电机学院依托网络媒介，开展的“工匠精神”系列教育，贯彻落实了国家对“工匠精神”的倡导以及学校的特色、校情，基于当今时代大学生是网络“原住民”的客观事实，开展精准思想政治教育引领的工作部署。因此，通过网络平台开展以“工匠精神”为主的针对性教育，有助于引导和帮助大学生更好地学习专业知识，增强理论实践合一，培养更多的大国工匠。上海电机学院通过前期调研、网络育人平台引导、打造特色活动三个环节，贯穿线上与线下，联结校内与校外，打通理论与实践路径，形成“学习内化—实践外化—创新运用—宣扬传承”四维一体的学习闭环，是新时代背景下，大力推进校园文化建设，利用网络平台开展“工匠精神”教育，帮助学生们树立正确的学习态度和科学的职业理念的重要实践探索。

（点评人：彭东恺）

挖掘红色教育资源
共建校外实践育人基地

——上海电子信息职业技术学院党史学习及红色文化传承教育实践案例

一、案例概述

上海中国人民志愿军纪念馆作为上海市爱国主义教育基地，2013年3月24日正式对外开馆，由原中央军委副主席、国防部部长迟浩田上将题词，是上海唯一一座全面反映抗美援朝历史的专题纪念馆。自学校实施“三全育人”综合改革以来，学工部坚持贯彻“开门办思政”理念，发挥职业教育校企合作、产教融合优势，积极整合校内外育人资源，与上海市红色教育基地、中国人民志愿军纪念馆（上海永福园陵有限公司）签约共建校外实践育人基地。开展共建以来，累计有数千名学校师生通过慰问老兵、志愿服务、参观学习、大型公祭等方式，在纪念馆接受红色教育，在引导广大青年学子继承和发扬爱国主义精神方面取得了良好的成效。

上海中国人民志愿军纪念馆

二、工作目标与思路

工作目标：围绕重大事件和重大节点，开展入脑入心的“四史”教育，特别是党史学习教育，引导学生在学思践悟中传承红色基因、弘扬革命精神，勇担时代使命。

工作思路：中国人民志愿军纪念馆作为全国仅有的两所志愿军纪念馆之一，是上海市红色教育基地，是开展红色教育和党史学习教育的宝贵资源，每年都会接待大量人士前来观摩学习。纪念馆不仅需要一般意义上的志愿引导服务，也需要开展更加专业的讲解工作。鉴于此，学校创新党史教育方式，与纪念馆联合举办“党史故事我来讲暨中国人民志愿军纪念馆讲解员选拔大赛”，广泛吸引学生报名参与，以赛促学，进一步打造学生讲解员队伍，形成开展党史学习教育的长效特色做法。

中国人民志愿军纪念馆讲解员

三、实施方法与过程

1. 广泛动员，加强培训

学校易班发展中心牵头成立大赛组委会，通过在易班网络平台、学工部微信公众号等多种新媒体平台开展广泛宣传动员，吸引了百余名同学主动报名参加。组委会邀请纪念馆专业讲解员对参赛学生进行多次培训，潜移默化引导学生主动学习党史。

2. 以赛促学，择优遴选

活动开始前，学校师生向在抗美援朝战争中英勇牺牲的革命先烈敬献花篮，集体默哀表达追思。正式比赛时，参赛选手围绕负责的展区依次讲解，一段段感人事迹娓娓道来，给现场师生带来印象深刻的党史学习讲解服务。学校组织学生评委参与评选，最终选拔出 8 位学生讲解员，在纪念馆为来自全国各地的参观学习者提供志愿讲解服务。

中国人民志愿军纪念馆讲解员总决赛

3. 建设队伍，形成长效

学生讲解员队伍上岗后，学工部多次组织学生前往纪念馆，由本校学生讲解员担任展品讲解工作，反响良好。学工部乘势而上，再接再厉，将讲解员选拔大赛打造成品牌活动、系统工程，与纪念馆开展共建，打造一支源源不断、后继有人的学生讲解员队伍，每年举办选拔活动及组织观摩活动，形成开展党史学习教育的长效特色做法。

四、工作成效与经验

我校与纪念馆开展共建以来，充分利用红色资源，发挥实践育人效果，积极搭建实践育人活动平台，引导学生在平台上学思践悟，学生积极性得以调动、自发参与度高、获得感强烈，活动实施效果良好。其主要经验包括：

1. 积极调动学生主观能动性

在实践基地负责教师的指导和启发下，学生骨干立足学生需求，自主选择讲解切入点，帮助学生进一步了解新中国成立以来的伟大成就，引导学生增强“四个自信”，厚植家国情怀，实现自我教育、自我成长。

2. 发挥新媒体的网络思政教育优势

活动开展过程中，学校充分发挥新媒体传播速度快、传播面广的独特优势，由学生在易班平台上投票选出表现优秀的学生讲解员，既潜移默化地开展了党史学习教育，又充分调动了学生的积极性和参与度。

3. 校企联动形成育人合力

学校构建“大思政”格局，积极推动“三圈三全十育人”理念落地生根，形成育人合力。实践育人基地共建双方群策群力，将传统的思政课堂搬出了教室，结合纪念馆观摩、讲解员选拔大赛、志愿服务、公祭仪式等活动，为青年学生打造了一堂形式新颖、内容丰富的行走的思政课。

专家点评

习近平总书记对传承红色文化高度重视，强调“要用心用情用力保护好、管理好、运用好红色资源”“增强表现力、传播力、影响力，生动传播红色文化”。革命文物是红色资源的重要组成部分，作为红色教育的生动教材、红色文化的鲜活载体，习近平总书记一直高度重视对红色资源的保护利用。党的十八大以来，习近平总书记在地方考察时遍访革命故地、红色热土，反复叮嘱要用好红色资源、传承红色基因。

上海电子信息职业技术学院实施“三全育人”综合改革以来，学工部坚持贯彻“开门办思政”理念，发挥职业教育校企合作、产教融合优势，积极整合校内外育人资源，与上海市红色教育基地、中国人民志愿军纪念馆签约共建校外实践育人基地，聚焦红色基因传承，联合举办讲解员选拔大赛，广泛吸引学生报名参与，鼓励学生讲好党的故事、革命的故事、根据地的故事、英雄和烈士的故事，引导广大青年学子缅怀革命先烈，继承和发扬爱国主义精神，是党史学习及红色文化传承教育的一次成功实践。

（点评人：张道兵）

图书在版编目（CIP）数据

上海高校大学生网络思想政治教育工作的实践与探索：工作案例选编 / 彭东恺，张道兵主编 . -- 上海：上海浦江教育出版社有限公司，2024. 8. -- ISBN 978-7-81121-902-9

Ⅰ. G641-39

中国国家版本馆 CIP 数据核字第 2024VN6225 号

SHANGHAI GAOXIAO DAXUESHENG WANGLUO SIXIANG ZHENGZHI JIAOYU GONGZUO DE SHIJIAN YU TANSUO

上海高校大学生网络思想政治教育工作的实践与探索

上海浦江教育出版社出版发行

社址：上海市海港大道 1550 号上海海事大学校内　邮政编码：201306

电话：（021）38284910（12）（发行）　38284923（总编室）　38284910（传真）

E-mail：cbs@shmtu.edu.cn　URL：http://www.pujiangpress.com

上海光扬印务有限公司印装

幅面尺寸：170 mm × 240 mm　印张：19.5　字数：260 千字

2024 年 8 月第 1 版　2025 年 1 月第 1 次印刷

责任编辑：周　悦　封面设计：彼美有薇

定价：78.00 元